AUTOSAR 规范
与车用控制器软件开发

宋珂　王民　单忠伟　谭杨　编著

化学工业出版社
·北京·

本书共分10章，首先介绍了汽车电子控制系统以及AUTOSAR规范的基本概念；之后以AUTOSAR方法论为线索，通过示例开发过程介绍，全面展现了基于AUTOSAR工具链完成符合AUTOSAR规范的车用控制器软件开发的具体流程与方法；最后，剖析了AUTOSAR对道路车辆功能安全ISO 26262标准的支持情况，并对AUTOSAR与信息安全以及Adaptive AUTOSAR平台进行了介绍。本书以通俗易懂的语言和形象的图解展现了AUTOSAR中一些复杂的概念问题，精心设计的示例亦旨在以开发者的视角深度剖析AUTOSAR方法论的具体实施过程。

本书可作为汽车电子相关专业高年级本科生和研究生的参考书，也可作为汽车电子行业软件工程师学习参考的资料。

图书在版编目（CIP）数据

AUTOSAR规范与车用控制器软件开发/宋珂等编著．—北京：化学工业出版社，2018.11（2024.4重印）
ISBN 978-7-122-32983-7

Ⅰ.①A… Ⅱ.①宋… Ⅲ.①汽车-电子系统-应用软件-软件开发 Ⅳ.①U463.6-39

中国版本图书馆CIP数据核字（2018）第206980号

责任编辑：辛　田　　　　　　　　　　　文字编辑：冯国庆
责任校对：王鹏飞　　　　　　　　　　　装帧设计：王晓宇

出版发行：化学工业出版社（北京市东城区青年湖南街13号　邮政编码100011）
印　　装：北京虎彩文化传播有限公司
787mm×1092mm　1/16　印张15　字数389千字　2024年4月北京第1版第9次印刷

购书咨询：010-64518888　　　　　　　售后服务：010-64518899
网　　址：http://www.cip.com.cn
凡购买本书，如有缺损质量问题，本社销售中心负责调换。

定　　价：78.00元　　　　　　　　　　　　　　　　版权所有　违者必究

序 1 Foreword

很高兴为本书作序。

汽车电子已成为汽车产品功能拓展与性能提升的重要技术支撑,而软件则是汽车电子的灵魂。对于汽车电子软件行业而言,AUTOSAR 规范的应用打破了原有的汽车嵌入式系统软件开发模式,其快速提升软件质量及方便移植的特性降低了参与底层平台开发的门槛,对众多 OEM 厂商和 Tier1 而言可谓意义重大。自 AUTOSAR 规范诞生以来,至今亦不过十几载,而大规模应用更是近几年的事情。由于引入众多新的概念、新的工具、新的方法,AUTOSAR 与传统的嵌入式软件开发模式差异较大,对于初学者来说都会感到有一点不适应。同时,目前与 AUTOSAR 相关的参考资料太少了,大多也都仅仅停留于 AUTOSAR 规范的解读层面,对于基于 AUTOSAR 工具链的开发过程详细讲解的书籍和资料可谓是极少,而有实战经验的开发工程师直接参与的著作就更少了。

上海捷能汽车技术有限公司自 2009 年成立以来,一直担负着为上汽集团的新能源汽车研发核心"三电"技术与产品的责任。由于立足于自主研发,软件体系能力的建立尤为迫切。为此,我们自公司成立之初就设置了负责软件开发的控制集成部门,并且在 2011 年前后开始学习和探索 AUTOSAR 规范的落地应用。目前,上汽捷能已经完成了符合 AUTOSAR 规范的新能源汽车整车控制器 VCU、电动机控制器 MCU、电驱变速箱(EDU)控制器 HCU 等多个控制器的开发与量产,并建立了一支近 200 人专门从事控制软件开发的技术团队。国内的其他主流整车企业,以及一些零部件供应商也都已经开始为下一代符合 AUTOSAR 规范的"三电"系统 ECU 进行布局。

同济大学宋珂、上汽捷能资深软件工程师王民、同济大学单忠伟与 ETAS 谭杨合作撰写了《AUTOSAR 规范与车用控制器软件开发》一书,分享了多位作者在 AUTOSAR 学习和开发中的经验,这对大家认识 AUTOSAR 规范,学习遵循 AUTOSAR 方法论的汽车软件开发过程提供了有益的参考。全书先从 AUTOSAR 规范相关概念着手进行讲解,然后基于实际事例介绍了符合 AUTOSAR 规范的车用控制器的软件开发方法。最后,分享了 AUTOSAR 与功能安全、信息安全等交叉领域的部分经验,还对下一代 Adaptive AUTOSAR 技术进行了介绍……这些都有助于汽车软件工程师更好地理解这些新概念和新系统,并对 AUTOSAR 的下一步发展方向有一个较为清晰的认识。

随着新能源和智能网联技术在汽车领域的应用发展，传统的分布式电子电气架构向新一代集中式电子电气架构发展的趋势愈发明显，与之相适应的软件将占有越来越重要的地位。快速走向市场的时间压力和越来越庞杂的功能开发需求将迫使更多的产品采用 AUTOSAR 架构，乃至下一代的 Adaptive AUTOSAR 架构。本书的出版对于想学习 AUTOSAR 的汽车电子专业学生和企业工程师而言都将是一件非常有意义的事情！

上汽乘用车技术中心副主任
上汽集团捷能公司总经理
教授级高级工程师
朱　军　博士

序 2 Foreword

如今,汽车电子技术在动力总成控制、底盘控制、车身控制以及车载信息娱乐系统等各个部分所占的比重越来越大,在整车成本中的占比也越来越高。随着汽车"电动化、网联化、智能化、共享化"的全面推进,几乎任何一项新技术的诞生都离不开汽车电子的身影。未来,汽车电子技术将成为汽车产品差异性的驱动力。ECU 作为汽车电子控制系统的核心,其软件也变得日益复杂,传统的软件架构及开发模式已经不能适应日益复杂的汽车软件需求,此时 AUTOSAR 就是一个非常理想的解决方案。与传统 ECU 软件架构相比,AUTOSAR 分层架构的高度抽象使得汽车嵌入式系统软、硬件耦合度大大降低。

AUTOSAR 的应用源于德国,之后是美国、日本,现在已经到了中国。符合 AUTOSAR 规范的车用控制器开发在不久的未来将会成为行业趋势。

AUTOSAR 方法论所提出的开发思路是一种基于工具链的开发,这与传统手写代码的方式具有很大的差异。工程师们在开始学习这一技术的时候需要花费大量的精力去熟悉整套开发流程。但是由于这一技术在中国刚刚起步,市面上几乎找不到合适的、针对性的参考书籍,因此一本好的 AUTOSAR 参考书籍是非常应景,非常必要的。

在仔细阅读了由同济大学宋珂、单忠伟以及上汽捷能王民与 ETAS 谭杨所著的《AUTOSAR 规范与车用控制器软件开发》一书后,感觉耳目一新,这正是汽车电子行业内目前所急需的书籍。作者通过用心设计的例程详细讲解 AUTOSAR 规范的相关概念,揭示 AUTOSAR 方法论的具体实施方法,非常有助于读者去理解 AUTOSAR 的精髓。最后,本书还对 AUTOSAR 技术进行了展望。这对于 AUTOSAR 规范在中国的推广应用具有重要意义!

国家"千人计划"专家
同济大学校学术委员会委员
汽车学院学术委员会主任
燃料电池汽车技术研究所所长
同济大学教授
章 桐 博士

AUTOSAR

序 3
Foreword

现代汽车是由电子元件和软件驱动的，它们在过去 20 年里驱动着创新，也将是未来 10 年汽车界创新的源动力。汽车已经成为人们设计的最复杂的软件系统之一，比如现代豪华车上运行着超过 1 亿行代码，基于复杂的车内网络在上百个 ECU 间进行数据交互。除了高复杂度之外，软件更承载着极其严酷的安全需求，软件的失效非常容易导致危险情况的发生。在这些安全需求的背后，信息安全近来也成为了一个焦点——没有信息安全就没有功能安全，因为不能保证软件不会以一些不安全的方式被非预期地篡改。

AUTOSAR 组织经过 15 年的努力设计了一个完善的软件平台，它可以为应对软件复杂性问题提供重要的技术支撑，并且可以让 Tier1 和 OEM 更专注于软件功能的设计与开发。基于该平台，可以开发动力总成、底盘、车身和驾驶辅助系统等领域的 ECU 软件。它涵盖了构建现代 ECU 所需的实时调度、通信、诊断、存储管理、功能安全和信息安全等功能。如今，符合 AUTOSAR 规范的软件已用于数亿辆汽车和数十亿个 ECU，仅 ETAS 就已经将其平台软件用于超过 15 亿个 ECU，并以每周超过 200 万个新 ECU 的生产速度在增长。

由同济大学的宋珂和单忠伟、上海捷能汽车技术有限公司的王民以及 ETAS 的谭杨合作撰写的《AUTOSAR 规范与车用控制器软件开发》一书，通过理论剖析和实践指导相结合的方式，深入介绍了 AUTOSAR 规范及其方法论的具体实施过程。对于参与汽车 ECU 设计或者开发的人员而言，非常值得一读。书中，作者以车灯控制器的开发示例诠释了基于 AUTOSAR 工具链、遵循 AUTOSAR 方法论，在 AUTOSAR 规范所定义的平台软件上进行功能开发的过程。

当下，汽车行业正在发生一场巨变，"电动化、网联化、智能化、共享化"引领着汽车创新的未来。为迎合这场变革带来的新需求，AUTOSAR 组织定义了一个新的自适应平台。该平台提供了更灵活的、面向服务的架构来满足"新四化"过程中所面临的复杂计算和精准决策等难题。本书也介绍了 AUTOSAR 规范中的一些新概念以及自适应 AUTOSAR 平台相关的内容。

本书的出版可谓是非常及时,内容也十分充实,不仅立足于基础,还展望了 AUTOSAR 规范的未来发展方向。 这对于有志于从事以软件驱动的汽车电子行业工作的学生或者工程师而言都将是一份宝贵的学习资料。

Dr. Nigel Tracey
Director-RTA Solutions
ETAS

前言
Preface

汽车电子技术已成为汽车各方面功能拓展、性能提升的重要技术支撑。随着汽车新能源化与智能化的逐步推进，汽车电子技术的功能需求将不断增加，控制软件也将变得越来越复杂。为了提升软件复用度，提高软件开发质量与效率并降低开发风险与成本，由全球汽车制造商、零部件供应商及其他半导体和软件系统公司联合建立了汽车开放系统架构联盟（AUTomotive Open System ARchitecture，AUTOSAR），并联合推出了一个开放的、标准化的汽车嵌入式系统软件架构——AUTOSAR规范。

AUTOSAR规范在国外的应用已经较为普遍和成熟，随着AUTOSAR规范的认可度越来越高，它有望成为整个汽车电子行业普遍使用的软件标准。近年来，随着国内一些企业纷纷加入新能源汽车"三电"相关控制器的研发，控制器正向开发需求不断增加，AUTOSAR规范在国内的应用也进入了一个高潮，基于AUTOSAR平台可以使得开发者更高效、更高质量地完成汽车嵌入式系统软件的开发。

本书中笔者以通俗易懂的语言、形象的图解展现了AUTOSAR中一些复杂的概念问题，并精心设计了一个示例作为本书的开发对象。笔者主要以ETAS AUTOSAR系统解决方案为基础，以AUTOSAR方法论为线索，详细介绍了基于AUTOSAR工具链完成车用控制器软件开发的具体流程与方法，并将基本概念融入开发过程介绍，加深读者的印象，提升读者的感性认识和认知水平。最后，还剖析了AUTOSAR对功能安全的支持情况，并对AUTOSAR与信息安全以及Adaptive AUTOSAR平台进行了介绍。

本书共分为10章。第1章介绍了汽车电子控制系统的发展史、应用现状和基本构成，并提出了当下车用控制器软件所面临的问题。第2章介绍了AUTOSAR的基础理论知识，详细介绍了AUTOSAR分层架构、软件组件、虚拟功能总线、方法论及应用接口。第3章介绍了本书示例的开发需求、设计方案以及本书所采用的AUTOSAR系统解决方案，起到承上启下的作用；第4~8章详细介绍了AUTOSAR方法论的具体实施过程，以方法论为"纲"，各阶段配置开发为"目"，纲举目张，便于读者理解开发过程中每个阶段的作用，并学会AUTOSAR工具链的基本使用方法。其中，第4章主要讲述了使用Matlab/Simulink进行应用层软件组件开发以及符合AUTOSAR规范的代码和描述文件配置生成方法。第5章主要讲解了使用 ETAS ISOLAR-A 工具进行 AUTOSAR 系统级设计与配置的方法。 第 6 章详细阐述了本书示例所涉及的基础软件模块和运行时环境的基本概念，以及基于 ETAS RTA 系列工具进行 AUTOSAR ECU 级开发的具体方法，包括 CAN 通信协议栈、ECU 状态管理器、BSW 模式管理器、运行时环境 RTE、操作系统 OS 等常用模块。 第 7 章则详细介绍了本书示例所用到的微控制器抽象层 MCAL 各模块的基本概念、配置及接口代码实现方法，基本覆盖了所有常用的 MCAL 模块。 第 8 章介绍了 AUTOSAR 工程代码集成与调试方法，并展示了本书示例的开发结果。 第 9 章和第 10 章主要介绍了 AUTOSAR 与功能安全、AUTOSAR 与信息安全以及 Adaptive AUTOSAR 平台的相关内容，作为本书内容的拓展外延。

本书第 1 章～第 7 章由同济大学宋珂、单忠伟编写，第 8 章由 ETAS 谭杨编写，第 9 章与第 10 章由上海捷能汽车技术有限公司王民编写，书中示例由同济大学宋珂、单忠伟设计开发。 全书由宋珂统稿，王民及 ETAS ERS 部门高级经理汤易负责审阅。

在本书编写过程中得到了 ETAS 公司、恩智浦半导体公司和 MathWorks 公司的支持！

本书适合具有一定嵌入式软件开发基础知识的读者阅读，可作为高等院校本科生、研究生学习 AUTOSAR 规范以及符合 AUTOSAR 规范的车用控制器软件开发方法的参考书，也可以作为汽车电子行业软件工程师学习参考的资料。

本书中所有内容都经过 ETAS 公司、恩智浦半导体公司和 MathWorks 公司相关专家的审阅，且本书示例经过笔者亲自测试验证。 但由于我们水平有限，书中难免会出现疏漏或不当之处，诚望读者批评和指正。

编著者

目录 Contents

第 1 章 汽车电子控制系统介绍 1

1.1 电子技术在汽车上的应用 / 1
    1.1.1 汽车电子技术的发展历史 / 1
    1.1.2 汽车电子技术的应用现状 / 1
1.2 汽车电子控制系统的基本构成 / 3
1.3 车用控制器软件标准（从 OSEK 到 AUTOSAR）/ 3
1.4 本章小结 / 4

第 2 章 AUTOSAR 规范基础理论 5

2.1 AUTOSAR 的由来与发展历程 / 5
    2.1.1 AUTOSAR 的由来 / 5
    2.1.2 AUTOSAR 的原则及核心思想 / 6
    2.1.3 AUTOSAR 的发展历程及应用现状 / 6
2.2 AUTOSAR 分层架构 / 7
    2.2.1 AUTOSAR 应用软件层 / 8
    2.2.2 AUTOSAR 运行时环境 / 8
    2.2.3 AUTOSAR 基础软件层 / 8
2.3 AUTOSAR 软件组件 / 9
    2.3.1 软件组件的数据类型 / 10
    2.3.2 软件组件的端口与端口接口 / 11
    2.3.3 软件组件的内部行为 / 12
2.4 AUTOSAR 虚拟功能总线 / 14
2.5 AUTOSAR 方法论 / 15
2.6 AUTOSAR 应用接口 / 16
2.7 本章小结 / 17

第 3 章 本书示例及 AUTOSAR 系统解决方案介绍

3.1 本书示例介绍 / 18
  3.1.1 示例开发需求介绍 / 18
  3.1.2 示例总体方案设计 / 18
  3.1.3 示例系统设计 / 18
  3.1.4 示例系统 AUTOSAR 架构 / 21
3.2 ETAS AUTOSAR 系统解决方案介绍 / 23
3.3 本书 AUTOSAR 系统解决方案介绍 / 23
3.4 本章小结 / 24

第 4 章 AUTOSAR 软件组件级设计与开发

4.1 Matlab/Simulink 与 Embedded Coder 工具简介 / 25
  4.1.1 Matlab/Simulink 工具简介 / 25
  4.1.2 Embedded Coder 工具简介 / 25
4.2 基于 Matlab/Simulink 的软件组件开发 / 26
  4.2.1 Matlab/Simulink 与 AUTOSAR 基本概念的对应关系 / 26
  4.2.2 软件组件内部行为建模方法 / 27
  4.2.3 AUTOSAR 客户端/服务器机制的实现方法 / 27
4.3 软件组件代码及描述文件配置生成 / 29
  4.3.1 求解器及代码生成相关属性配置 / 29
  4.3.2 模型配置 / 31
  4.3.3 AUTOSAR Properties 配置 / 33
  4.3.4 Simulink-AUTOSAR Mapping 配置 / 36
  4.3.5 符合 AUTOSAR 规范的代码及描述文件生成 / 38
4.4 在 Simulink 中导入软件组件描述文件——"自上而下"的工作流程 / 39
4.5 本章小结 / 40

第 5 章
AUTOSAR 系统级设计与配置 41

5.1 ETAS ISOLAR-A 工具简介 / 41
5.2 ETAS ISOLAR-A 工具入门 / 42
 5.2.1 ISOLAR-A 安装方法 / 42
 5.2.2 ISOLAR-A 界面说明 / 46
5.3 基于 ISOLAR-A 的软件组件设计方法 / 47
 5.3.1 AUTOSAR 工程创建 / 47
 5.3.2 数据类型定义 / 49
 5.3.3 端口接口设计 / 52
 5.3.4 软件组件设计 / 55
 5.3.5 I/O 硬件抽象层软件组件设计 / 67
 5.3.6 软件组件模板生成 / 70
5.4 基于 ISOLAR-A 的系统级设计与配置方法 / 73
 5.4.1 系统配置输入文件创建与导入 / 73
 5.4.2 Composition SWC 建立 / 79
 5.4.3 系统配置 / 83
 5.4.4 ECU 信息抽取 / 86
5.5 本章小结 / 87

第 6 章
AUTOSAR ECU 级开发之 RTE 与 BSW（除 MCAL 外）88

6.1 ETAS RTA 系列工具简介 / 88
 6.1.1 RTA-BSW 简介 / 88
 6.1.2 RTA-RTE 简介 / 89
 6.1.3 RTA-OS 简介 / 89
6.2 ETAS RTA 系列工具入门 / 89
 6.2.1 RTA 系列工具安装方法 / 89
 6.2.2 RTA 系列工具界面说明 / 95
6.3 CAN 通信协议栈概念与配置方法介绍 / 96
 6.3.1 CAN 通信协议栈概念 / 96
 6.3.2 CAN 通信协议栈配置方法 / 96
6.4 EcuM 模块概念与配置方法介绍 / 105
6.5 BswM 模块概念与配置方法介绍 / 110

6.6　BSW 模块代码生成 / 116
6.7　服务软件组件与应用层软件组件端口
　　　连接 / 118
6.8　RTE 配置与代码生成 / 119
　6.8.1　RTE Contract 阶段生成 / 119
　6.8.2　RTE 配置 / 120
　6.8.3　RTE Generation 阶段生成 / 124
6.9　AUTOSAR 操作系统概念与配置方法
　　　介绍 / 127
　6.9.1　AUTOSAR 操作系统概念 / 127
　6.9.2　RTA-OS 工程创建 / 131
　6.9.3　AUTOSAR 操作系统配置方法 / 132
　6.9.4　RTA-OS 工程编译 / 136
6.10　本章小结 / 137

7.1　MCAL 配置工具入门 / 138
　7.1.1　MCAL 配置工具安装方法 / 138
　7.1.2　MCAL 配置工具界面说明 / 139
　7.1.3　MCAL 配置工程创建方法 / 140
7.2　MCAL 模块配置方法及常用接口函数
　　　介绍 / 142
　7.2.1　Mcu 模块 / 142
　7.2.2　Gpt 模块 / 148
　7.2.3　Port 模块 / 151
　7.2.4　Dio 模块 / 154
　7.2.5　Adc 模块 / 157
　7.2.6　Pwm 模块 / 163
　7.2.7　Icu 模块 / 168
　7.2.8　Can 模块 / 171
　7.2.9　Base 与 Resource 模块 / 176
7.3　MCAL 配置验证与代码生成 / 176
7.4　本章小结 / 177

第 7 章

AUTOSAR ECU 级
开发之 MCAL

138

第 8 章
AUTOSAR 工程代码集成与调试
178

8.1 AUTOSAR 工程代码架构与集成方法介绍 / 178
8.2 代码编译链接 / 178
8.3 代码调试 / 179
    8.3.1 单片机可执行文件下载 / 179
    8.3.2 A 型车灯调试现象 / 180
    8.3.3 B 型车灯调试现象 / 183
8.4 本章小结 / 184

第 9 章
AUTOSAR 与功能安全
185

9.1 AUTOSAR 对 ISO 26262 中支持部分的要求概述 / 185
    9.1.1 ISO 26262 对架构设计的要求 / 186
    9.1.2 ISO 26262 对硬件验证的要求 / 188
    9.1.3 ISO 26262 对通信验证的要求 / 190
    9.1.4 ISO 26262 对 FFI 的要求 / 191
    9.1.5 ISO 26262 对编码风格的要求 / 192
9.2 AUTOSAR 中实现 FFI 的安全机制 / 194
    9.2.1 AUTOSAR 安全机制的存储空间分区 / 194
    9.2.2 AUTOSAR 安全机制的存储空间保护 / 194
    9.2.3 AUTOSAR 安全机制的程序流监控 / 196
    9.2.4 AUTOSAR 安全机制的 E2E 保护 / 202
9.3 本章小结 / 206

第 10 章
AUTOSAR 技术展望
207

10.1 AUTOSAR 与信息安全 / 207
    10.1.1 密码协议栈 / 209
    10.1.2 安全车载通信 / 212
10.2 Adaptive AUTOSAR 平台 / 216
    10.2.1 Adaptive AUTOSAR 缘起 / 216
    10.2.2 AP 和 CP / 218
    10.2.3 Adaptive AUTOSAR 平台新概念介绍 / 220
10.3 本章小结 / 224

参考文献
225

第 1 章　汽车电子控制系统介绍

如今,电子技术在汽车中的应用日益广泛,汽车电子已成为汽车领域最热门的话题与研究方向之一。作为全书的引子,本章先介绍电子技术在汽车上的应用、汽车电子控制系统的基本构成以及车用控制器软件标准。

1.1　电子技术在汽车上的应用

1.1.1　汽车电子技术的发展历史

汽车电子技术的发展史是一段以电子技术发展为基础,以人们对汽车功能需求的日益增长为驱动力的发展史,其大致可以分为以下四个阶段。

第一个发展阶段:从 20 世纪 50 年代中期到 70 年代中期,这是汽车电子技术发展的起始阶段。在那时,一些汽车厂家开始研发一些单一的电子零部件,用来改善汽车上某些机械部件的性能,以及采用一些简单的电子设备来取代以前的机械部件,如整流器、电压调节器、交流发电机、晶体管无触点点火装置、电子喇叭、数字钟、汽车收音机等都是这一阶段出现的具有代表性的汽车电子装置。

第二个发展阶段:从 20 世纪 70 年代末期到 80 年代初期,以集成电路和 16 位以下的微处理器在汽车上的应用为标志,主要是开发汽车各系统专用的独立控制部分,电子装置被应用在某些机械装置无法解决的复杂控制功能方面。这期间最具代表性的是电子控制汽油喷射技术的发展和防抱死制动技术的成熟。该阶段涌现的其他汽车电子技术还包括自动门锁、高速警告系统、自动除霜控制、撞车预警传感器、电子正时、电子变速器、闭环排气控制、自动巡航控制、防盗系统等。

第三个发展阶段:从 20 世纪 80 年代中期到 90 年代初期,随着大规模集成电路技术的快速发展和微处理器在控制技术方面的应用,汽车电子技术迅速发展。此阶段主要是开发可以完成各种功能的综合系统,如集发动机控制与自动变速器控制为一体的动力传动控制系统、制动防抱死系统与驱动防滑转控制系统等。

第四个发展阶段:从 20 世纪 90 年代中期至今,随着计算机运算速度和存取位数的提高以及车载网络与通信技术的迅速发展,车辆的智能控制和网络控制技术应运而生,它们给汽车赋予了更多的"想象力"。在当今汽车"电动化、网联化、智能化、共享化"的过程中,几乎任何一项新技术的诞生都离不开汽车电子技术的身影。

1.1.2　汽车电子技术的应用现状

目前,汽车电子技术主要应用于动力传动总成电子系统、底盘电子系统、车身电子系统、汽车通信与娱乐电子系统等。

(1) 动力传动总成电子系统

① 对于传统汽车而言，动力传动总成电子控制系统主要包括：发动机管理系统（Engine Management System，EMS）、自动变速器控制系统（Automatic Transmission Control System）等。

② 对于新能源汽车而言，则主要包括：整车控制器（Vehicle Control Unit，VCU）、混合动力控制单元（Hybrid Control Unit，HCU）、驱动电动机控制器（Motor Control Unit，MCU）、电池管理系统（Battery Management System，BMS）、燃料电池发动机控制系统（Fuel Cell Engine Control System，FCECS）等。

它们主要是保证汽车动力系统在不同的工况下均能在最佳状态下运行，从而降低能耗，并简化驾驶员的操作，减轻驾驶员的劳动强度，以此来提高汽车的动力性、经济性和舒适性。

(2) 底盘电子系统

汽车底盘由传动系统、行驶系统、转向系统和制动系统四大系统组成，随着电子技术在汽车中的广泛应用，使汽车底盘的控制正在快速地向电子化、智能化和网络化方向发展，从而出现了许多汽车底盘电子控制系统。常用的控制系统如下。

① 牵引力控制系统（Traction Control System，TCS）。
② 电子稳定控制系统（Electronic Stability Control，ESC）。
③ 电控悬架系统（Electronic Control Suspension System，ECS）。
④ 定速巡航系统（Cruise Control System，CCS）。
⑤ 自适应巡航控制系统（Adaptive Cruise Control，ACC）。
⑥ 电动助力转向系统（Electric Power Steering，EPS）。
⑦ 防抱死制动控制系统（Anti-lock Braking System，ABS）。
⑧ 电子制动力分配系统（Electronic Brakeforce Distribution，EBD）。
⑨ 电子控制制动辅助系统（Electronic Brake Assist，EBA）。
⑩ 自动紧急制动系统（Autonomous Emergency Braking，AEB）。
⑪ 车道偏离预警系统（Lane Departure Warning，LDW）。
⑫ 车道保持辅助系统（Lane Keeping Assist，LKA）。

(3) 车身电子系统

车身电子控制系统主要用于增强汽车的安全性与舒适性，常用的如下。

① 自动采暖通风和空调系统（Heating，Ventilation and Air-Conditioning System，HVAC）。
② 胎压检测系统（Tire Pressure Monitoring System，TPMS）。
③ 安全气囊系统（Supplemental Restraint System，SRS）。
④ 座椅位置调节系统（Seat Adjustment Position Memory System，SAMS）。
⑤ 雷达车距报警系统（Radar Proximity Warning System，RPWS）。
⑥ 倒车报警系统（Reverse Vehicle Alarm System，RVAS）。
⑦ 前部碰撞预警系统（Forward Collision Warning System，FCWS）。
⑧ 盲点监测系统（Blind Spot Detection，BSD）。
⑨ 停车辅助系统（Parking Assist System，PAS）。
⑩ 中央门锁控制系统（Central Locking Control System，CLCS）。
⑪ 防盗报警系统（Guard Against Theft and Alarm System，GATA）。

⑫ 自适应前照灯系统（Adaptive Front-lighting System，AFS）。
⑬ 夜视辅助系统（Night View Assist，NVA）。
⑭ 疲劳驾驶预警系统（Driver Fatigue Monitor System，DFMS）。
（4）汽车通信与娱乐电子系统
汽车通信与娱乐电子系统主要用于提升驾乘人员的舒适性，常用的如下。
① 北斗导航系统（BeiDou Navigation Satellite System，BDS）。
② 全球定位系统（Global Positioning System，GPS）。
③ 汽车音响（Amplifier）。
④ 收音机（Radio）。
⑤ 车载电话（Car Telephone，CT）。
⑥ 抬头显示（Head Up Display，HUD）。
⑦ 人机界面（Man Machine Interface，MMI）。

可见，电子技术在汽车中的应用越来越广泛，汽车电子控制技术已成为支撑现代汽车发展的关键技术之一。将来，随着汽车"电动化、网联化、智能化、共享化"进程的全面推进，电子技术在汽车中的应用将越来越广泛，汽车电子行业的前景尤为广阔。

1.2　汽车电子控制系统的基本构成

汽车电子控制系统主要由传感器（Sensor）、电子控制单元（Electronic Control Unit，ECU）和执行器（Actuator）组成（图1.1），对被控对象（Controlled Object）进行控制。

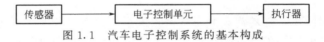

图1.1　汽车电子控制系统的基本构成

（1）传感器

为信号输入装置，其作为汽车电子控制系统的信息源。传感器用来检测和采集各种信息，如温度、压力、转速等，并通过一定转换装置将一些非电量信号（物理量、化学量等）转换为电信号传给电子控制单元。

（2）电子控制单元（ECU）

也可称为汽车嵌入式系统（Automotive Embedded System，AES），是汽车电子控制系统的核心。ECU对传感器的信号进行处理，通过控制算法向执行器发出控制指令。电子控制单元一般由硬件和软件两部分组成，硬件部分主要由微控制器（Microcontroller，MCU）及外围电路组成；软件部分主要包括硬件抽象层（Hardware Abstraction Layer，HAL）、嵌入式操作系统及底层软件和应用软件层。

（3）执行器

执行器为执行某种控制功能的装置，用于接收来自ECU的控制指令，并对控制对象实施相应的操作。

1.3　车用控制器软件标准（从OSEK到AUTOSAR）

为了迎合汽车高精度、高实时性、高可靠性控制的需要，嵌入式实时操作系统（Real Time Operating System，RTOS）逐渐在ECU中使用。与此同时，由于不同实时操作系统间应用程序接口（Application Programming Interface，API）的各不相同，出现应用程序的移植性差等问题。于是，在1993年德国汽车工业界提出了OSEK（Offene Systeme und deren Schnittstellen für die Elektronik im Kraftfahrzeug），其英语全称为Open Systems and the Corresponding Interfaces for Automotive Electronics，中文名称为汽车电子开放式系统及其接口标准。该体系最初得到了宝马、博世、戴姆勒-克莱斯勒、西门子、大众等公司的支持。1994年，随着标致和雷诺加入该体系，他们将法国汽车工业使用的汽车分布式执行标准（Vehicle Distributed eXecutive，VDX）也纳入该体系，并在1995年的研讨会上得到共识，从而产生了OSEK/VDX标准。

OSEK/VDX标准包括以下七个部分。

① OSEK/VDX操作系统规范（OSEK Operating System，OSEK OS）。
② OSEK/VDX通信规范（OSEK Communication，OSEK COM）。
③ OSEK/VDX网络管理规范（OSEK Network Management，OSEK NM）。
④ OSEK/VDX实现语言规范（OSEK Implementation Language，OSEK IL）。
⑤ OSEK/ORTI运行时接口规范（OSEK Run Time Interface）。
⑥ OSEK-Time时间触发操作系统规范（OSEK Time-Triggered Operating System）。
⑦ OSEK FTCom容错通信规范（OSEK Fault-Tolerant Communication）。

OSEK/VDX标准在一定程度上使得应用层软件与底层软件分离，提升了应用软件的可移植性；其次，使用符合OSEK/VDX标准的嵌入式操作系统可以提高代码的复用率，提升开发效率、降低开发成本。但由于不同整车企业和零部件供应商缺乏兼容性工具，使得开发者需要花费大量的时间在基础软件的实现和优化上，并且对于新的需求，需要花费大量的精力调整软件的接口。总之，OSEK/VDX标准还是没能解决跨平台化高效地进行嵌入式系统软件的移植。

在之后的一段时间里，随着汽车分布式嵌入式系统软件复杂度的迅速增长，汽车工业界开始逐步探索从原有的以硬件设计和组件驱动为主的设计方式向以需求设计和功能驱动为主的系统开发方法转变。在该进程中，比较有代表性的是EAST-EEA项目，它是ITEA（International Test and Evaluation Association）资助的面向汽车领域嵌入式系统架构的研究项目，其目标是通过建立面向汽车工业的通用嵌入式系统架构，实现接口的标准化并提升复杂系统开发的质量与效率。最终，EAST-EEA项目定义了一个分层的软件架构，并提出了一个"中间件"的层次来提供支持嵌入式系统模块在不同平台之间移植的接口和服务；并且，EAST-EEA项目还定义了公共的架构描述语言（Architecture Description Language，ADL）。EAST-EEA项目的研究成果可谓是AUTOSAR规范的雏形。

1.4 本章小结

本章首先回顾了汽车电子技术的发展史，并详细介绍了电子技术在汽车中的应用现状，进而分析了汽车电子控制系统的基本构成。之后，介绍了车用控制器软件标准——OSEK标准，并揭示了车用控制器软件开发所面临的问题与挑战。通过本章的学习，可以较为全面地认识汽车电子控制系统的发展与应用现状、基本构成以及软件开发标准。

第 2 章 AUTOSAR 规范基础理论

AUTOSAR 规范作为汽车嵌入式系统软件的通用性规范,在软件架构、软件开发流程等方面都定义了众多新概念,掌握这些理论知识是进行符合 AUTOSAR 规范的软件开发的基础。所以,本章从 AUTOSAR 的由来及发展历程着手,详细介绍 AUTOSAR 规范中三块主要内容,即分层架构、方法论与应用接口,并对其中软件组件与虚拟功能总线的概念进行详细剖析。

2.1 AUTOSAR 的由来与发展历程

2.1.1 AUTOSAR 的由来

如前所述,电子技术在动力总成控制、底盘控制、车身控制以及车载信息娱乐系统等各个部分所占的比重越来越大,所占的整车成本也越来越高。电子技术已悄然成为汽车各方面功能拓展和性能提升的重要技术支撑。

由于汽车电子硬件系统的多样性,ECU 软件的开发受到硬件系统的制约,每当需要更新硬件时,都会导致 ECU 软件重新编写或大规模修改,之后还要进行一系列测试,从而导致了高昂的研发费用与漫长的研发周期。

目前,汽车电子网络正向多总线混合网络互联方向发展;电控系统硬件正向专业化、高集成度、高性能方向发展,其软件架构也正向模块化、平台化、标准化方向发展。并且,未来随着汽车新能源化和智能化的普及,以及对于一些非功能需求的增加,汽车电子/电气系统的复杂度也将进一步提升。这都将进一步导致新产品开发周期、成本的急剧增加。整车厂为了降低汽车控制软件开发的风险,于是开始寻找提高软件复用度的方法。

为解决上述问题,基于先前 EAST-EEA 项目的研究成果,在 2003 年,由全球汽车制造商、零部件供应商及其他电子、半导体和软件系统公司联合建立了汽车开放系统架构联盟(AUTomotive Open System ARchitecture,AUTOSAR),并联合推出了一个开放化的、标准化的汽车嵌入式系统软件架构——AUTOSAR 规范。如图 2.1 所示,与传统 ECU 软件架构相比,AUTOSAR 分层架构的高度抽象使得汽车嵌入式系统软硬件耦合度大大降低。

AUTOSAR 规范的出现,将带来如下主要优势:
① 有利于提高软件复用度,尤其是跨平台的复用度;
② 便于软件的交换与更新;
③ 软件功能可以进行先期架构级别的定义和验证,从而能减少开发错误;
④ 减少手工代码量,减轻测试验证负担,提高软件质量;
⑤ 使用一种标准化的数据交换格式,方便各公司之间的合作交流等。

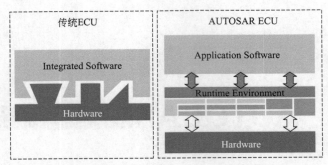

图 2.1　传统软件架构与 AUTOSAR 架构对比

这些优势对将来愈发复杂的汽车嵌入式系统软件的开发过程可谓是大有裨益，在保证软件质量的同时，可以大大降低开发的风险与成本。

2.1.2　AUTOSAR 的原则及核心思想

AUTOSAR 联盟自成立至今，一直提倡"在标准上合作，在实现上竞争"的原则，标准大家共同制定，但具体的实现方法是由各公司自己去探索的。其核心思想在于"统一标准、分散实现、集中配置"。"统一标准"是为了给各厂商提供一个开放的、通用的平台；"分散实现"要求软件系统高度的层次化和模块化，同时还要降低应用软件与硬件平台之间的耦合；不同的模块可以由不同的公司去完成开发，但要想完成最终软件系统的集成，就必须将所有模块的配置信息以统一的格式集中整合并管理起来，从而配置生成一个完整的系统，这就是"集中配置"。

采用 AUTOSAR 将为 OEM（主机厂）带来很大的好处，使得其对于软件采购和控制拥有更灵活和更大的权利。因为 AUTOSAR 不仅在软件的功能上、接口上进行了一系列的标准化，还提出了一套规范化的开发流程与方法，这就使得能有更多的软件供应商进入汽车电子行业，大家都遵循同一个标准去开发，最终比的是产品的功能和质量。

2.1.3　AUTOSAR 的发展历程及应用现状

AUTOSAR 联盟从 2003 年成立至今，成员队伍不断壮大，标准内容日臻完美。AUTOSAR 联盟成员如图 2.2 所示，可见 AUTOSAR 联盟成员按等级分为核心成员（Core

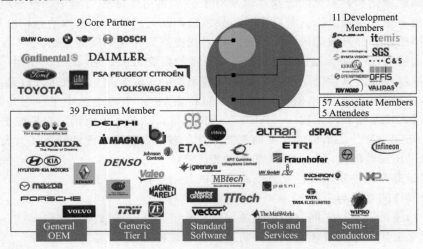

图 2.2　AUTOSAR 联盟成员

Partner)、高级成员（Premium Member）以及合作成员三类正式成员，基本涵盖了世界上各大著名整车厂、零部件公司、半导体公司以及软件工具提供商。

目前，AUTOSAR 平台最新版为 4.3.1。为了迎合未来汽车智能化、网联化的需求，AUTOSAR 联盟推出了一个全新的平台——自适应 AUTOSAR 平台（AUTOSAR Adaptive Platform，AP），并将现有平台更名为经典 AUTOSAR 平台（AUTOSAR Classic Platform，CP），AUTOSAR 官网（https：//www.AUTOSAR.org/）也进行了更新，给人一种耳目一新的感觉。

由于 AUTOSAR Adaptive Platform 配套工具链还没发布，并且本书以介绍 AUTOSAR 基本理论知识与 AUTOSAR 方法论具体实现方法为主，所以，采用 AUTOSAR Classic Platform，并且主要使用 4.2.2 和 4.0.3 版本。

AUTOSAR 规范在国外的应用相较于国内更早、更普遍、更成熟。大众、博世、通用、德尔福、菲亚特等公司已将符合 AUTOSAR 规范的软件应用于它们的 ECU 产品。

德国大众集团与 MathWorks、Elektrobit（EB）等公司联合开发了符合 AUTOSAR 规范的车身舒适控制系统，并应用于帕萨特车型。

玛涅蒂玛瑞利公司将 AUTOSAR 应用于菲亚特汽油发动机平台，并进行了硬件在环测试和不同工况下 2 万千米行程的实车测试。此外，他们还将 AUTOSAR 运用于车灯控制、动力总成控制等电控系统。

ETAS 公司成功将宝马 5 系发动机管理系统开发为符合 AUTOSAR 规范的控制系统。开发人员利用 ASCET 进行软件组件开发，管理软件组件端口及其运行实体；使用 RTA-OS 开发 AUTOSAR 操作系统，配置、划分、管理任务；应用 RTA-RTE 连接应用层和基础软件层；代码集成后，进行了硬件在环仿真，结果表明与传统开发方法相比复杂度降低 50%。整个博世集团已将 AUTOSAR 架构应用于自适应巡航系统 ECU、动力总成系统 ECU、底盘控制系统 ECU 和车身控制模块（Body Control Module，BCM）的开发，并且今后将运用于更多的 ECU 开发过程。

近年来，随着国内新能源汽车相关控制器正向开发需求的增长，AUTOSAR 规范在国内越来越受到大家的关注，并且应用需求也越来越大。目前，上汽、北汽等国内主流整车厂以及一些零部件供应商都开始致力于符合 AUTOSAR 规范的车用控制器软件开发。AUTOSAR 规范也有望成为未来整个汽车电子行业所普遍使用的软件标准。

2.2 AUTOSAR 分层架构

AUTOSAR 规范主要包括分层架构、方法论和应用接口三部分内容。其中，分层架构是实现软硬件分离的关键，它使汽车嵌入式系统控制软件开发者摆脱了以往 ECU 软件开发与验证时对硬件系统的依赖。

在 AUTOSAR 分层架构中，汽车嵌入式系统软件自上而下分别为应用软件层（Application Software Layer，ASW）、运行时环境（Runtime Environment，RTE）、基础软件层（Basic Software Layer，BSW）和微控制器（Microcontroller），如图 2.3 所示。为保证上层与下层的无关性，在通常情况下，每一层只能使用下一层所提供的接口，并向上一层提供相应的接口。

| 应用软件层 Application Software Layer |
| 运行时环境 Runtime Environment |
| 基础软件层 Basic Software Layer |
| 微控制器 Microcontroller |

图 2.3 AUTOSAR 分层架构

2.2.1　AUTOSAR 应用软件层

应用软件层（Application Software Layer，ASW）包含若干个软件组件（Software Component，SWC），软件组件间通过端口（Port）进行交互。每个软件组件可以包含一个或者多个运行实体（Runnable Entity，RE），运行实体中封装了相关控制算法，其可由 RTE 事件（RTE Event）触发。

2.2.2　AUTOSAR 运行时环境

运行时环境（Runtime Environment，RTE）作为应用软件层与基础软件层交互的桥梁，为软硬件分离提供了可能。RTE 可以实现软件组件间、基础软件间以及软件组件与基础软件之间的通信。RTE 封装了基础软件层的通信和服务，为应用层软件组件提供了标准化的基础软件和通信接口，使得应用层可以通过 RTE 接口函数调用基础软件的服务。此外，RTE 抽象了 ECU 之间的通信，即 RTE 通过使用标准化的接口将其统一为软件组件之间的通信。由于 RTE 的实现与具体 ECU 相关，所以必须为每个 ECU 分别实现。

2.2.3　AUTOSAR 基础软件层

基础软件层（Basic Software Layer，BSW）又可分为四层，即服务层（Services Layer）、ECU 抽象层（ECU Abstraction Layer）、微控制器抽象层（Microcontroller Abstraction Layer，MCAL）和复杂驱动（Complex Drivers），如图 2.4 所示。

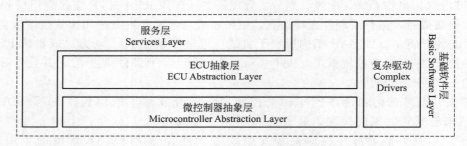

图 2.4　AUTOSAR 基础软件层

上述各层又由一系列基础软件组件构成，包括系统服务（System Services）、存储器服务（Memory Services）、通信服务（Communication Services）等，如图 2.5 所示。它们主要用于提供基础软件服务，包括标准化的系统功能和功能接口。

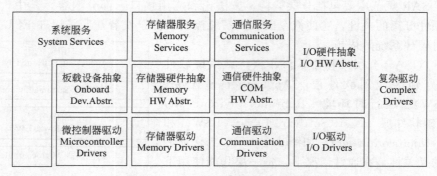

图 2.5　AUTOSAR 基础软件层结构

(1) 服务层

服务层（Services Layer）提供了汽车嵌入式系统软件常用的一些服务，其可分为系统服务（System Services）、存储器服务（Memory Services）以及通信服务（Communication Services）三大部分。提供包括网络通信管理、存储管理、ECU模式管理和实时操作系统（Real Time Operating System，RTOS）等服务。除了操作系统外，服务层的软件模块都是与ECU平台无关的。

(2) ECU抽象层

ECU抽象层（ECU Abstraction Layer）包括板载设备抽象（Onboard Devices Abstraction）、存储器硬件抽象（Memory Hardware Abstraction）、通信硬件抽象（Communication Hardware Abstraction）和I/O硬件抽象（Input/Output Hardware Abstraction）。该层将ECU结构进行了抽象，负责提供统一的访问接口，实现对通信、存储器或者I/O的访问，从而不需要考虑这些资源是由微控制器片内提供的，还是由微控制器片外设备提供的。该层与ECU平台相关，但与微控制器无关，这种无关性正是由微控制器抽象层来实现的。

(3) 微控制器抽象层

微控制器抽象层（Microcontroller Abstraction Layer，MCAL）是实现不同硬件接口统一化的特殊层。通过微控制器抽象层可将硬件封装起来，避免上层软件直接对微控制器的寄存器进行操作。微控制器抽象层包括微控制器驱动（Microcontroller Drivers）、存储驱动（Memory Drivers）、通信驱动（Communication Drivers）以及I/O驱动（I/O Drivers），如图2.6所示。

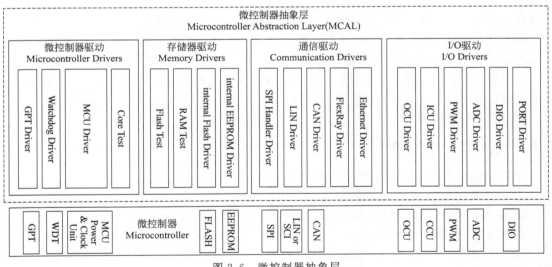

图2.6 微控制器抽象层

(4) 复杂驱动层

由于对复杂传感器和执行器进行操作的模块涉及严格的时序问题，难以抽象，所以在AUTOSAR规范中这部分没有被标准化，统称为复杂驱动（Complex Drivers）。

2.3 AUTOSAR软件组件

软件组件（SWC）不仅仅是应用层的核心，也是一些抽象层、复杂驱动层等实现的载体。由于软件组件包含的概念较多，这里单独介绍AUTOSAR软件组件相关概念，这是后期进行应用层、抽象层等开发的基础。

AUTOSAR 软件组件大体上可分为原子软件组件（Atomic SWC）和部件（Composition SWC）。其中，部件可以包含若干原子软件组件或部件。原子软件组件则可根据不同用途分为以下几种类型：

① 应用软件组件（Application SWC）；
② 传感器/执行器软件组件（Sensor/Actuator SWC）；
③ 标定参数软件组件（Parameter SWC）；
④ ECU 抽象软件组件（ECU Abstraction SWC）；
⑤ 复杂设备驱动软件组件（Complex Device Driver SWC）；
⑥ 服务软件组件（Service SWC）。

应用软件组件（Application SWC）主要用于实现应用层控制算法。

传感器/执行器软件组件（Sensor/Actuator SWC）用于处理具体传感器/执行器的信号，可以直接与 ECU 抽象层交互。

标定参数软件组件（Parameter SWC）主要提供标定参数值。

ECU 抽象软件组件（ECU Abstraction SWC）提供访问 ECU 具体 I/O 的能力。该软件组件一般提供引用 C/S 接口的供型端口，即 Server 端，由其他软件组件（如传感器/执行器软件组件）的需型端口（Client 端）调用。此外，ECU 抽象软件组件也可以直接和一些基础软件进行交互。

复杂设备驱动软件组件（Complex Device Driver SWC）推广了 ECU 抽象软件组件，它可以定义端口与其他软件组件通信，还可以与 ECU 硬件直接交互。所以，该类软件组件灵活性最强，但由于其和应用对象强相关，从而导致其可移植性较差。

服务软件组件（Service SWC）主要用于基础软件层，可通过标准接口或标准 AUTOSAR 接口与其他类型的软件组件进行交互。

需要指出的是，上述这些软件组件有的仅仅是概念上的区分，从具体实现及代码生成角度而言都是相通的。下面将详细介绍 AUTOSAR 软件组件的几个重要概念：数据类型、端口、端口接口以及内部行为。

2.3.1 软件组件的数据类型

AUTOSAR 规范中定义了如下三种数据类型（Data Type）：
① 应用数据类型（Application Data Type，ADT）；
② 实现数据类型（Implementation Data Type，IDT）；
③ 基础数据类型（Base Type）。

应用数据类型（Application Data Type，ADT）是在软件组件设计阶段抽象出来的数据类型，用于表征实际物理世界的量，是提供给应用层使用的，仅仅是一种功能的定义，并不生成实际代码。

实现数据类型（Implementation Data Type，IDT）是代码级别的数据类型，是对应用数据类型的具体实现；它需要引用基础数据类型（Base Type），并且还可以配置一些计算方法（Compute Method）与限制条件（Data Constraint）。

在 AUTOSAR 中，对于 Application Data Type 没有强制要求使用，用户可以直接使用 Implementation Data Type。若使用了 Application Data Type，则必须进行数据类型映射（Data Type Mapping），即将 Application Data Type 与 Implementation Data Type 进行映射，从而来对每个 Application Data Type 进行具体实现。

2.3.2 软件组件的端口与端口接口

软件组件的端口根据输入/输出方向可分为需型端口（Require Port，RPort）与供型端口（Provide Port，PPort），在AUTOSAR 4.1.1标准中又提出了供需端口（Provide and Require Port，PRPort）。

① 需型端口：用于从其他软件组件获得所需数据或者所请求的操作。
② 供型端口：用于对外提供某种数据或者某类操作。
③ 供需端口：兼有需型端口与供型端口的特性。

需型端口可以和供型端口连接。如图2.7所示，软件组件SWC1有一个需型端口（R）和一个供型端口（P），其中需型端口与SWC2的供型端口相连，它们之间的交互关系通过连线箭头表示，由SWC2的供型端口指向SWC1的需型端口。SWC3具有一个供需端口，它可被认为自我相连。

由于端口仅仅定义了方向，所以AUTOSAR中用端口接口（Port Interface）来表征端口的属性，端口接口主要有如下几种类型：

① 发送者-接收者接口（Sender-Receiver Interface，S/R）；
② 客户端-服务器接口（Client-Server Interface，C/S）；
③ 模式转换接口（Mode Switch Interface）；
④ 非易失性数据接口（Non-volatile Data Interface）；
⑤ 参数接口（Parameter Interface）；
⑥ 触发接口（Trigger Interface）。

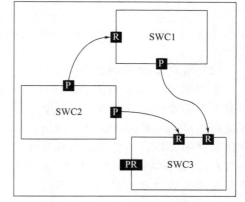

图2.7 AUTOSAR软件组件端口

其中，最常用的端口接口是发送者-接收者接口（Sender-Receiver Interface，S/R）与客户端-服务器接口（Client-Server Interface，C/S）。如图2.8所示，软件组件SWC1具有两个端口，其中一个引用的端口接口类型为发送者-接收者（S/R）接口，另一个引用的端口接口类型为客户端-服务器（C/S）接口。从中也可以看出，对于引用发送者-接收者接口的一组端口而言，需型端口为接收者（Receiver），供型端口为发送者（Sender）。对于引用客户端-服务器接口的一组端口而言，需型端口为客户端（Client），供型端口为服务器（Server）。

下面详细讨论发送者-接收者接口（Sender-Receiver Interface，S/R）与客户端-服务器接口（Client-Server Interface，C/S）的特性。

（1）发送者-接收者接口

发送者-接收者接口用于数据的传递关系，发送者发送数据到一个或多个接收者。该类型接口中定义了一系列的数据元素（Data Element，DE），这些数据元素之间是相互独立的。如图2.9所示，该发送者-接收者接口SR_Interface中定义了两个数据元素，名字分别为DE_1与DE_2，并且需要为每个数据元素赋予相应的数据类型。

需要指出的是，一个软件组件的多个需型端口、供型端口、供需端口可以引用同一个发送者-接收者接口，并且它们可以使用该接口中所定义的任意一个或者多个数据元素，而并不一定使用所有数据元素。

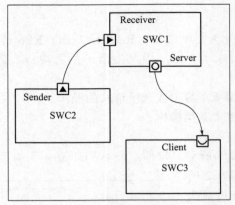
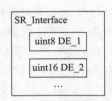

图 2.8　AUTOSAR 软件组件端口接口　　　　图 2.9　发送者-接收者接口定义

（2）客户端-服务器接口

客户端-服务器接口用于操作（Operation，OP），即函数调用关系，服务器是操作的提供者，多个客户端可以调用同一个操作，但同一个客户端不能调用多个操作。客户端-服务器接口定义了一系列操作（Operation），即函数，它（们）由引用该接口的供型端口所在的软件组件来实现，并提供给引用该接口的需型端口所在的软件组件调用。如图 2.10 所示，该客户端-服务器接口 CS_Interface 中定义了两个操作 OP_1 与 OP_2，对于每一个操作需要定义相关参数及其方向，即函数的形参。

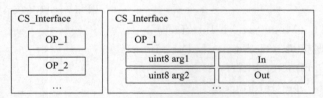

图 2.10　客户端-服务器接口定义

需要注意的是，每个端口只能引用一种接口类型，并且引用相同端口接口类型的端口才可以进行交互。

2.3.3　软件组件的内部行为

软件组件的内部行为（Internal Behaviour，IB）如图 2.11 所示，其主要包括：
① 运行实体（Runnable Entity，RE）；
② 运行实体的 RTE 事件（RTE Event）；
③ 运行实体与所属软件组件的端口访问（Port Access）；

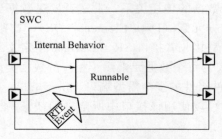

图 2.11　软件组件的内部行为

④ 运行实体间变量（Inter Runnable Variable，IRV）。

（1）运行实体

运行实体（Runnable Entity，RE）是一段可执行的代码，其封装了一些算法。一个软件组件可以包含一个或者多个运行实体。

（2）运行实体的 RTE 事件

每个运行实体都会被赋予一个 RTE 事件（Trigger Event），即 RTE 事件（RTE Event），这个事件可以引发这个运行实体的执行。对于 RTE 事件可以细分为很多种类，这将在后续章节介绍软件组件的内部行为设计时结合工具进行介绍。较常用的 RTE 事件有以下几种：

① 周期性（Periodic）事件，即 Timing Event；
② 数据接收事件（Data-received Event）；
③ 客户端调用服务器事件（Server-call Event）。

如图 2.12 所示，其中 Runnable_1、Runnable_2 和 Runnable_3 分别采用了 Timing Event、Data-received Event 以及 Server-call Event。

（3）运行实体与所属软件组件的端口访问

运行实体与所属软件组件的端口访问（Port Access）是和端口所引用的端口接口类型密切相关的。

对于 S/R 通信模式，可分为显示（Explicit）和隐式（Implicit）两种模式。若运行实体采用显示模式的 S/R 通信方式，数据读写是即时的；当多个运行实体需要读取相同的数据时，若能在运行实体运行

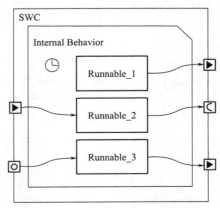

图 2.12　运行实体的 RTE 事件示意

之前先把数据读到缓存中，在运行实体运行结束后再把数据写出去，则可以改善运行效率，这就是隐式模式。显示模式与隐式模式的对比如图 2.13 所示，可见后者的实现方式中，会在运行实体被调用之前读数据，在运行结束后写数据。

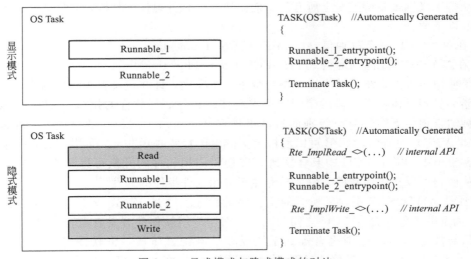

图 2.13　显式模式与隐式模式的对比

对于 C/S 通信模式，可分为同步（Synchronous）和异步（Asynchronous）两种模式，它们的对比如图 2.14 所示。

(4) 运行实体间变量

运行实体间变量（Inter Runnable Variable，IRV）即两个运行实体之间交互的变量，如图 2.15 所示。

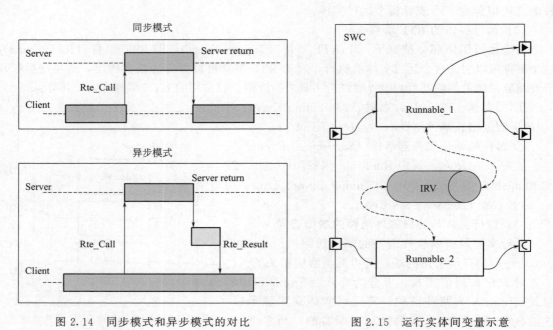

图 2.14　同步模式和异步模式的对比　　　　图 2.15　运行实体间变量示意

2.4　AUTOSAR 虚拟功能总线

若从整车级别去看待整车上所有的功能模块，即软件组件的架构，它们之间的通信形式主要涉及以下两种：

① 在单个 ECU 内部的通信（Intra-ECU Communication）；
② 在多个 ECU 之间的通信（Inter-ECU Communication）。

如果使用传统的系统设计方法，则会带来一个问题，即在定义整车级别的应用层软件架构的时候会受到具体实现手段的束缚，这主要体现在与底层软件的接口。AUTOSAR 为了实现一种"自顶向下"的整车级别的软件组件定义，提出了虚拟功能总线（Virtual Function Bus，VFB）的概念。VFB 可以使得负责应用层软件的开发人员不用去关心一个软件组件最终在整车中的哪个 ECU 中具体实现，即使得应用软件的开发可以独立于具体的 ECU 开发。从而，可以让应用软件开发人员专注于应用软件组件的开发。

VFB 是 AUTOSAR 提供的所有通信机制的抽象。通过 VFB，无论软件组件使用的是在 ECU 内部的通信还是在 ECU 之间的通信，对于应用软件的开发者而言，没有本质区别。内部通信与外部通信的区别只有等到系统级设计与配置阶段，将软件组件分配到不同的 ECU 之后才会体现出来。最终，VFB 的真实通信实现可以由 RTE 和基础软件来保证，所以，RTE 是 AUTOSAR VFB 的具体实现。

通过对通信机制的抽象，可以使得当一个系统的软件组件之间的通信关系确定之后，通过 VFB 就可以在开发前期将它们虚拟集成完成系统仿真与测试工作。

2.5 AUTOSAR 方法论

AUTOSAR 方法论（AUTOSAR Methodology）中车用控制器软件的开发涉及系统级、ECU 级和软件组件级。系统级主要考虑系统功能需求、硬件资源、系统约束，然后建立系统架构；ECU 级根据抽象后的信息对 ECU 进行配置；系统级和 ECU 级设计的同时，伴随着软件组件级的开发。上述每个环节都有良好的通信接口，并使用统一的 arxml（AUTOSAR Extensible Markup Language）描述文件，以此构建了 AUTOSAR 方法论。AUTOSAR 方法论中"自顶向下"的软件组件设计与 VFB 实现方法示意如图 2.16 所示，而对于单个 ECU 内部的系统实现方法示意如图 2.17 所示。

在开发之前，需要先编写系统配置输入描述文件，其包含以下三部分内容。

① 软件组件描述（SW-Component Description）：包含系统中所涉及的软件组件的接口信息，例如数据类型、端口接口、端口等。

② ECU 资源描述（ECU Resource Description-HW only）：包含系统中每个 ECU 所需要的处理器及其外设、传感器、执行器等信息。

③ 系统约束描述（System Constraint Description）：包含总线信号、软件组件间的拓扑结构和一些映射关系等信息。

基于上述系统配置输入描述文件，系统配置根据 ECU 资源和时序要求，将软件组件映射到对应的 ECU 上，生成系统配置描述文件（System Configuration Description）。系统配置描述文件中包含了设计过程中非常重要的一个描述——系统通信矩阵，其描述了网络中所

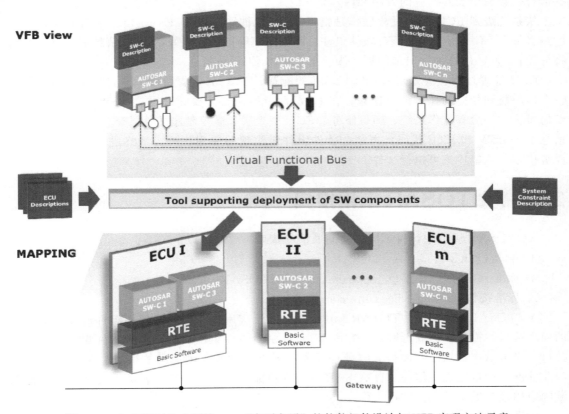

图 2.16　AUTOSAR 方法论——"自顶向下"的软件组件设计与 VFB 实现方法示意

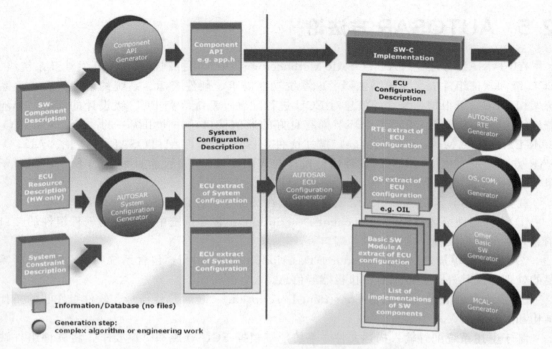

图 2.17 AUTOSAR 方法论——单个 ECU 内部的系统实现方法示意

有运行的数据帧及其对应的时序和内容。

从系统级到 ECU 级的过渡操作是指 ECU 信息抽取（ECU Extract）。在系统配置阶段已经将每个 ECU 所包含的所有软件组件、网络通信等信息封装好，ECU 信息抽取阶段只需将待配置 ECU 信息抽取出来即可，服务于之后的 ECU 配置。

ECU 配置过程主要是对 RTE 和 BSW 的配置。在 RTE 配置阶段，需要将软件组件的运行实体映射到相应的操作系统任务；在 BSW 配置阶段，需要详细配置 BSW 层中所需要用到的模块，一般有操作系统、通信服务、ECU 抽象层和微控制器抽象层等。依据 ECU 配置信息生成 BSW 和 RTE 代码，再结合软件组件级实现的应用代码，最终进行代码集成，编译链接，生成单片机可执行文件。

2.6 AUTOSAR 应用接口

AUTOSAR 规范中，将不同模块间通信的接口主要分为以下三类：
① AUTOSAR 接口（AUTOSAR Interface）；
② 标准 AUTOSAR 接口（Standardized AUTOSAR Interface）；
③ 标准接口（Standardized Interface）。

AUTOSAR 接口（AUTOSAR Interface）属于应用接口，是从软件组件的端口衍生来的通用接口，描述数据或者服务。它由 RTE 提供给软件组件，可以作为软件组件间通信的接口，也可以作为软件组件与 I/O 硬件抽象层或复杂设备驱动层间的接口。AUTOSAR 接口非标准，可自定义，但在 AUTOSAR 规范中目前已对车身、底盘及动力传动系统控制领域的应用接口做了一些标准化工作。

标准 AUTOSAR 接口（Standardized AUTOSAR Interface）是一种特殊的 AUTOSAR

接口，在 AUTOSAR 规范中有明确的定义。由 RTE 向软件组件提供 BSW 中的服务，如存储器管理、ECU 状态管理、"看门狗"管理等。

标准接口（Standardized Interface）在 AUTOSAR 规范中以 C 语言中 API 的形式明确定义。主要用于 ECU 上的 BSW 各模块间、RTE 和操作系统间、RTE 和通信模块间，应用软件组件不可访问。

上述三种接口的示意如图 2.18 所示。

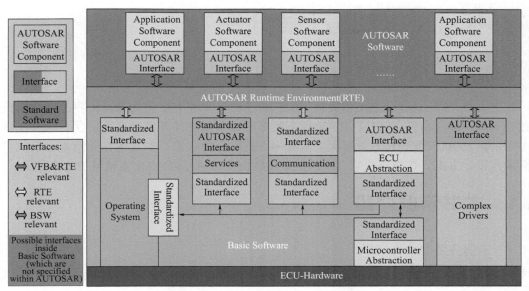

图 2.18　AUTOSAR 软件构架的接口示意

2.7　本章小结

本章首先介绍了 AUTOSAR 规范的由来及其发展历史，并详细剖析了 AUTOSAR 规范中所蕴含的基本概念。其中，在分析 AUTOSAR 分层架构、AUTOSAR 方法论以及 AUTOSAR 应用接口的同时，对 AUTOSAR 软件组件和虚拟功能总线的概念单独进行了解析。通过本章的学习，可以较好地理解 AUTOSAR 规范中的基本概念，这些都是之后进行符合 AUTOSAR 规范的车用控制器软件开发的基础。

第 3 章 本书示例及AUTOSAR系统解决方案介绍

在上一章介绍 AUTOSAR 相关理论知识的基础上，本书后面几章将以一个具体示例开发过程为例详细介绍符合 AUTOSAR 规范的车用控制器软件开发的基本方法。为便于读者对本书示例及 AUTOSAR 系统解决方案有一个整体性的认识，本章将先介绍本书示例的开发需求与设计方案，进而介绍本书中示例开发所使用的 AUTOSAR 系统解决方案。

3.1 本书示例介绍

3.1.1 示例开发需求介绍

"南极洲"某整车厂有 A 型和 B 型两种车型，其中 A 型为低端车型，B 型为高端车型。现需要为它们设计两款车灯控制器。

① A 车型：车灯开关打开，车灯就亮。
② B 车型：车灯开关打开，车灯会根据外界光强情况自动调节亮度。

并且，在车灯开关关闭时间长于 5 分钟后，关闭车灯控制器的 CAN 通信；一旦检测到车灯开关打开，则立即恢复 CAN 通信。

说明： 本书示例与实际相比做了一定假设和简化，仅为尽可能全面地展现 AUTOSAR 相关概念及方法论的具体实施方法而设计。

3.1.2 示例总体方案设计

对于 A 车型车灯控制器：用数字输入（Digital Input，DI）检测车灯开关信号，用数字输出（Digital Output，DO）直接控制车灯；用模数转换（Analog-to-Digital Converter，ADC）采集 DO 输出，作为车灯状态检测，并将检测状态以及车灯类型通过 CAN 报文发到 CAN 网络上。

对于 B 车型车灯控制器：用数字输入（Digital Input，DI）检测车灯开关信号，结合通过 CAN 报文接收到的外界光强信号，使用脉冲宽度调制（Pulse Width Modulation，PWM）输出不同占空比的脉冲来调节车灯亮度；用输入捕获单元（Input Capture Unit，ICU）采集 PWM 输出占空比，作为车灯状态检测，并将检测状态以及车灯类型通过 CAN 报文发到 CAN 网络上。

3.1.3 示例系统设计

根据系统总体方案设计，可以进行本书示例的系统设计，这里主要介绍 CAN 通信矩阵设计、系统软件架构设计以及目标 ECU 软件组件设计。

(1) CAN 通信矩阵设计

由于本书示例采用基于 CAN 总线的系统,所以需要进行 CAN 通信矩阵设计,本系统涉及三个 ECU:SensorECU、LightECU、DisplayECU,包含两帧 CAN 报文,具体设计如表 3.1 所示。

表 3.1 CAN 通信矩阵设计

ID	报文名称	方向	节点	信号	长度/位	信号值描述
0x01	Light_Intensity	Rx	SensorECU→LightECU	LightIntensity	8	外界光线强度,对应 PWM 波输出占空比 -1:弱→占空比 100% 0:中→占空比 50% 1:强→占空比 0
0x02	Light_State	Tx	LightECU→DisplayECU	LightType	8	1:A 型 2:B 型
				LightState	8	A 型:0 表示关,1 表示开 B 型:直接显示 PWM 波占空比值

(2) 系统软件架构设计

为充分利用 AUTOSAR 分层架构模块化复用的优势,将 A 型与 B 型车灯控制器采用同一个软件架构,其软件架构设计如图 3.1 所示,其中各软件组件的描述如表 3.2 所示。

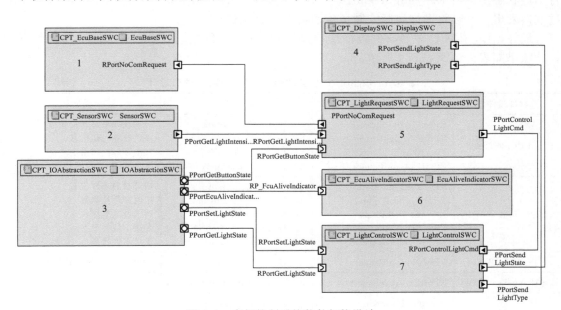

图 3.1 车灯控制系统软件架构设计

表 3.2 车灯控制系统软件组件

软件组件	类型	描述	所属 ECU
SensorSWC(2)	Sensor/Actuator SWC	处理光强传感器信号	SensorECU
LightRequestSWC(5)	Application SWC	管理车灯控制指令、CAN 通信指令	LightECU
LightControlSWC(7)	Application SWC	控制并判断车灯状态	LightECU
EcuBaseSWC(1)	Application SWC	管理 ECU 相关基本状态	LightECU

续表

软件组件	类型	描述	所属 ECU
EcuAliveIndicatorSWC(6)	Application SWC	设置单片机调试指示灯状态	LightECU
IOAbstractionSWC(3)	ECU Abstraction SWC	实现 I/O 硬件抽象层	LightECU
DisplaySWC(4)	Application SWC	显示车灯状态	DisplayECU

(3) 目标 ECU 软件组件设计

本书示例的目标 ECU 为 LightECU,它主要包括 5 个软件组件,其中 LightRequestSWC 和 LightControlSWC 是实现车灯控制的关键软件组件,下面对这两个软件组件的功能进行具体介绍。

LightRequestSWC 软件组件对于 A 型和 B 型车灯控制器共有的主要任务是负责检测并判断车灯开关的状态,对于 B 型车灯还负责接收并判断外界光强情况;并对外输出车灯控制指令,对于 A 型车灯控制指令为 0/1,即开与关;对于 B 型车灯控制指令为 PWM 占空比值,分为 0、50%、100%。此外,当车灯开关关闭时间长于 5 分钟时,发出关闭 LightECU CAN 通信的指令,一旦检测到车灯开关打开,则再恢复控制器 CAN 通信。

LightControlSWC 软件组件主要有两个运行实体。RE_JudgeLightState 通过采集车灯实际硬件上的控制信号,即对于 A 型车灯通过 ADC 采集电压信号,对于 B 型车灯则通过 ICU 采集 PWM 占空比,对采样值进行处理判断后通过运行实体间变量 IRVJudgeLightState 将车灯状态传递给 RE_LightControl。RE_LightControl 则负责将车灯状态与车灯类型通过端口发出,并且将车灯实际控制量传递给 I/O 抽象软件组件。

最终,LightECU 中各软件组件端口接口/端口设计和 LightECU 中软件组件内部行为设计结果如表 3.3 及表 3.4 所示。

表 3.3　LightECU 中各软件组件端口接口/端口设计

软件组件	端口	端口接口	描述
LightRequestSWC	RPortGetButtonState RPortGetLightIntensity PPortControlLightCmd PPortNoComRequest	CS_IF_GetButtonState SR_IF_GetLightIntensity SR_IF_ControlLightCmd SR_IF_NoComRequest	请求获取车灯开关状态 接收外界光强信息 发出车灯控制指令 发出关闭 CAN 通信请求
LightControlSWC	RPortGetLightState RPortControlLightCmd RPortSetLightState PPortSendLightType PPortSendLightState	CS_IF_GetLightState SR_IF_ControlLightCmd CS_IF_SetLightState SR_IF_SendLightState SR_IF_SendLightState	请求获取车灯状态 接收车灯控制指令 请求设置车灯状态 发送车灯类型 发送车灯状态
EcuBaseSWC	RPortNoComRequest	SR_IF_NoComRequest	接收关闭 CAN 通信请求
EcuAliveIndicatorSWC	RPortEcuAliveIndication	CS_IF_EcuAliveIndication	请求设置指示灯亮灭(调试用)
IOAbstractionSWC	PPortGetButtonState PPortSetLightState PPortGetLightState PPortEcuAliveIndication	CS_IF_GetButtonState CS_IF_SetLightState CS_IF_GetLightState CS_IF_EcuAliveIndication	获取车灯开关状态 设置车灯状态 获取车灯状态 设置指示灯亮灭(调试用)

表 3.4　LightECU 中软件组件内部行为设计

软件组件	运行实体	描述	RTE 事件
LightRequestSWC	RE_LightRequest LightRequest_Init	管理车灯控制指令、CAN 通信指令 初始化	Timing Event(10ms) Init Event

续表

软件组件	运行实体	描述	RTE 事件
LightControlSWC	RE_JudgeLightState RE_LightControl LightControl _Init	判断车灯当前状态 控制车灯状态 初始化	Timing Event(20ms) Data Received Event Init Event
EcuBaseSWC	RE_EcuBase_SWC	管理并请求 ECU 相关状态切换	Timing Event(10ms)
EcuAliveIndicatorSWC	RE_SetEcuAlive	请求设置指示灯亮灭(调试用)	Timing Event
IOAbstractionSWC	RE_GetButtonState RE_SetLightState RE_GetLightState RE_EcuAliveIndicator	获取车灯开关状态 设置车灯状态 获取车灯状态 设置指示灯亮灭(调试用)	Operation Invoked Event Operation Invoked Event Operation Invoked Event Operation Invoked Event

3.1.4 示例系统 AUTOSAR 架构

根据上述软件组件架构设计，本书示例软件组件向各 ECU 分配示意如图 3.2 所示。之后，则需要针对 LightECU 进行 ECU 级开发。

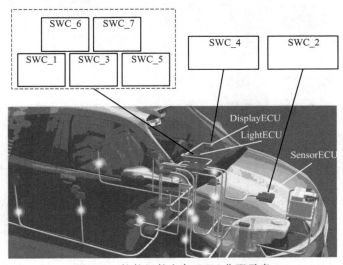

图 3.2 软件组件向各 ECU 分配示意

根据上述设计，这里着重分析一下 A 型和 B 型车灯控制器软件在 AUTOSAR 架构下的异同。A 型车灯控制器软件架构及信号流示意如图 3.3 所示，B 型车灯控制器软件架构及信号流示意如图 3.4 所示。

可见，由于 AUTOSAR 高度的分层架构以及明确的接口定义，使得需求变更时，整个软件架构的修改量大大下降，软件模块复用度大大提升。对于 A 型和 B 型车灯控制器而言，除了应用层软件组件中相关控制算法需要进行修改外，主要需要更换 MCAL 中的相关模块以及修改 IO 硬件抽象层中一些 MCAL 接口函数的调用。具体而言，对于 A 型车灯，用 DO 直接控制车灯，并且用 ADC 采集车灯控制信号；对于 B 型车灯，通过 PWM 输出不同占空比的信号来控制车灯的亮度，并用 ICU 采集车灯控制信号。所以，需要在 MCAL 层根据需求配置不同的模块，但对于 IO 硬件抽象层，即 IOAbstractionSWC 软件组件的各运行实体名可以不变，仅改变内部的代码即可。例如：同样名为 SetLightState 的函数，在 A 型车灯中的实现是对 DIO 通道的操作；而在 B 型车灯中的实现则是对 PWM 通道的操作。从这点也折射出 AUTOSAR 的魅力所在！

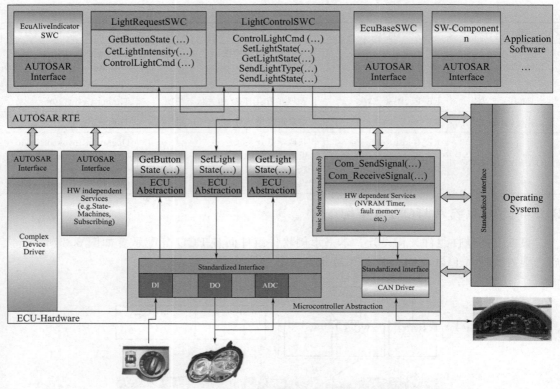

图 3.3 A 型车灯控制器软件架构及信号流示意

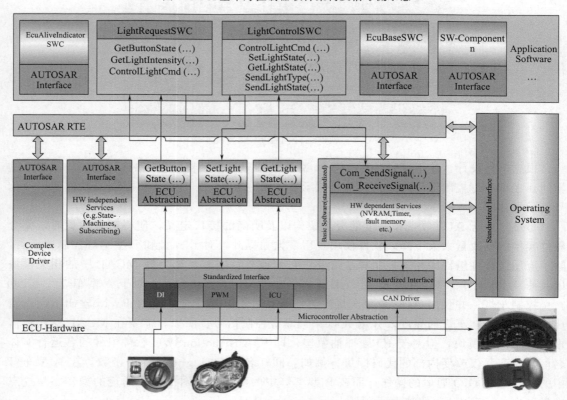

图 3.4 B 型车灯控制器软件架构及信号流示意

3.2　ETAS AUTOSAR 系统解决方案介绍

博世集团 ETAS 公司基于其强大的研发实力为用户提供了一套高效、可靠的 AUTOSAR 系统解决方案，该方案覆盖了软件架构设计、应用层模型设计、基础软件开发、软件虚拟验证等各个方面，如图 3.5 所示，其中深色部分为 ETAS 所提供的产品及服务。

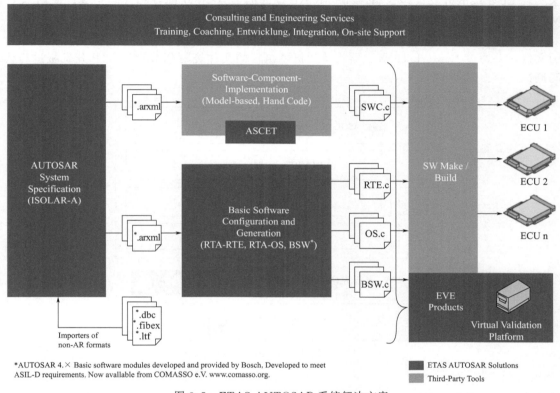

图 3.5　ETAS AUTOSAR 系统解决方案

ETAS AUTOSAR 相关的产品主要包括以下内容。

① ISOLAR-A：软件架构设计工具，支持整车级软件架构的设计，可用于符合 AUTOSAR 规范的汽车嵌入式系统软件开发中的系统级开发。

② ASCET：基于模型的 AUTOSAR 软件组件建模工具。

③ RTA 系列：由 RTA-RTE、RTA-BSW、RTA-OS 组成，可用于 AUTOSAR ECU 级开发，即 RTE 与 BSW 的配置及代码生成。

④ ISOLAR-EVE：虚拟 ECU 验证平台。

3.3　本书 AUTOSAR 系统解决方案介绍

本书示例将遵循 AUTOSAR 方法论来进行开发，所用的 AUTOSAR 解决方案如图 3.6 所示。

首先，使用 Matlab/Simulink 来实现部分软件组件级的开发，主要包括 LightRequestSWC 和 LightControlSWC，并自动生成应用层软件组件代码及 arxml 描述文件，其中软件组件 arxml 描述文件作为 AUTOSAR 系统级开发的输入文件之一。

其次，使用 ETAS ISOLAR-A 工具来进行 AUTOSAR 系统的设计与配置，过程中会利用 ISOLAR-A 工具设计一些附加的 SWC，主要包括 EcuAliveIndicatorSWC、EcuBaseSWC 以及 I/O 硬件抽象层 SWC。系统级开发最后会抽取出待配置 ECU 的信息，即 LightECU 的信息，进而可以进入 ECU 级开发阶段。

在 ECU 级开发阶段，基于 ETAS RTA 系列工具（RTA-RTE、RTA-BSW、RTA-OS）来实现 ECU 级的开发，即 RTE 及除 MCAL 以外的 BSW 模块配置和代码生成；使用 NXP MCAL 配置工具来实现 MCAL 模块的配置及代码生成。

最后，进行代码集成，使用 Wind River 编译器进行代码编译链接，生成单片机可执行的文件，并通过 Lauterbach 调试器将单片机可执行的文件烧写到 MPC5744P 开发板进行代码调试。

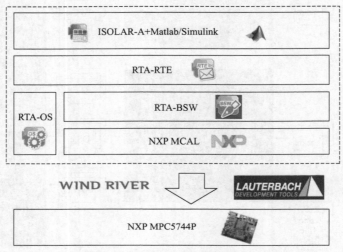

图 3.6　本书 AUTOSAR 系统解决方案

3.4　本章小结

本章首先介绍了本书中示例的开发需求，并在介绍 ETAS AUTOSAR 系统解决方案的基础上，介绍了本书中所用的 AUTOSAR 系统解决方案。本章是后续章节的一个总领，通过本章的学习，可以明确本书示例的开发需求，了解示例开发所用的 AUTOSAR 系统解决方案。这里需要指出，后续章节将主要使用本章所提的解决方案，围绕这个示例进行开发过程详解，但又不拘泥于此，以全面解析 AUTOSAR 方法论的具体实施为宗旨。

第 4 章 AUTOSAR软件组件级设计与开发

本章中，AUTOSAR 软件组件级设计与开发主要是针对应用层软件。根据本书示例所用的 AUTOSAR 系统解决方案，需要先基于 Matlab/Simulink 进行应用层软件组件的模型建立，并配置生成符合 AUTOSAR 规范的代码及 arxml 描述文件，这是一种"自下而上"的工作流程。此外，还可以基于一种"自上而下"的工作流程来进行应用层软件组体的开发。下面介绍上述两种开发流程的具体实现方法。

4.1 Matlab/Simulink 与 Embedded Coder 工具简介

4.1.1 Matlab/Simulink 工具简介

Simulink 是 Matlab 最重要的组件之一，它提供了一个动态系统建模、仿真和综合分析的集成环境。在该环境中，无须大量编写程序，只需要通过简单直观的鼠标操作就可以构造出复杂的系统。Simulink 具有适应面广、结构和流程清晰以及仿真精细、贴近实际、效率高、灵活等优点。

Stateflow 提供了一个编辑器和一些用于绘制状态机和流程图的图形对象。通过选择状态、转移和结点，然后将其拖入 Stateflow 编辑器，即可构建状态机。

4.1.2 Embedded Coder 工具简介

Embedded Coder 工具可以生成可读、紧凑且快速的 C 和 C++ 代码，以便用于嵌入式处理器、目标系统快速原型板和量产中使用的微处理器。Embedded Coder 工具丰富了 Matlab Coder 和 Simulink Coder 的配置选项，并对其进行高级优化，从而可对生成代码的函数、文件和数据进行细粒度控制。这些优化可以提高代码执行效率，并有助于和已有代码、数据类型及标定参数进行集成。Embedded Coder 可生成符合 AUTOSAR 和 ASAP2 软件标准的代码与描述文件。此外，它还可以提供可溯源性报告、代码接口文档和自动化软件验证，从而便于用户遵循 DO-178、IEC 61508 和 ISO 26262 等标准进行软件开发。

基于上述工具可以实现基于模型的设计（Model-Based Design，MBD），其具有如下优势：
① 图形化设计；
② 早期验证；
③ 代码自动生成；
④ 文档自动化等。

4.2 基于 Matlab/Simulink 的软件组件开发

基于 Matlab/Simulink 的软件组件开发主要就是对 AUTOSAR 软件组件内部行为的实现，即实现内部算法。

4.2.1 Matlab/Simulink 与 AUTOSAR 基本概念的对应关系

如前所述，Embedded Coder 可基于 Matlab/Simulink 模型生成符合 AUTOSAR 规范的代码及描述文件，但在建模过程中需要按照一定的对应关系去设计 AUTOSAR 软件组件的各个组成元素，所以在使用 Matlab/Simulink 进行基于模型的设计前首先需要理清 AUTOSAR 与 Matlab/Simulink 元素的对应关系，常用的一些元素对应关系如表 4.1 所示。

表 4.1 AUTOSAR 与 Matlab/Simulink 元素的对应关系

AUTOSAR 概念	Matlab/Simulink 概念
Composition(部件)	VirtualSubsystem(虚拟子系统)
Atomic Software Component(原子软件组件)	Virtual/Non-virtual Subsystem、Model(虚拟/非虚拟子系统、模型)
Sensor/Actuator Software Component(传感器/执行器软件组件)	VirtualSubsystem(虚拟子系统)
Runnable Entity(运行实体)	Function Call Subsystem(函数调用子系统)
RTE Event(RTE 事件)	Function Call(函数调用)
Port Interface(端口接口)	无
S/R PPort(S/R 供型端口)	Outport(输出端口)
S/R RPort(S/R 需型端口)	Inport(输入端口)
C/S PPort(C/S 供型端口)	Simulink Function(Simulink 函数模块)
C/S RPort(C/S 需型端口)	Function Caller(函数调用模块)
Inter Runnable Variable(运行实体间变量)	Signal(信号)

AUTOSAR 与 Matlab/Simulink 数据类型的对应关系如表 4.2 所示。

表 4.2 AUTOSAR 与 Matlab/Simulink 数据类型的对应关系

AUTOSAR 数据类型	Matlab/Simulink 数据类型
boolean	boolean
float32	single
float64	double
sint8	int8
sint16	int16
sint32	int32
uint8	uint8
uint16	uint16
uint32	uint32

4.2.2 软件组件内部行为建模方法

在 Matlab/Simulink 中，可以直接进行软件组件内部行为设计，对照前述 Matlab/Simulink 与 AUTOSAR 基本概念的对应关系可知，Simulink 中利用 Function Call Subsystem（函数调用子系统）来表征 AUTOSAR 软件组件的 Runnable Entity（运行实体）；利用 Function Call（函数调用）来表征 AUTOSAR 软件组件的 RTE Event（RTE 事件）。基于这一思路，这里以 LightControlSWC 软件组件为例进行内部行为建模方法及注意点介绍。

首先，需要新建一个函数调用子系统，如图 4.1 所示。Function Call Subsystem 表示一个运行实体，其内部模型为运行实体所封装的算法，而 function () 就是运行实体的 RTE 事件。

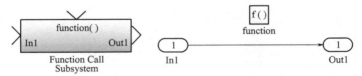

图 4.1 Function Call Subsystem 创建

遵循上述思路，结合 LightControlSWC 软件组件的功能需求，可以完成它的内部行为建模，如图 4.2 所示。

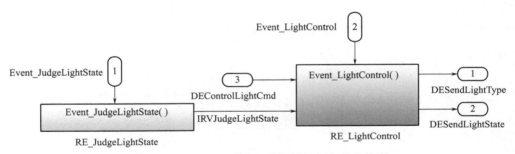

图 4.2 LightControlSWC 软件组件 Simulink 模型

其中，由于 Inport 1（Event_JudgeLightState）和 Inport 2（Event_LightControl）作为 RTE 事件，所以需要勾选 Output function call。并且，对于周期性触发的 RE_JudgeLightState，作为 RTE 事件的 Inport 1 中的 Sample time 则对应该运行实体的调用周期，如图 4.3 所示。

其次，由于 LightControlSWC 软件组件中的两个运行实体间涉及运行实体间变量（IRV），所以在建模过程中需要对相关信号进行标示，这样才能在后续模型配置过程中被识别为 Inter-Runnable Variables。例如图 4.2 中的 IRVJudgeLightState。

同理，可以开发出 LightRequestSWC 软件组件的 Simulink 模型，如图 4.4 所示。

4.2.3 AUTOSAR 客户端/服务器机制的实现方法

在 Matlab/Simulink 中可以完成 AUTOSAR 客户端/服务器机制的实现。由于客户端/服务器机制的本质是函数调用关系，即客户端调用服务器的函数。根据 AUTOSAR 与 Matlab/Simulink 元素对应关系表中 C/S PPort（C/S 供型端口），即 Server 端，对应 Simulink Function（Simulink 函数模块）；C/S RPort（C/S 需型端口），即 Client 端，对应 Function Caller（函数调用模块）。

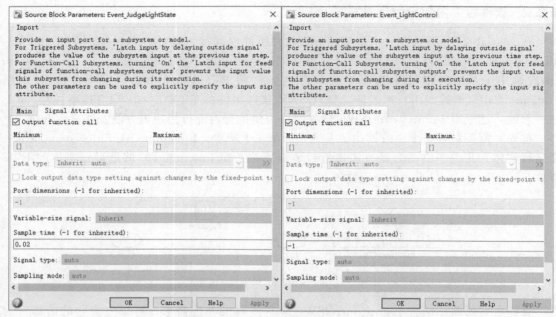

图 4.3 Event_JudgeLightState 和 Event_LightControl Inport 配置

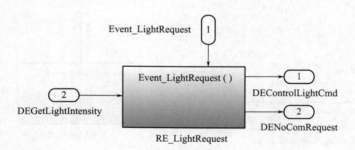

图 4.4 LightRequestSWC 软件组件 Simulink 模型

本书示例中，与 IOAbstractionSWC 软件组件交互的应用层软件组件需要用到 C/S 通信，这里以 LightControlSWC 软件组件中的 RE_JudgeLightState 运行实体中的 Client 端设计为例进行讲解。该端口需要调用 IOAbstractionSWC 软件组件中的函数，并从中读取灯的状态信息，对于 A 型车灯而言是读取 A/D 转换值，对于 B 型车灯而言是读取 ICU 捕获到的脉冲占空比值。在 Simulink 中的实现如图 4.5 和图 4.6 所示。

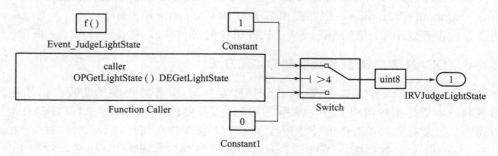

图 4.5 RE_JudgeLightState 运行实体中 Client 端实现（一）

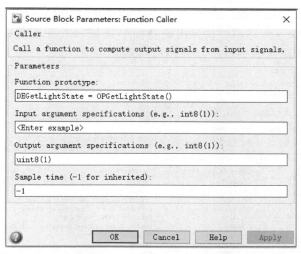

图 4.6　RE_JudgeLightState 运行实体中 Client 端实现（二）

在 Function Caller 配置中，Function prototype 为 C/S 接口的操作（Operation）名，可通过配置 Input argument specficaitions 和 Output argument specficaitions 来进行 Data Element 定义。

4.3　软件组件代码及描述文件配置生成

虽然通过 Matlab/Simulink 模型可以直接生成符合 AUTOSAR 规范的代码与软件组件 arxml 描述文件，但在生成之前需要对软件组件相关的信息进行配置，如端口接口、端口、运行实体等，并且需要和模型中的元素进行映射。所以，开发者应该对 AUTOSAR 软件组件相关基础知识有一定认识，并且明确这些概念与 Matlab/Simulink 模型中元素的对应关系。下面详细讲解通过 Matlab/Simulink 模型直接生成符合 AUTOSAR 规范的代码与软件组件 arxml 描述文件的方法，并对自动生成的文件进行解释说明。

4.3.1　求解器及代码生成相关属性配置

在进行代码配置生成之前，首先要保证当前求解器（Solver）所选取的步长模式是定步长（Fixed-step）的，即 Solver options 选为 Fixed-step 模式，如图 4.7 所示。

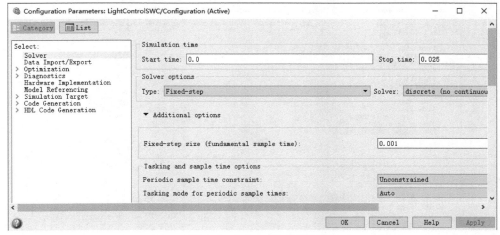

图 4.7　Solver 模式配置

其次，要配置系统目标文件，在 Simulink 主菜单中点击 Code，选择 C/C++ Code 中的 Code Generation Options 选项，在弹出的界面中选择 Solver 配置，把 System target file 更改为 autosar.tlc，如图 4.8 所示。

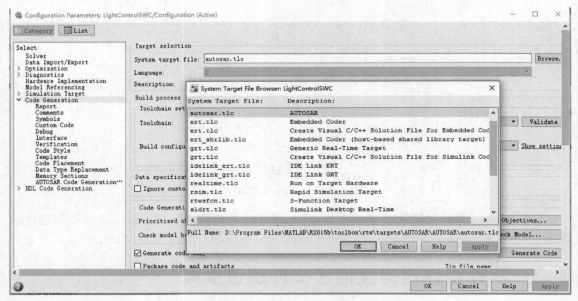

图 4.8　Code Generation 配置

其中，tlc 是 target language compiler（目标语言编辑器）的全称，其类似脚本语言，可以控制代码生成的格式。该文件默认存放在如下路径：Matlab 安装目录\toolbox\rtw\targets\AUTOSAR\AUTOSAR\AUTOSAR.tlc。

此时，在 Code Generation 根目录下会出现 AUTOSAR Code Generation 的配置选项，如图 4.9 所示。

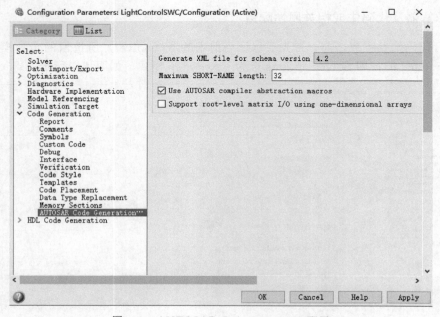

图 4.9　AUTOSAR Code Generation 配置

① Generate XML file for schema version 选项中可以选择生成描述文件的 AUTOSAR 版本，从 2.1 版本开始到 4.2 版本，本书中选择生成 4.2 版本的 arxml 描述性文件。

② Maxium SHORT-NAME length 属性可以设置命名的最大长度，即之后在配置软件组件相关特性时自定义名字的最大长度。由于 AUTOSAR 中对所有命名有以下规则：对于名称识别符，最多可包含 32 个字符，以字母开头，包含字母、数字和下划线；对于路径识别符至少含有一个 "/" 字符，分隔符之间的字符串最多包含 32 个字符，以字符开头，包含字母、数字和下划线。

③ Use AUTOSAR compiler abstraction macros 选项则是开启或者关闭 AUTOSAR 规范中所定义的一些宏，如 FUNC 等。

4.3.2 模型配置

当在 Matlab/Simulink 中设计完软件组件内部行为，并且完成了上述准备工作后，可以进行模型的配置，即将模型配置成 AUTOSAR 软件组件。在 Simulink 主菜单中点击 Code，选择 C/C++ Code 中的 Configure Model as AUTOSAR Component 选项，如图 4.10 所示。

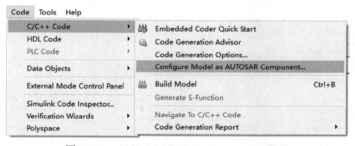

图 4.10　AUTOSAR Code Generation 配置

此时，会弹出如图 4.11 所示界面，该界面主要包括两大部分：Simulink-AUTOSAR Mapping 与 AUTOSAR Properties，可通过左下角选择按钮进行切换。

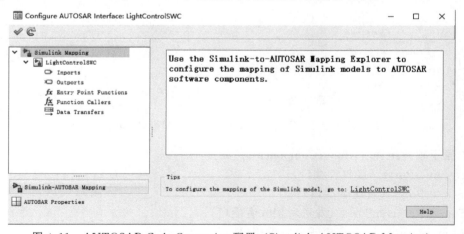

图 4.11　AUTOSAR Code Generation 配置（Simulink-AUTOSAR Mapping）

其中，Simulink-AUTOSAR Mapping 主要可以将 Simulink 中所建模型的元素与 AUTOSAR 软件组件相关元素进行对应，这里可以参考 Matlab/Simulink 与 AUTOSAR 基本概念的对应关系部分所介绍的内容。在 Simulink Mapping 菜单下可见模型的名字，如图 4.11 所示是 LightControlSWC 的模型，这里默认将其映射到了一个同名的软件组件。在其下面罗列了一些 Simulink 模型中的元素，有以下几种，它们均可与 AUTOSAR 软件组件相关元素进行映射。

① Inports：输入端口。
② Outports：输出端口。
③ Entry Point Functions：入口点函数。
④ Function Callers：函数调用模块。
⑤ Data Transfers：数据传递。

当切换到 AUTOSAR Properties 配置界面时，可以配置与 AUTOSAR 软件组件相关的元素以及描述文件生成选项，可配置的内容主要如下，如图 4.12 所示。

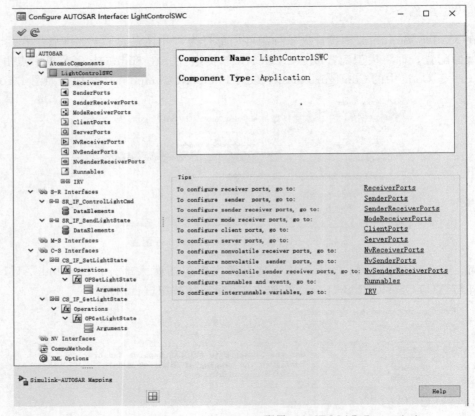

图 4.12 AUTOSAR Code Generation 配置（AUTOSAR Properties）

(1) 原子软件组件（AtomicComponents）配置

① ReceiverPorts（接收者端口）；
② SenderPorts（发送者端口）；
③ SenderReceiverPorts（发送者接收者端口）；
④ ModeReceiverPorts（模式接收者端口）；
⑤ ClientPorts（客户端端口）；
⑥ ServerPorts（服务器端口）；
⑦ NvReceiverPorts（非易失性数据接收者端口）；
⑧ NvSenderPorts（非易失性数据发送者端口）；
⑨ NvSenderReceiverPorts（非易失性数据发送者接收者端口）；

⑩ Runnables（运行实体）；
⑪ IRV（运行实体间变量）。

（2）端口接口（Port Interfaces）配置
① S-R Interfaces（发送者-接收者接口）；
② M-S Interfaces（模式转换接口）；
③ C-S Interfaces（客户端-服务器接口）；
④ NV Interfaces（非易失性数据接口）。

（3）计算方法（CompuMethods）配置

（4）XML 文件选项（XML Options）配置

下面以 LightControlSWC 模型的配置过程为例，详细介绍将 Simulink 模型配置成 AUTOSAR 软件组件的具体方法。由于 Simulink-AUTOSAR Mapping 界面是将 AUTOSAR 软件组件元素与 Simulink 元素进行映射，所以建议先在 AUTOSAR Properties 界面完成软件组件元素的定义与相关配置，再切换到 Simulink-AUTOSAR Mapping 界面完成 AUTOSAR 软件组件元素与 Simulink 元素的映射。

4.3.3 AUTOSAR Properties 配置

如前所述，由于端口接口是对端口属性的描述，所以先配置端口接口，根据 LightControlSWC 软件组件设计的需求可知，它涉及 S-R Interfaces 和 C-S Interfaces。

对于 S-R Interfaces，可以点击"＋"进行新建，给新建的接口赋予名字后，可以点击每个新建的 S-R Interfaces，完成数据元素（DataElements）的添加，如图 4.13 所示。

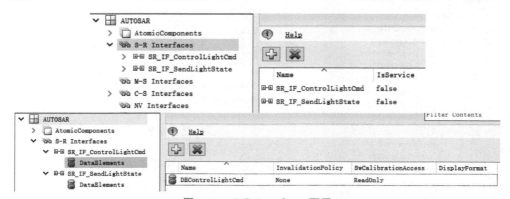

图 4.13　S-R Interfaces 配置

对于 C-S Interfaces，可以点击"＋"进行新建，给新建的接口赋予名字后，可以点击每个新建的 C-S Interfaces，完成操作（Operations）和参数（Arguments）的添加，如图 4.14 所示。

在定义完 LightControlSWC 软件组件所需要的端口接口之后，可以配置原子软件组件（AtomicComponents）中的内容，即完成对软件组件 LightControlSWC 的设计。根据需求，LightControlSWC 软件组件主要涉及 ReceiverPorts、SenderPorts、ClientPorts、Runnables 和 IRV，这些也是开发过程中较常用的元素。

对于所有的 Port 配置而言，总体上都是先新建一个 Port，再引用一个上述定义的端口接口。如图 4.15 所示为 LightControlSWC 原子软件组件的 ReceiverPorts、SenderPorts、ClientPorts 的配置。在 SenderPorts 中，这里将两个不同的端口引用了同一个端口接口，对于最终的数据元素映射关系将在 Simulink-AUTOSAR Mapping 过程中完成。

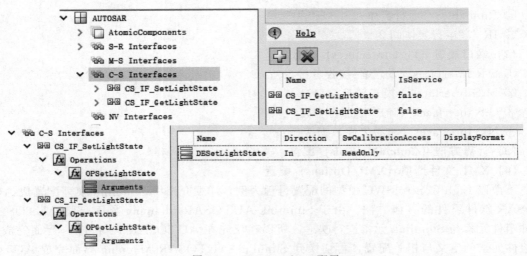

图 4.14　C-S Interfaces 配置

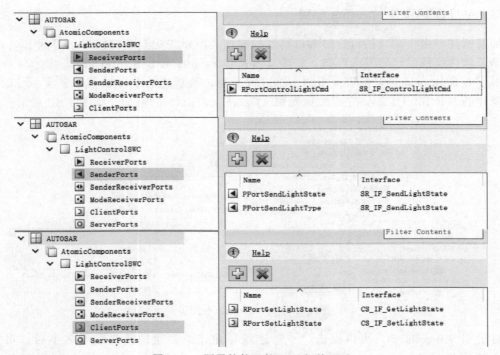

图 4.15　原子软件组件 Port 相关配置

之后,则需要定义运行实体及其 RTE 事件。可以点击"＋"进行新建,给新建的运行实体赋予名字后,在 Event 界面可以点击 Add Event 新建一个 RTE 事件。例如,按需求可知,LightControlSWC 软件组件包含两个运行实体,其中一个是周期性触发的;另一个则是收到端口数据后触发的。

如图 4.16 所示是周期性触发的运行实体设计过程,添加一个 TimingEvent 即可。

而对于收到端口数据后触发的运行实体,可以选择 DataReceivedEvent,并且需要选择一个触发源,即选择一个端口数据元素,如图 4.17 所示。

Runnable_Init 运行实体是 Simulink 自动创建的,用于完成 Simulink 模型中的初始化

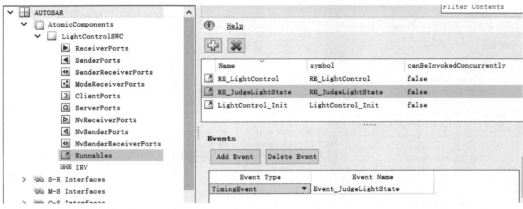

图 4.16　周期性触发运行实体配置

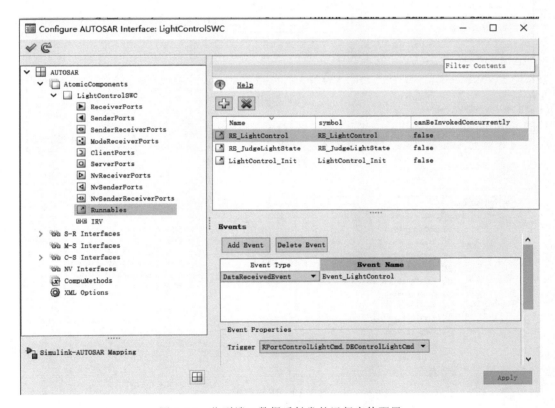

图 4.17　收到端口数据后触发的运行实体配置

操作，一般为单次运行，其配置如图 4.18 所示。注意：AUTOSAR 4.0 以上版本才支持 InitEvent 的配置。

软件组件配置的最后是 IRV，即运行实体间变量的配置。LightControlSWC 软件组件涉及一个运行实体间变量，点击"+"添加即可，如图 4.19 所示。

最后，是 XML Options（XML 文件选项）配置，这里建议 Export XML file packaging 选择 Single file，这样描述文件基本可以集中生成在一个 arxml 中，便于之后的操作，如图 4.20 所示。

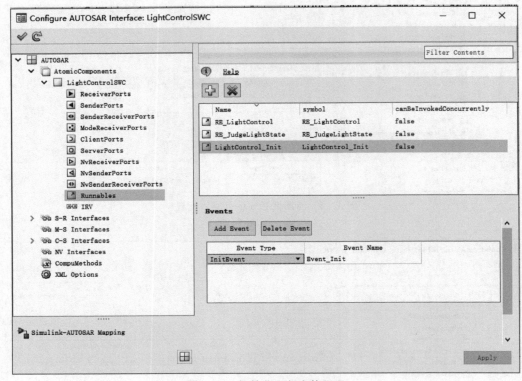

图 4.18　初始化运行实体配置

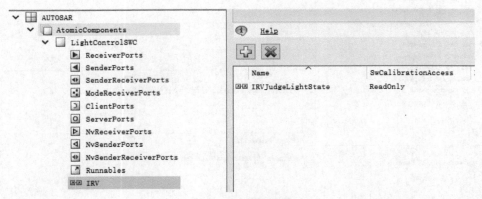

图 4.19　IRV 配置

4.3.4　Simulink-AUTOSAR Mapping 配置

完成了 AUTOSAR Properties 配置后，则需要进行 Simulink-AUTOSAR Mapping 配置，即将 Simulink 模型中的元素与 AUTOSAR 软件组件元素映射。

（1）Inports/Outports

Simulink 模型中的 Inports 和 Outports 需要与刚才所定义的 AUTOSAR 软件组件的端口映射，并且需要选择端口的数据元素，这尤其体现在当多个端口引用同一个端口接口，并且该端口接口中定义了多个数据元素的情形，如图 4.21 中 Inports/Outports 配置所示。DataAccessMode 可定义数据访问模式，这里采用隐式（Implicit）模式。

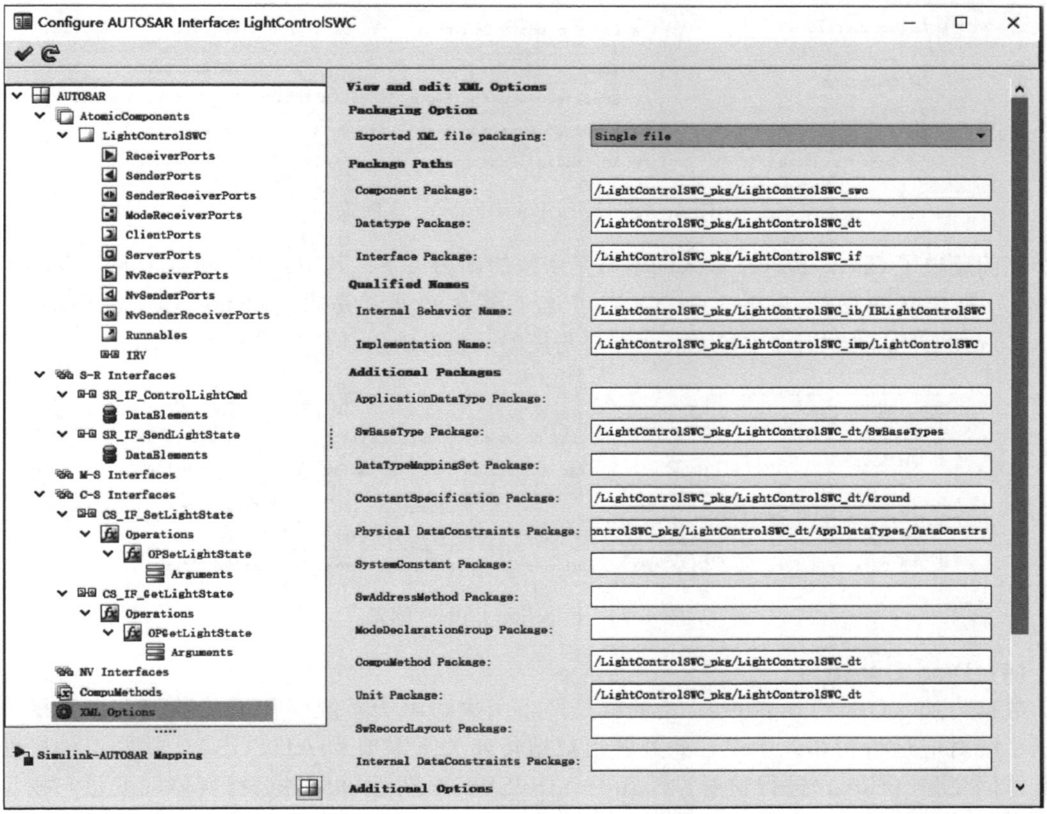

图 4.20 XML Options 配置

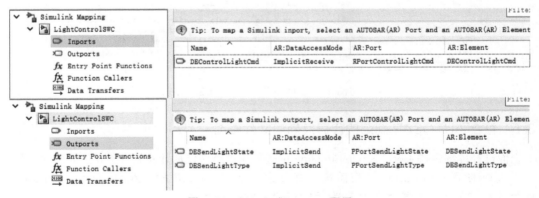

图 4.21 Inports/Outports 配置

(2) Entry Point Functions

入口点函数（Entry Point Functions）主要是配置模型中的函数与 AUTOSAR 软件组件运行实体的映射关系。如前所述，每个运行实体本质上就是一个函数，Simulink 中若采用函数调用子系统（Function Call Subsystem），在映射时就能将其看作一个运行实体。LightControlSWC 软件组件中各运行实体与模型元素的映射配置结果如图 4.22 所示。

(3) Function Callers

函数调用（Function Callers）主要是配置 Simulink 模型元素与 Client 端口的映射，这也从

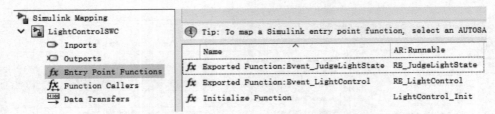

图 4.22 Entry Point Functions 配置

一个侧面反映了 Client/Server 模式的本质是函数的调用关系；其中，函数就是 Client-Server Interface 中所定义的操作（Operation），有了这个概念就可以完成 Function Callers 中的配置。LightControlSWC 软件组件中各 Client 端口与模型元素的映射结果如图 4.23 所示。

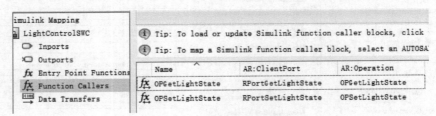

图 4.23 Function Callers 配置

（4）Data Transfers

数据传递（Data Transfers）指的就是两个函数调用子系统间传递的数据，由于函数调用子系统对应运行实体；所以，此处各组数据传递关系需要和 AUTOSAR 软件组件中的运行实体间变量（IRV）进行映射。LightControlSWC 软件组件中各运行实体间变量与模型元素的映射结果如图 4.24 所示。

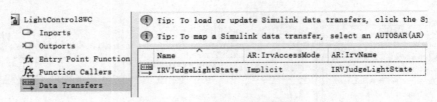

图 4.24 Data Transfers 配置

4.3.5 符合 AUTOSAR 规范的代码及描述文件生成

上面已经详细讲述了在 Matlab/Simulink 中进行软件组件设计开发的方法，主要分为两阶段。

① 第一阶段：Simulink 建模阶段。必须遵循 AUTOSAR 软件组件概念与 Simulink 模型概念的对应关系进行模型设计，为后续配置做准备。

② 第二阶段：模型配置阶段。进行 AUTOSAR Properties 配置和 Simulink-AUTOSAR Mapping 配置，即完成 AUTOSAR 软件组件元素的设计及其与 Simulink 模型元素的映射。

当完成上述两阶段的工作后，就可进行符合 AUTOSAR 规范的代码及描述文件生成。在 Simulink 主菜单中点击 Code，选择 C/C++ Code 中的 Build Model 选项即可生成，如图 4.25 所示。最终，生成的文件会在 Current Folder 下。

生成完成后，即可得到符合 AUTOSAR 规范的代码及描述文件。这里还是以 LightControlSWC 软件组件生成结果为例进行分析。最终，该软件组件一共生成 11 个文件，其中各文件的主要内容与作用描述如下。

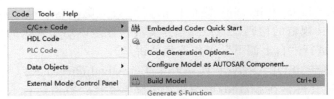

图 4.25　符合 AUTOSAR 规范的代码及描述文件生成方法

① LightControlSWC.c：包含所有软件组件运行实体的模型算法实现代码，每个运行实体分别对应一个函数。例如：

```
FUNC(void,LIGHTCONTROLSWC_CODE)RE_JudgeLightState(void)
{
    uint8_T rtb_FunctionCaller;

    /* RootInportFunctionCallGenerator:'<Root>/RootFcnCall_InsertedFor_Event_JudgeLight-
State_at_outport_1' incorporates:
     *   SubSystem:'<Root>/RE_JudgeLightState'
     */
    /* FunctionCaller:'<S1>/Function Caller' */
    Rte_Call_RPortGetLightState_OPGetLightState(&rtb_FunctionCaller);

    /* SignalConversion:'<S1>/TmpSignal ConversionAtIRVJudgeLightStateInport1' incorporates:
     *   DataTypeConversion:'<S1>/Data Type Conversion1'
     *   Switch:'<S1>/Switch'
     */
    Rte_IrvIWrite_RE_JudgeLightState_IRVJudgeLightState((uint8_T)(rtb_FunctionCaller > 4));

    /* End of Outputs for RootInportFunctionCallGenerator:
'<Root>/RootFcnCall_InsertedFor_Event_JudgeLightState_at_outport_1' */
}
```

② LightControlSWC.h：包含系统的数据结构、函数外部声明。
③ LightControlSWC_private.h：包含软件组件私有函数的定义和数据声明。
④ LightControlSWC_types.h：包含用 typedef 定义的模型中所有的参数结构体。
⑤ rtwtypes.h：定义 Matlab/Simulink 的数据类型格式。
⑥ LightControlSWC.arxml：这个 arxml 描述性文件里描述了 LightControlSWC 软件组件的端口、端口接口、数据类型和内部行为等 AUTOSAR 软件组件中的元素。
⑦ LightControlSWC_external_interface.arxml：这个 arxml 描述性文件里描述了 LightControlSWC 软件组件所包括的 C/S 接口信息。
⑧ 其他：主要都是一些 RTE 相关的定义文件。

4.4　在 Simulink 中导入软件组件描述文件——"自上而下"的工作流程

"自上而下"的工作流程有别于"自下而上"的工作流程，其需要先在 AAT（AUTO-SAR Authoring Tool）工具（如 ISOLAR-A）中完成软件组件框架设计，并将软件组件

arxml 描述文件导入 Matlab/Simulink 完成内部算法的实现，然后再通过 Matlab/Simulink 生成符合 AUTOSAR 规范的代码及 arxml 描述文件。这里以用于调试的 EcuAliveIndicator-SWC 软件组件为例进行"自上而下"工作流程的讲解。

这里假设已经基于 ISOLAR-A 工具完成了 EcuAliveIndicatorSWC 软件组件框架的设计，并得到了其描述文件，在 Matlab 中编写如下脚本文件：点击运行 Run 即可完成描述文件导入及模型创建，如图 4.26 所示；之后，Matlab/Simulink 会根据软件组件描述文件中的信息自动生成软件组件模型，如图 4.27 所示，这样就可以基于软件组件模型框架进行内部算法的实现；最终，再生成符合 AUTOSAR 规范的代码及描述文件即可。

```
obj = arxml.importer({'EcuAliveIndicatorSWC.arxml','ISOLAR_PlatformTypes.arxml'})
createComponentAsModel(obj,'/IoHwAbstraction/EcuAliveIndicatorSWC','CreateInternalBehavior',true)
```

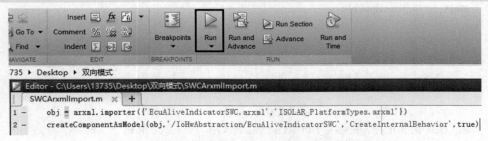

图 4.26 软件组件描述文件导入与模型创建脚本运行

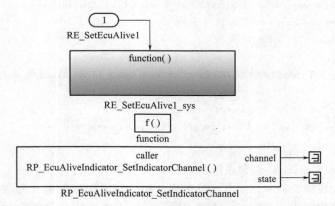

图 4.27 EcuAliveIndicatorSWC 软件组件描述文件导入及模型创建结果

4.5 本章小结

本章在介绍 Matlab/Simulink 与 Embedded Coder 工具的基础上，对基于 Matlab/Simulink 进行 AUTOSAR 软件组件开发并生成符合 AUTOSAR 规范的代码及 arxml 描述文件的方法（即"自下而上"的工作流程）进行了较为全面的讲解；然后，还对基于"自上而下"工作流程的开发方法进行了介绍。通过本章的学习，可以对 AUTOSAR 软件组件有一个较为感性的认识，并学会基于 Matlab/Simulink 进行 AUTOSAR 软件组件开发的基本方法。

第 5 章 AUTOSAR系统级设计与配置

如前所述,开发者可以先在系统级设计工具 ISOLAR-A 中设计软件组件框架,包括端口接口、端口等,即创建各软件组件 arxml 描述性文件;再将这些软件组件描述性文件导入到行为建模工具,如 Matlab/Simulink 中完成内部行为建模。亦可以先在行为建模工具中完成逻辑建模,再把生成的描述性文件导入到系统级设计工具中完成系统级设计与配置。

根据本书所使用的 AUTOSAR 系统解决方案,先前已在 Matlab/Simulink 中完成了部分应用层软件组件的建模,并生成了符合 AUTOSAR 规范的代码与 arxml 描述性文件,此处可以直接导入 ISOLAR-A 系统级设计工具,进行后续配置。

5.1 ETAS ISOLAR-A 工具简介

ISOLAR-A 工具是 ETAS 公司专门为符合 AUTOSAR 规范的汽车嵌入式系统软件开发所推出的工具,如图 5.1 所示。众所周知,在开发 AUTOSAR 系统时,软件架构设计是至关重要的。得益于博世集团在 ECU 开发过程中的技术沉淀及其与全球 OEM 的密切合作,ISOLAR-A 工具是一款高效的 AUTOSAR 软件架构设计工具。

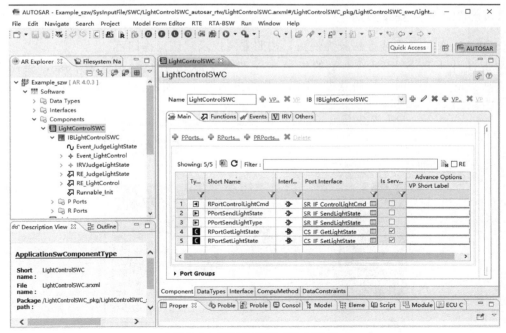

图 5.1 ETAS ISOLAR-A 工具

ISOLAR-A 工具是基于 Eclipse 平台开发的，它具有开放的、可扩展的特点，这为集成用户的特定功能提供了可能性。目前，ISOLAR-A 支持 AUTOSAR R4.0、R4.1、R4.2（包括 R4.2.2）和 R4.3。

ISOLAR-A 工具主要具有以下功能与特色：

① 可以进行整车级别的软件组件架构设计；

② 设计符合 AUTOSAR 规范的软件组件，包括软件组件端口、端口接口、运行实体等的设计，还可以导入/导出软件组件 arxml 描述文件，并支持与其他基于模型的设计（Model Based Design，MBD）开发工具协同开发，如 ETAS ASCET、Matlab/Simulink，它们之间可以通过 arxml 描述文件进行软件组件信息交互；

③ 导入传统格式的文件，如 DBC（包括 SAE J1939 和 ISOBUS 11783）、FIBEX、LDF（包括 SAE J2602）和 ODX 等，自动化地完成这些大工作量的任务，不仅可以提高开发效率，而且还可以减少开发错误；

④ 可以进行 AUTOSAR 系统级设计，并可为单核或多核 ECU 完成系统以及 ECU 信息抽取工作；

⑤ 可以集成 AUTOSAR 系统和应用软件；

⑥ 采用标准的 AUTOSAR XML 文件格式（arxml），很容易连接到 SVN 等软件配置和版本管理系统等。

作为 ETAS 整体 AUTOSAR 解决方案的一部分，ISOLAR-A 可与 ETAS 和其他供应商的 AUTOSAR 工具进行集成。特别是 ETAS 的 RTA-RTE（AUTOSAR 运行环境生成器）和 RTA-OS（操作系统），还可以集成 AUTOSAR-R4.x 的基础软件，如 ETAS RTA-BSW。

5.2 ETAS ISOLAR-A 工具入门

5.2.1 ISOLAR-A 安装方法

ISOLAR-A 工具安装方法较为便捷，按照安装提示默认操作即可。

双击打开 ETAS ISOLAR-A 的安装包文件夹，双击运行 Autostart.exe，会出现如图 5.2 所示的安装界面，然后点击 Main，会弹出如图 5.3 所示界面，界面中提示本安装包

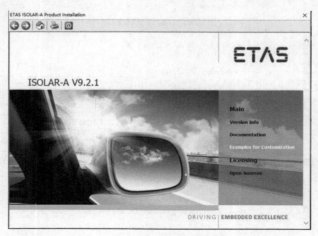

图 5.2 ETAS ISOLAR-A 工具安装步骤（一）

仅支持装有 64 位操作系统的计算机。

点击 ISOLAR-A Product Installation（for 64bit OS only），进入正式安装界面，如图 5.4 所示。

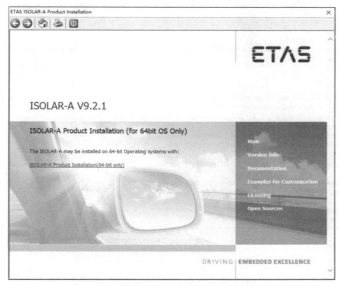

图 5.3　ETAS ISOLAR-A 工具安装步骤（二）

图 5.4　ETAS ISOLAR-A 工具安装步骤（三）

点击下一步 Next，会弹出如图 5.5 所示的 liscense 管理条约，用户在仔细阅读后，可以勾选 I read and accept the terms in the liscense aggrement，之后点击下一步 Next。

点击下一步后，会弹出如图 5.6 所示界面，用户可以选择 ISOLAR-A 的安装路径。在文件夹命名时可以附加一些软件的版本信息，如这里使用的是 ISOLAR-A 9.2.1，则安装文件夹可命名为 ISOLAR_V921，这可以便于今后多版本共存情况下的管理。

在选择安装路径之后，可以点击下一步 Next，会弹出如图 5.7 所示的窗口。这时会让

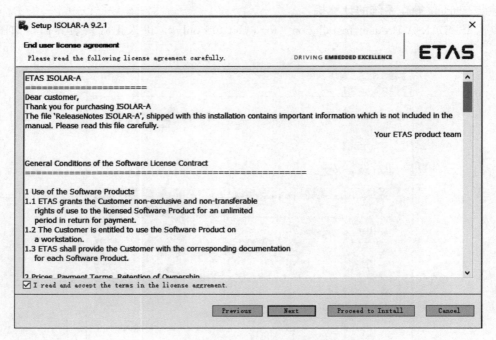

图 5.5　ETAS ISOLAR-A 工具安装步骤（四）

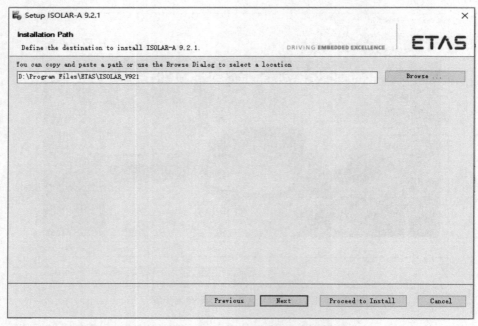

图 5.6　ETAS ISOLAR-A 工具安装步骤（五）

用户勾选需要安装的程序，主要包括一些工具运行需要的 Visual C++插件、ETAS License Manager 以及 ISOLAR-A。初次安装建议全部勾选，便于后期使用。界面右下角会显示工具安装需要的空间以及计算机各盘的空间大小。最后，可以点击安装 Install 进行软件安装。

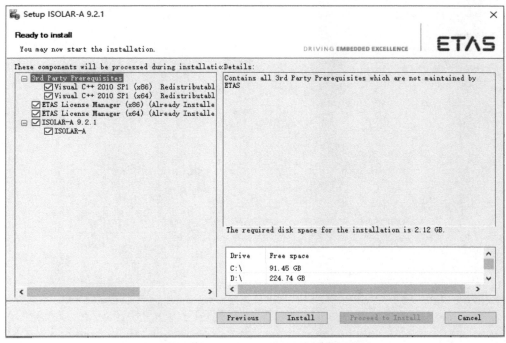

图 5.7　ETAS ISOLAR-A 工具安装步骤（六）

此时，会弹出如图 5.8 所示的界面，进度条显示安装状态。安装完毕后，会弹出如图 5.9 所示的界面，点击 Finish 即可。至此，ETAS ISOLAR-A 工具安装过程结束。

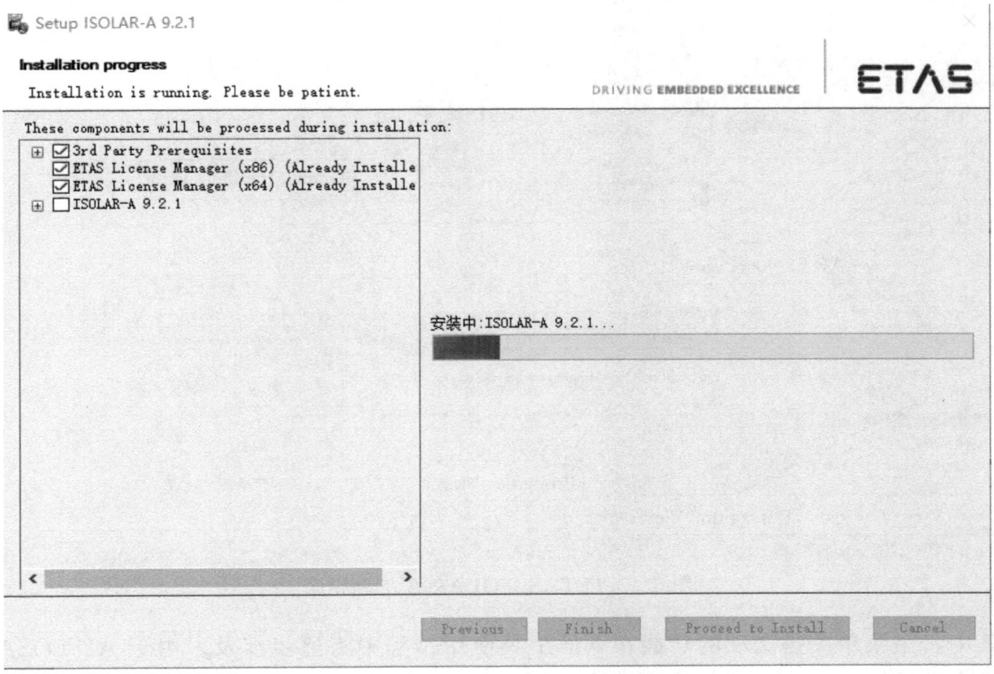

图 5.8　ETAS ISOLAR-A 工具安装步骤（七）

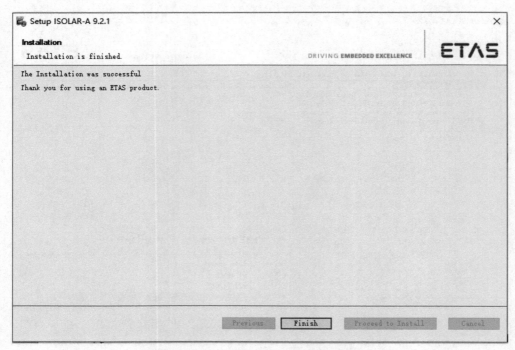

图 5.9　ETAS ISOLAR-A 工具安装步骤（八）

5.2.2　ISOLAR-A 界面说明

ISOLAR-A 工具的界面十分友好，如图 5.10 所示，其主要分为主菜单、AR Explorer View、Description View、Properties View 和 Graphical Editors View。

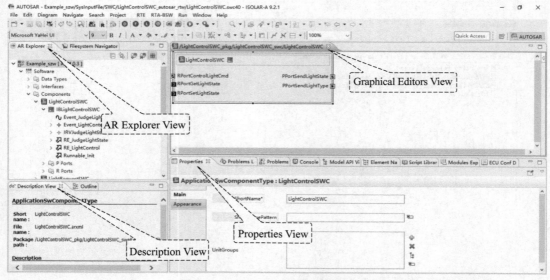

图 5.10　ETAS ISOLAR-A 工具界面

其中，主菜单关键选项的功能在下面工具使用过程中将逐步涉及。由于 AUTOSAR 配置工具主要是针对 arxml 等格式的描述文件的操作，所以其可视为一个强大的 XML 文件编辑器。AR Explorer View、Description View、Properties View 和 Graphical Editors View 的操作也是主要针对描述文件中的元素展开的。

AR Explorer View 是工程文件浏览器，一般推荐选择 Show Abstraction Groups Only（图 5.11），这样 ISOLAR-A 工具将根据 AUTOSAR 中的相关概念将工程文件夹中所有描述文件中的元素进行分类，如 Data Types、Interfaces、Components，从而便于开发。

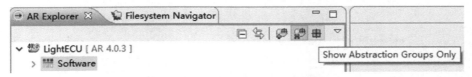

图 5.11　AR Explorer 浏览模式选择

Filesystem Navigator 是 arxml 浏览器，切换到该界面将显示出工程文件夹所包含的 arxml 描述文件，如图 5.12 所示。

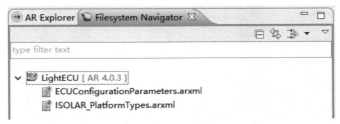

图 5.12　arxml 文件浏览器

Description View 提供所选元素的文件名和所属于的 AUTOSAR Package 信息。此外，还显示 AUTOSAR 元素类型的描述。

Properties View 可为选定的 AUTOSAR 容器提供相关配置。

Graphical Editors View 则以图形和表格的形式更直观地、更清楚地展现 AUTOSAR 描述文件内容，并可以基于此配置相关的 AUTOSAR 元素。

5.3　基于 ISOLAR-A 的软件组件设计方法

ISOLAR-A 作为系统级设计工具，可以进行软件组件的设计，主要包括：数据类型定义、端口接口设计、端口设计、软件组件设计、运行实体设计、运行实体间变量设计等。虽然，本书所用 AUTOSAR 解决方案中使用 Matlab/Simulink 进行应用层软件组件的设计，并直接生成了符合 AUTOSAR 规范的代码及描述文件，但这里还是以实例介绍一下 ISOLAR-A 中进行 AUTOSAR 软件组件设计的方法。

5.3.1　AUTOSAR 工程创建

双击 ISOLAR-A 快捷方式，打开 ISOLAR-A 工具，会提示选择工作空间（Workspace），如图 5.13 所示。点击 OK 后，会进入 ISOLAR-A 主界面。

进入主界面后，点击 File→New→AUTOSAR Project 新建工程，若 AR Explorer 界面中没有任何旧工程，直接点击该界面中的 New AUTOSAR Project 新建工程即可。进入新建工程界面（图 5.14），可以输入工程名字，选择 AUTOSAR 规范版本，勾选是否导入基础数据类型等。

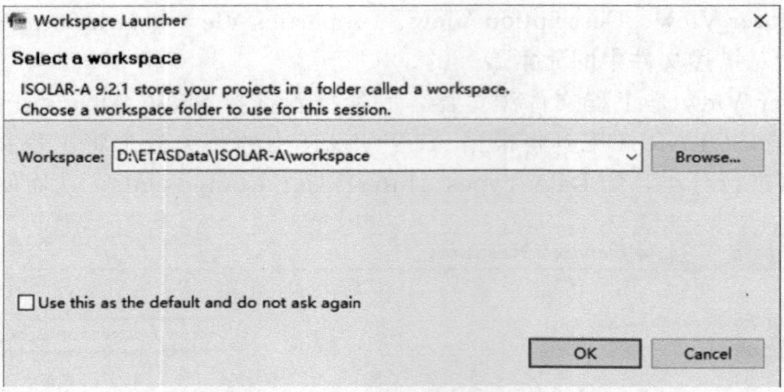

图 5.13　ISOLAR-A 工作空间选择

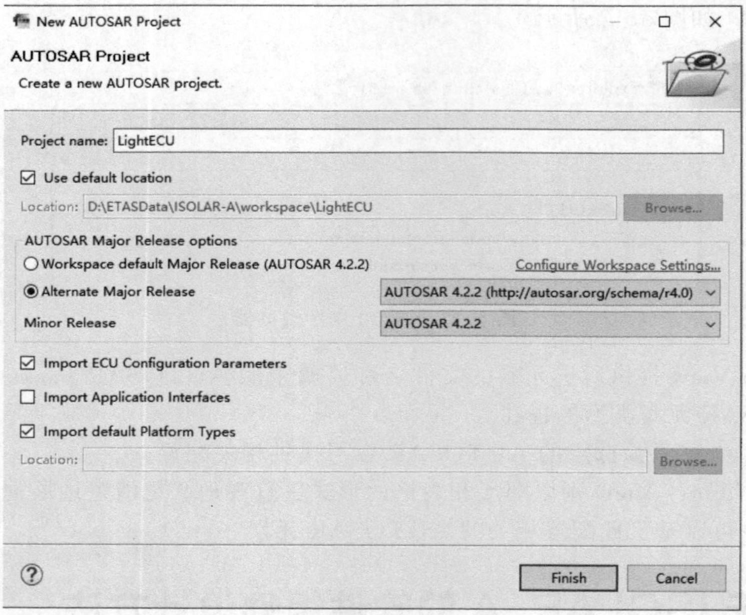

图 5.14　新建 AUTOSAR Project

信息输入完成后，可以点击 Finish。这时，AR Explorer 界面中就会出现一个新建的工程，如图 5.15 所示。其中，与软件组件描述（Software Component Description）相关的元素都在 Software 文件夹中；与系统描述（System Description）相关的元素都在 System 文件夹中；与 ECU 描述（ECU Description）相关的元素都在 Bsw 文件夹中。

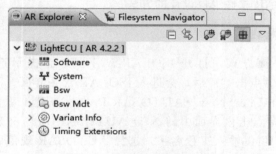

图 5.15　AUTOSAR Project

5.3.2 数据类型定义

在介绍 AUTOSAR 软件组件基本概念的时，已经提到 AUTOSAR 定义了三种数据类型，即应用数据类型（Application Data Type，ADT）、实现数据类型（Implementation Data Type，IDT）、基本数据类型（Base Type）。这里介绍它们在工具中的定义及引用方法。由于数据类型属于软件组件相关元素，所以可以点开 Software 文件夹，如图 5.16 所示。

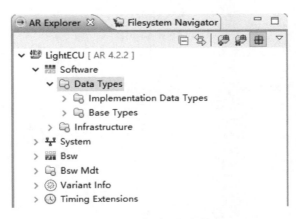

图 5.16 Data Types 文件夹

(1) 数据类型创建

这里以 Application Data Type 创建方法为例介绍数据类型设计方法，其他两种数据类型类似。假设需要新建一个应用数据类型 ButtonState，它代表开关的状态。它引用一种计算方法，0 表示 OFF；1 表示 ON。

右击 Data Types→Create Data Types→Create Primitive Data Types→Elements｜Application Primitive Data Type，如图 5.17 所示。

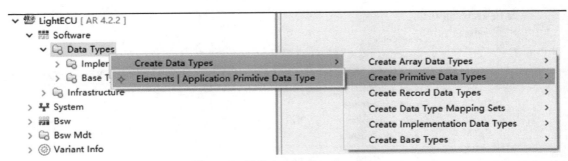

图 5.17 新建 Application Data Type

此时，将弹出新建 AUTOSAR 元素的界面，需要输入元素名称；勾选是否新建 package，package 是 arxml 描述文件中的一个概念；若新建则需要输入 package 的名称，并选择需要放在哪个 arxml 文件中，可以双击工程文件夹，选择已有文件，也可以新建一个 arxml 文件专门存放 Application Data Type。这里新建一个 package，并且存放在 Application Data Type.arxml 文件中，如图 5.18 所示。最终，Application Data Type 新建结果如图 5.19 所示。

图 5.18 新建 Application Data Type AUTOSAR Element

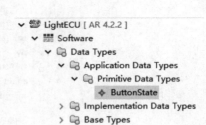

图 5.19 Application Data Type 新建结果

(2) 计算方法型创建

和数据类型密切相关的是计算方法（Compu Method），这里新建一个计算方法 ButtonState 来实现 0 表示 OFF，1 表示 ON 的对应关系。右键点击 Software→Create Compu Methods→Elements | Compu Method（图 5.20），之后需要和先前新建数据类型一样新建一个 AUTOSAR 元素，方法不再重复。最终，Compute Method 新建结果如图 5.21 所示。

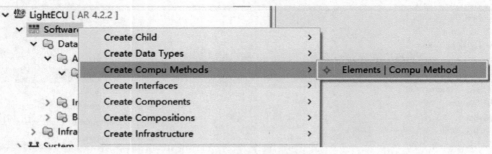

图 5.20 新建 Compu Method

双击刚才新建的计算方法 ButtonState，将会弹出计算方法类型选择窗口（图 5.22），其中较常用的计算方法的描述如下。

① 相同（IDENTICAL）：内部值与物理值是相同的，不需要进行转换。

② 线性关系（LINEAR）：物理值是将内部值通过线性转换得到的，一般是内部值乘以一个比例因子（Factor）加上一个偏移量（OFFSET）得到物理值。

③ 有理函数（RAT_FUNC）：与线性转换类似，但转换仅限于有理函数。

④ 文本（TEXTTABLE）：将内部值转换为文本元素。
⑤ 比例线性和文本（SCALE_LINEAR_AND_TEXTTABLE）：线性和文本相结合。
这里选择文本（TEXTTABLE）类型。

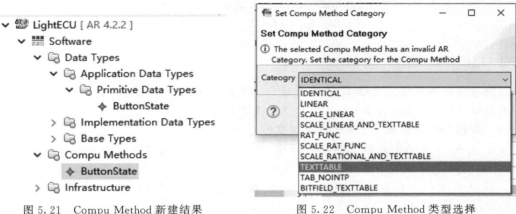

图 5.21 Compu Method 新建结果　　　　图 5.22 Compu Method 类型选择

通过点击 Add CompuScale 可以添加 TESTTABLE 中的语句，来实现前述 ButtonState 的计算方法，如图 5.23 所示。

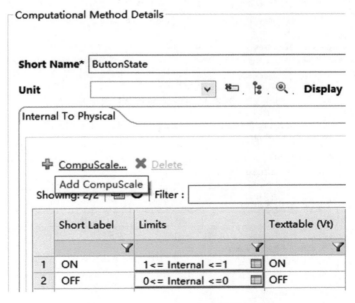

图 5.23 Compu Method 设计结果

设计完计算方法 ButtonState 后，就可以在先前建立的应用数据类型 ButtonState 中进行引用，如图 5.24 所示。

对于 Application Data Type 与 Implementation Data Type 的数据类型映射则需要在后续软件组件设计阶段完成，因为这种映射关系不是唯一的，和实际需求密切相关。

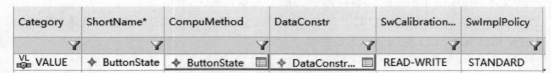

图 5.24 Application Data Type 设计结果

5.3.3 端口接口设计

这里着重讲解常用的发送者-接收者接口（Sender-Receiver Interface，S/R）与客户端-服务器接口（Client-Server Interface，C/S）设计方法。

（1）为端口接口创建一个 arxml 描述文件

在定义 AUTOSAR 元素之前，先新建一个 arxml 描述文件专门存放端口接口定义描述。右键点击 LightECU→New→AUTOSAR File（图 5.25），之后会弹出如图 5.26 所示的界面，这里新建一个名为 Interface.arxml 的描述文件，并同时创建一个名为 Interface 的 AR Package，点击 Finish。最终，AUTOSAR File 创建结果如图 5.27 所示。

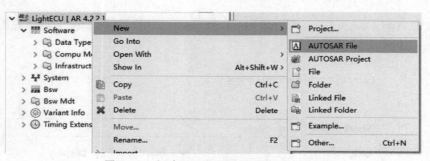

图 5.25 新建 Interface AUTOSAR File 1

图 5.26 新建 Interface AUTOSAR File 2

第 5 章 AUTOSAR 系统级设计与配置　53

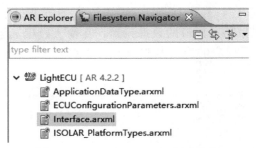

图 5.27　AUTOSAR File 创建结果

（2）发送者-接收者类型接口设计

右键点击 Software→Create Interfaces→Create Port Interfaces→Elements | Sender Receiver Interface（图 5.28）。这里也可以看出前面所提到的其他几种端口接口类型。之后会弹出如图 5.29 所示的界面，与先前定义数据类型时不同的是，由于已经创建了 Interface.arxml 文件，所以这里需要在下面的文件界面中选择它，并且选择 Use Existing AR Package，选择名为 Interface 的 AR Package Path，点击 Finish。

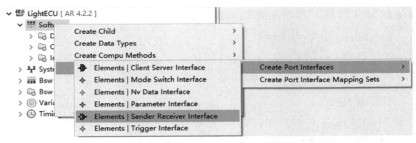

图 5.28　新建 Sender-Receiver 接口 1

图 5.29　新建 Sender-Receiver 接口 2

双击刚才创建的 SR_IF_SendLightState 接口可进入 Interface 设计界面，点击 Add VariableData Prototype 可以添加接口的数据元素，在输入数据元素名字的同时，需要引用相应数据类型，这里均引用相应的应用数据类型。最终，SR_IF_SendLightState 接口设计结果如图 5.30 所示。

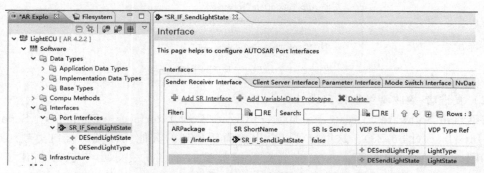

图 5.30　Sender-Receiver 接口设计结果

此时，在 Interface.arxml 文件中可以看到关于上述 Sender-Receiver 接口 SR_IF_SendLightState 的定义信息，其中主要的信息用粗体字标示。

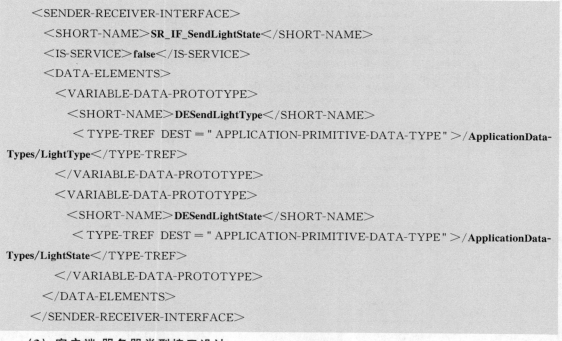

(3) 客户端-服务器类型接口设计

设计完发送者-接收者类型接口后，可以直接切换至 Client Server Interface 设计界面，点击 Add CS Interface 创建一个 C/S 接口，名称为 CS_IF_GetLightState；点击 Add CS Operation 添加一个操作，名称为 OPGetLightState；点击 Add ArgumentData Prototype 添加参数 DEGetLightState，由于是从底层读上来的数据，所以参数方向为 OUT，并为其引用一个数据类型。客户端-服务器类型接口设计结果如图 5.31 所示。

此时，在 Interface.arxml 文件中可以看到关于上述 Client-Server 接口 CS_IF_GetLightState 的定义信息，其中主要的信息用粗体字标示。

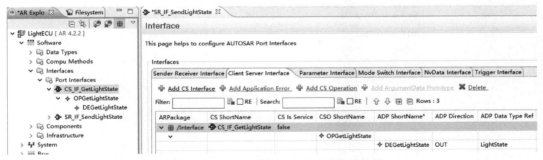

图 5.31 客户端-服务器类型接口设计结果

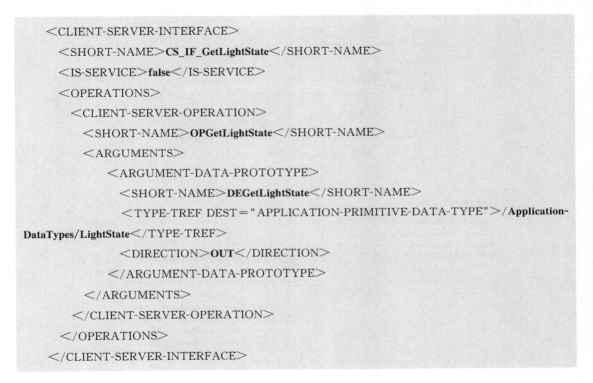

5.3.4 软件组件设计

这里以建立 LightControlSWC 为例，详细介绍 ISOLAR-A 中软件组件的设计方法。

(1) 软件组件新建

和上述端口接口设计一样，需要先为这个软件组件创建一个描述文件和 AR Package，即右键点击 LightECU→New→AUTOSAR File。这里创建一个名为 LightControlSWC 的 arxml 描述文件及名为 LightControlSWC 的 AR Package（图 5.32），点击 Finish。

之后，可以添加一个应用软件组件，右键点击 Software→Create Components→Elements｜Application Sw Component Type（图 5.33），在弹出的界面中输入软件组件名，选择上面新建的 LightControlSWC.arxml 的描述文件及名为 LightControlSWC 的 AR Package，点击 Finish。至此，一个软件组件就新建好了，可通过右键点击软件组件 LightControlSWC→Open With→Graphical Component Editor 查看软件组件示意图，如图 5.34 所示。

(2) 软件组件端口添加

双击软件组件 LightControlSWC，可以打开 Component Editor，点击 Add PPorts、

图 5.32 新建 LightControlSWC AUTOSAR File

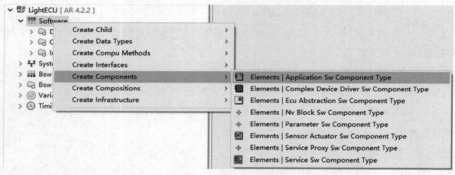

图 5.33 新建 SWC

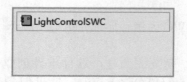

图 5.34 LightControlSWC 示意

RPorts、PRPorts 会弹出如图 5.35 所示窗口，选择相应端口接口。为每个端口赋予名称即可，结果如图 5.36 所示。

此时，在 LightControlSWC.arxml 描述文件中就会有上述端口的定义信息，下面选取 PPortSendLightState 与 RPortGetLightState 进行展示，其中一些重要信息用粗体字标示。

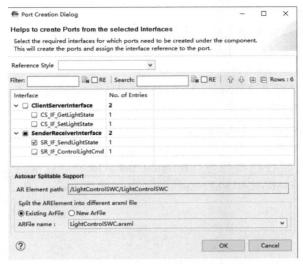

图 5.35 新建软件组件端口

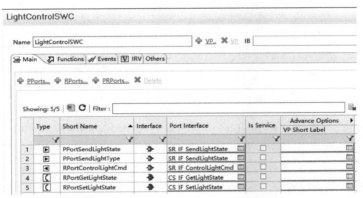

图 5.36 LightControlSWC 端口设计结果

```
    <APPLICATION-SW-COMPONENT-TYPE>
     <SHORT-NAME>LightControlSWC</SHORT-NAME>
     <PORTS>
       <P-PORT-PROTOTYPE UUID="8bed18b6-b471-4de7-a10b-b03b831fde56">
        <SHORT-NAME>PPortSendLightState</SHORT-NAME>
        <PROVIDED-INTERFACE-TREF DEST="SENDER-RECEIVER-INTERFACE">/In-
terface/SR_IF_SendLightState</PROVIDED-
       INTERFACE-TREF>
       </P-PORT-PROTOTYPE>
       ...
       <R-PORT-PROTOTYPE UUID="d5803fa8-ce7b-4e85-bf88-71796f319da2">
        <SHORT-NAME>RPortGetLightState</SHORT-NAME>
        <REQUIRED-INTERFACE-TREF DEST="CLIENT-SERVER-INTERFACE">/Interface/CS
_IF_GetLightState</REQUIRED-
       INTERFACE-TREF>
       </R-PORT-PROTOTYPE>
       ...
     </PORTS>
    </APPLICATION-SW-COMPONENT-TYPE>
```

(3) 软件组件内部行为设计

软件组件内部行为设计主要包括以下几点工作：

① 创建软件组件内部行为（Internal Behaviour）；
② 添加运行实体（Runnable）；
③ 添加运行实体与所属软件组件的端口访问（Port Access）；
④ 添加运行实的 RTE 发事件（RTE Event）；
⑤ 添加运行实体间变量（Inter Runnable Variable，IRV）；
⑥ 建立并添加数据类型映射（Data Type Mapping）。

第一步，创建软件组件内部行为（**Internal Behaviour**）。右键点击软件组件 LightControlSWC→New Child→Internal Behaviours | Internal Behaviour（图 5.37），将其命名为 IB-LightControlSWC。

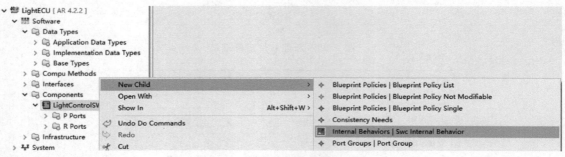

图 5.37　创建软件组件内部行为

第二步，添加运行实体（**Runnable**）。双击软件组件 LightControlSWC，可以打开 Component Editor，切换至 Functions 界面，点击 Add Runnables 可添加运行实体。为了便于读者全面认识软件组件运行实体设计过程，与前述 Matlab/Simulink 中一致，这里针对 LightControlSWC 软件组件也设计三个运行实体 RE_JudgeLightState、RE_LightControl 以及 LightControl_Init，输入运行实体和函数名即可，结果如图 5.38 所示。

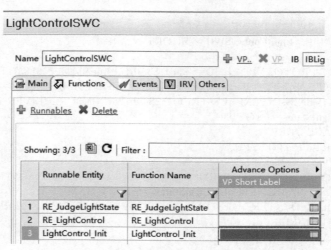

图 5.38　LightControlSWC 运行实体添加结果

第三步，添加运行实体与所属软件组件的端口访问（**Port Access**）。选中需要建立联系的软件组件，这里以 RE_LightControl 为例进行讲解。在右边的界面中可以添加 Data Access Points 与 Server Call Points。

当切换到 Data Access Points 时，点击 Add Access Points 会弹出如图 5.39 所示的界面。这里可以选择数据的传输方式，有显式（Explicit）和隐式（Implicit）之分，区别在于采用 Implicit 模式，数据在 RE 调用之前读，在 RE 运行完成后写，这里使用 Implicit 模式。并且，从添加过程中也可以看出当两个不同端口引用同一个端口接口时，可以使用这一端口接口中所定义的一个或者多个数据元素，而并不一定是全部。Data Access Points 添加结果如图 5.40 所示。

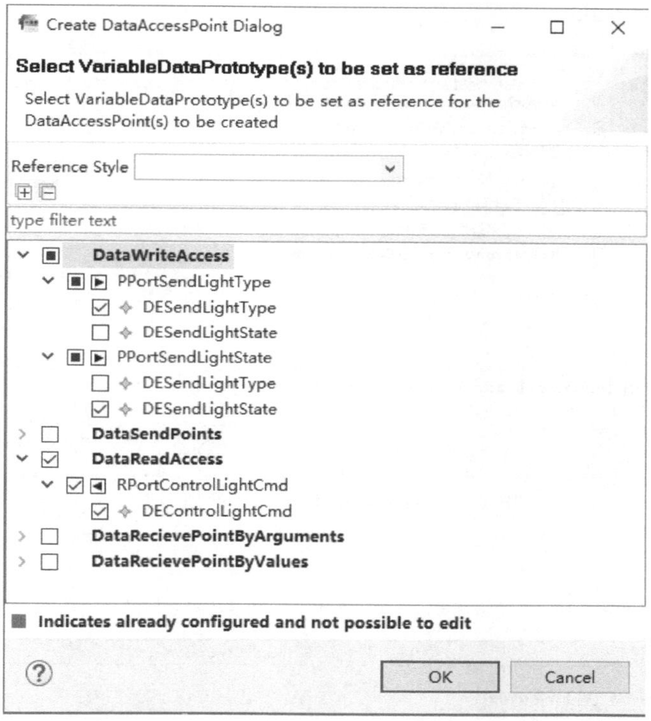

图 5.39 Data Access Points 添加界面

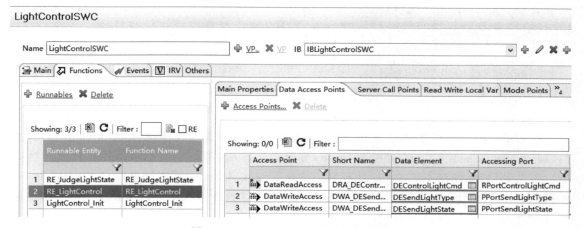

图 5.40 Data Access Points 添加结果

当切换到 Server Call Points 时，点击 Add Server Call Points 会弹出如图 5.41 所示的界面。客户端/服务器交互模式有同步（Synchronous）与异步（Asynchronous）之分，这里采用同步模式，即 Client 端一旦发出请求，就立即调用 Server 端的操作（函数）。Server Call Points 添加结果如图 5.42 所示。

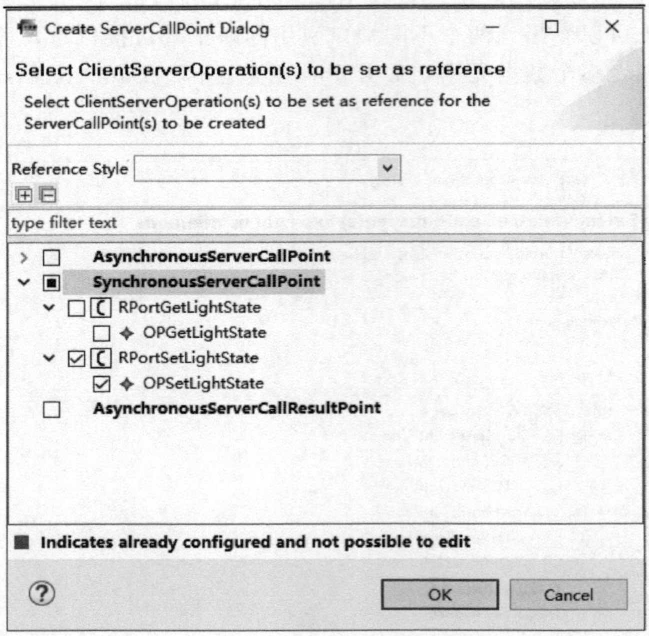

图 5.41 Server Call Points 添加界面

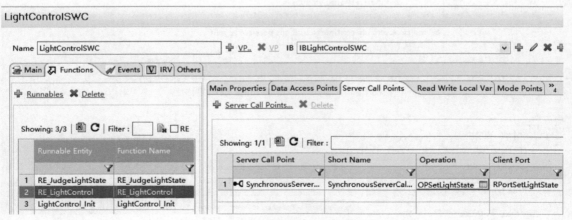

图 5.42 Server Call Points 添加结果

第四步，添加运行实体的 RTE 事件（**RET Event**）。双击软件组件 LightControlSWC，可以打开 Component Editor，切换至 Events 界面，点击 Add Events 可显示如图 5.43 所示的列表，可见 RTE 事件种类非常多，比较常用的是 Timing Event（周期性事件）、Operation Invoked Event（操作调用事件）、Data Received Event（数据接收事件）、Init Event（初始化事件）等。

根据需求，LightControlSWC 软件组件中包含三个运行实体：RE_JudgeLightState、

RE_LightControl 以及 LightControl_Init，它们的 RTE 事件类型选择也各不相同。

对于运行实体 RE_JudgeLightState，其为周期性触发，周期为 20ms。选择上述列表中的 Timing Event，将弹出如图 5.44 所示的窗口，勾选待触发运行实体，填入触发周期，点击 OK 即可。

图 5.43 RTE Event 列表

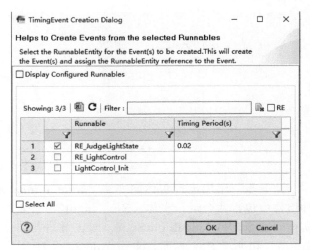

图 5.44 Timing Event 添加界面

对于运行实体 RE_LightControl，当端口 RPortControlLightCmd 收到数据时触发，选择上述列表中的 Data Received Event，将弹出如图 5.45 所示的窗口，勾选触发源端口数据元素，选择被触发的运行实体，点击 OK 即可。

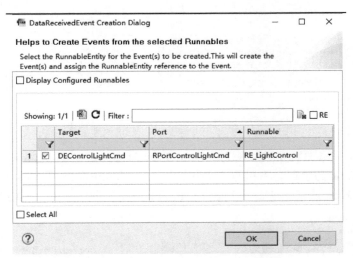

图 5.45 Data Received Event 添加界面

LightControl_Init 作为初始化运行实体，需要为其添加初始化事件，选择上述列表中的 Init Event 即可，将弹出如图 5.46 所示的窗口，勾选被触发的运行实体，点击 OK 即可。

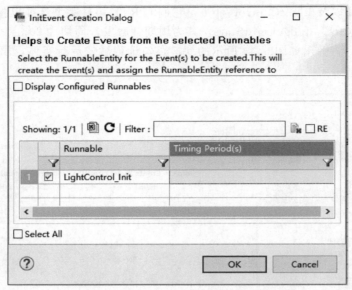

图 5.46　Init Event 添加界面

第五步，添加运行实体间变量（**Inter Runnable Variable，IRV**）。LightControlSWC 软件组件中包含两个运行实体：RE_LightControl 和 RE_JudgeLightState，它们之间有运行实体间变量 IRVJudgeLightState。双击软件组件 LightControlSWC，可以打开 Component Editor，切换至 IRV 界面，点击 Add Impl IRV 或 Add Expl IRV，添加运行实体间变量，在右边添加两个运行实体表征读写关系即可，结果如图 5.47 所示。

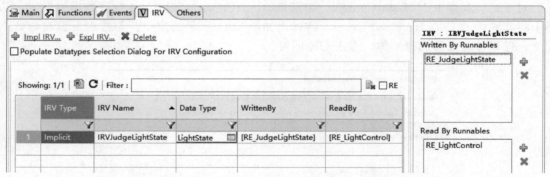

图 5.47　Inter Runnable Variable 添加结果

第六步，建立并添加数据类型映射（**Data Type Mapping**），即 **Application Data Type** 与 **Implement Data Type** 的映射。右键点击 Data Types→Create Data Types→Create Data Type Mapping Sets → Elements | Data Type Mapping Set（图 5.48），会弹出和先前创建

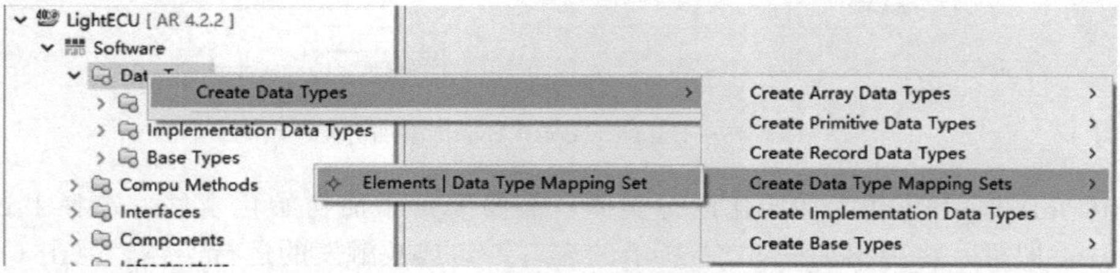

图 5.48　新建 Data Type Mapping 1

AR Element 一样的界面，选择一个 arxml 文件和一个 AR Package 即可，如图 5.49 所示。最终，Data Type Mapping 设计结果如图 5.50 所示。

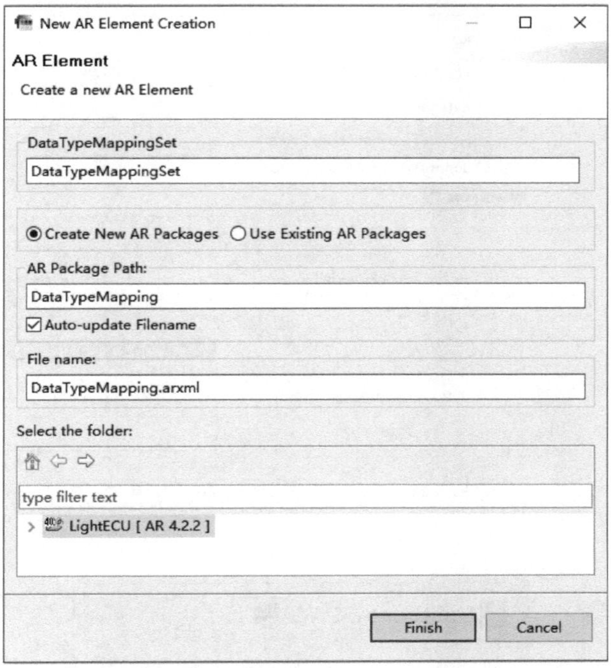

图 5.49 新建 Data Type Mapping 2

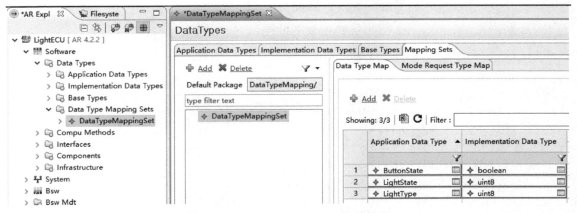

图 5.50 Data Type Mapping 设计结果

建立完 Data Type Mapping 后，可以将其添加到刚才建立的软件组件中。双击 IBLightControlSWC，在 References 中的 DataTypeMappings 中可以添加刚才建立的数据类型映射 DataTypeMappingSet，如图 5.51 所示。

至此，基于 ISOLAR-A 工具的软件组件设计已经全部完成，最终结果如图 5.52 与图 5.53 所示。

下面展示了软件组件描述文件的基本模板，其中囊括了一个完整的软件组件设计过程中所涉及的基本信息。

Generic Editor

图 5.51 Data Type Mapping 引用

图 5.52 LightControlSWC 软件组件设计结果（一）

```
<APPLICATION-SW-COMPONENT-TYPE>
    <SHORT-NAME>...</SHORT-NAME>
    <PORTS>...</PORTS>
    <INTERNAL-BEHAVIORS>
    <INTERNAL-BEHAVIOR>
      <SHORT-NAME>...</SHORT-NAME>
      <DATA-TYPE-MAPPINGS>...</DATA-TYPE-MAPPINGS>
      <EVENTS>...</EVENTS>
      <INTER-RUNNABLE-VARIABLES>...</INTER-RUNNABLE-VARIABLES>
      <RUNNABLES>...</RUNNABLES>
    </INTERNAL-BEHAVIOR>
    </INTERNAL-BEHAVIORS>
</APPLICATION-SW-COMPONENT-TYPE>
```

端口定义的描述信息在先前已经展示过了，这里以 LightControlSWC 软件组件为例展示软件组件内部行为设计的描述。

数据类型映射关系的引用信息描述如下，其中的主要配置信息用粗体字标示。

```
                    ▼ 📦 LightControlSWC
                        ▼ 🔲 IBLightControlSWC
                            > ✦ DataReceivedEvent_ControlLightCmd
                              ✦ IRVJudgeLightState
                              ✦ InitEvent
                              🗲 LightControl_Init
                            ▼ 🗲 RE_JudgeLightState
                                > ⬤ SynchronousServerCallPoint_GetLightState
                                > ✦ WrittenLocalVariables_IRVJudgeLightState
                            ▼ 🗲 RE_LightControl
                                > 📥 DRA_DEControlLightCmd
                                > 📤 DWA_DESendLightState
                                > 📤 DWA_DESendLightType
                                > ✦ ReadLocalVariables_IRVJudgeLightState
                                > ⬤ SynchronousServerCallPoint_SetLightState
                              ⟲ TimingEvent_2ms
                        ▼ 📁 P Ports
                              ▶ PPortSendLightState
                              ▶ PPortSendLightType
                        ▼ 📁 R Ports
                              ◀ RPortControlLightCmd
                              Ⓒ RPortGetLightState
                              Ⓒ RPortSetLightState
```

图 5.53　LightControlSWC 软件组件设计结果（二）

```
    <DATA-TYPE-MAPPING-REFS>
        <DATA-TYPE-MAPPING-REF DEST="DATA-TYPE-MAPPING-SET">/DataTypeMapping/
DataTypeMappingSet</DATA-TYPE-
            MAPPING-REF>
    </DATA-TYPE-MAPPING-REFS>
```

运行实体的 RTE 事件的信息描述如下，其中的主要配置信息用粗体字标示。

```
    <EVENTS>
        <TIMING-EVENT UUID="e61160e0-1bb0-433c-8bf2-2516128e545f">
            <SHORT-NAME>TimingEvent_2ms</SHORT-NAME>
            <START-ON-EVENT-REF DEST="RUNNABLE-
                ENTITY">/LightControlSWC/LightControlSWC/IBLightControlSWC/RE_JudgeLight-
State</START-ON-EVENT-REF>
            <PERIOD>0.02</PERIOD>
        </TIMING-EVENT>
        <DATA-RECEIVED-EVENT UUID="cffa4af2-d48b-4737-8789-ae13c745b351">
            <SHORT-NAME>DataReceivedEvent_ControlLightCmd</SHORT-NAME>
            <START-ON-EVENT-REF DEST="RUNNABLE-
                ENTITY">/LightControlSWC/LightControlSWC/IBLightControlSWC/RE_LightControl
</START-ON-EVENT-REF>
            <DATA-IREF>
```

```
            <CONTEXT-R-PORT-REF DEST="R-PORT-
                PROTOTYPE">/LightControlSWC/LightControlSWC/RPortControlLightCmd</CON-
TEXT-R-PORT-REF>
            <TARGET-DATA-ELEMENT-REF DEST="VARIABLE-DATA-
                PROTOTYPE" >/Interface/SR _ IF _ ControlLightCmd/DEControlLightCmd </
TARGET-DATA-ELEMENT-REF>
          </DATA-IREF>
        </DATA-RECEIVED-EVENT>
        <INIT-EVENT UUID="1f074efc-6ee3-4886-a636-7e8c914307ae">
          <SHORT-NAME>InitEvent</SHORT-NAME>
          <START-ON-EVENT-REF DEST="RUNNABLE-
                ENTITY" >/LightControlSWC/LightControlSWC/IBLightControlSWC/LightControl _ Init
</START-ON-EVENT-REF>
        </INIT-EVENT>
      </EVENTS>
```

由于 LightControlSWC 软件组件涉及运行实体间变量，其相关信息描述如下，其中的主要配置信息用粗体字标示。

```
      <IMPLICIT-INTER-RUNNABLE-VARIABLES>
        <VARIABLE-DATA-PROTOTYPE UUID="e52213ae-3c97-4f9a-a010-785854f1e9fb">
          <SHORT-NAME>IRVJudgeLightState</SHORT-NAME>
          <TYPE-TREF DEST=" APPLICATION-PRIMITIVE-DATA-TYPE"/>/ApplicationData-
Types/LightState</TYPE-TREF>
        </VARIABLE-DATA-PROTOTYPE>
      </IMPLICIT-INTER-RUNNABLE-VARIABLES>
```

运行实体的信息描述如下，这里展现 RE _ JudgeLightState 运行实体的描述文件，其中的主要配置信息用粗体字标示。

```
      <RUNNABLE-ENTITY UUID="4a158cff-8f14-484e-a975-d40a08649c5d">
        <SHORT-NAME>RE_JudgeLightState</SHORT-NAME>
        <SERVER-CALL-POINTS>
            < SYNCHRONOUS-SERVER-CALL-POINT UUID = " 2cb36b00-0872-4383-add6-
963f990fddf2">
          <SHORT-NAME>SynchronousServerCallPoint_GetLightState</SHORT-NAME>
          <OPERATION-IREF>
            <CONTEXT-R-PORT-REF DEST="R-PORT-
                PROTOTYPE" >/LightControlSWC/LightControlSWC/RPortGetLightState<
/CONTEXT-R-PORT-REF>
            <TARGET-REQUIRED-OPERATION-REF DEST="CLIENT-SERVER-
                OPERATION">/Interface/CS_IF_GetLightState/OPGetLightState</TARGET-
REQUIRED-OPERATION-REF>
          </OPERATION-IREF>
        </SYNCHRONOUS-SERVER-CALL-POINT>
      </SERVER-CALL-POINTS>
      <SYMBOL>RE_JudgeLightState</SYMBOL>
```

```
            <WRITTEN-LOCAL-VARIABLES>
                <VARIABLE-ACCESS>
                    <SHORT-NAME>WrittenLocalVariables_IRVJudgeLightState</SHORT-NAME>
                    <ACCESSED-VARIABLE>
                        <LOCAL-VARIABLE-REF DEST="VARIABLE-DATA-
                    PROTOTYPE" >/LightControlSWC/LightControlSWC/IBLightControlSWC/IRVJudgeLight-
State</LOCAL-VARIABLE-REF>
                    </ACCESSED-VARIABLE>
                </VARIABLE-ACCESS>
            </WRITTEN-LOCAL-VARIABLES>
        </RUNNABLE-ENTITY>
```

5.3.5 I/O 硬件抽象层软件组件设计

虽然在 AUTOSAR 分层架构中提出了 I/O 硬件抽象层（I/O Hardware Abstraction）的概念，但是由于其高度依赖于 ECU 的功能和设计，因此 AUTOSAR 没有标准化这部分软件的具体功能，AUTOSAR BSW 软件供应商也就无法提供该部分的软件。所以，该部分的实现和一般 SWC 的定义类似，需要设计端口、端口接口等软件组件中所包含的元素，运行实体中的代码需要手动编写，从而来实现对微控制器抽象层（MCAL）相关接口的调用。本书示例涉及 I/O 硬件抽象层，所以需要在系统级设计之前，在 ISOLAR-A 中建立 IOAbstractionSWC 来对 I/O 硬件抽象层进行具体实施。

如前所述，I/O 硬件抽象层实现是通过建立软件组件来实现的，所以本质上和先前建立的应用层软件组件一样，AUTOSAR 为区分它们之间在概念上的区别，给它们赋予了不同的类别，ISOLAR-A 中对各种类型的软件组件也展现了不同的图标，如图 5.54 所示。

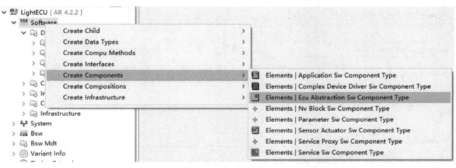

图 5.54 新建 Ecu Abstraction SWC

此时，右键点击 Software→Create Components→Elements | Ecu Abstraction Sw Component Type，和先前一样，需要定义一个 AR Element，此处不再重复。

IOAbstractionSWC 软件组件作为应用层软件组件与微控制器抽象层进行交互的桥梁，需要定义若干服务运行实体（Server Runnable），这样应用层软件组件通过引用 Client/Server 端口接口的端口作为 Client 就可以调用 Server 端的操作，实现对 MCAL 接口的调用。

作为软件组件，在新建了软件组件框架后，需要先为 IOAbstractionSWC 软件组件定义端口。双击 IOAbstractionSWC 进入 Component Editor，点击 Add PPorts，将显示如图 5.55 所示的界面，选择四个 ClientServerInterface 类型的接口，即添加了四个作为

Server 端的端口。

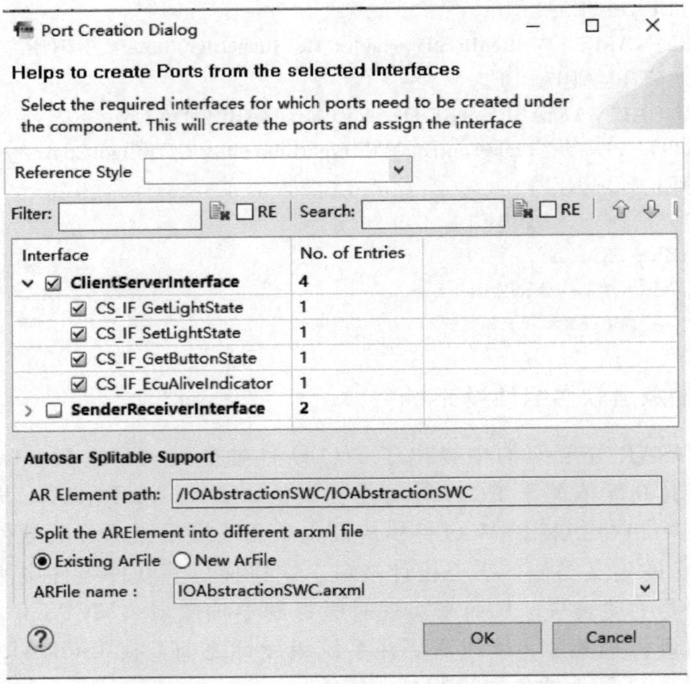

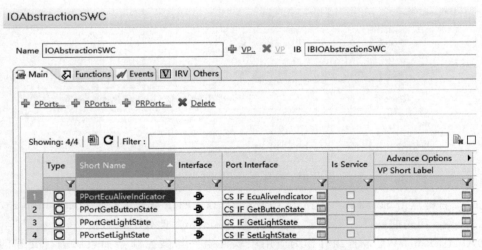

图 5.55　IOAbstractionSWC 端口添加界面

添加完毕后，可以为四个端口命名。最终，IOAbstractionSWC 端口添加结果如图 5.56 所示。

图 5.56　IOAbstractionSWC 端口添加结果

之后，需要设计 IOAbstractionSWC 的内部行为。由于 IOAbstractionSWC 需要实现对开关状态的读取、设置灯的状态、检测灯的状态、设置 ECU 调试指示灯的状态，所以这里设计四个运行实体，分别完成上述操作，结果如图 5.57 所示。

在添加了四个运行实体之后，需要为它们添加 RTE 事件，这里就需要使用到 Operation

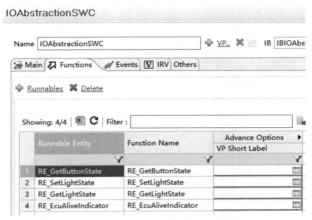

图 5.57 IOAbstractionSWC 运行实体设计结果

Invoked Event 来实现函数的调用触发关系，选择 OperationInvokedEvent 选项后（图 5.58）将弹出如图 5.59 所示的界面，在勾选操作并选择对应运行实体后，点击 OK 即可，结果如图 5.60 所示。

图 5.58 IOAbstractionSWC 运行实体的 RTE 事件添加界面（一）

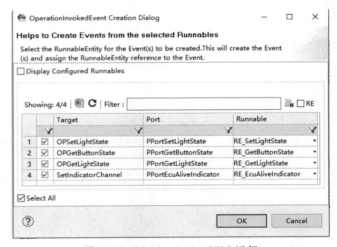

图 5.59 IOAbstractionSWC 运行实体的 RTE 事件添加界面（二）

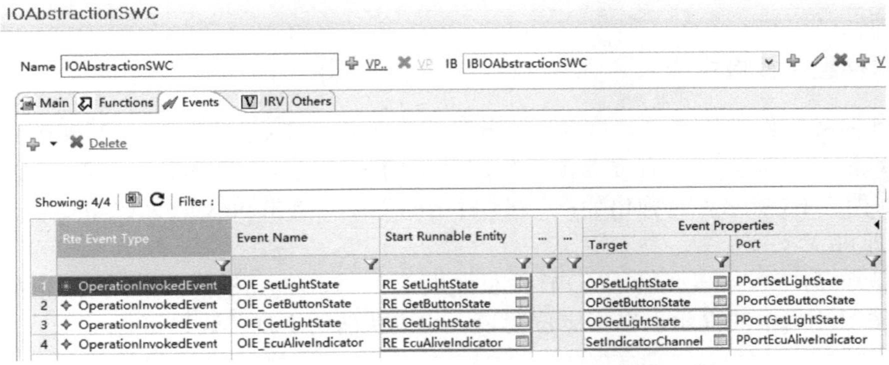

图 5.60 IOAbstractionSWC 运行实体的 RTE 事件添加结果

至此，I/O 硬件抽象层软件组件 IOAbstractionSWC 设计完成，设计结果如图 5.61 与图 5.62 所示。

图 5.61　IOAbstractionSWC 软件组件设计结果（一）

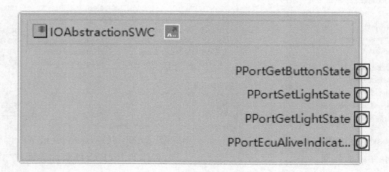

图 5.62　IOAbstractionSWC 软件组件设计结果（二）

5.3.6　软件组件模板生成

在设计完各软件组件之后，可以生成软件组件模板，之后可以往各运行实体函数框架中填入相应算法。具体方法为右键点击待生成模板的软件组件，Generate→Component CodeFrame，如图 5.63 所示，将弹出如图 5.64 所示的界面，点击 Next，修改路径和文件名，点击 Finish 即可。

下面截取了 IOAbstractionSWC 软件组件中 RE_SetLightState 运行实体相关的函数框架代码。按照注释中的提示，在指定位置填入相应功能的实现代码即可。

第 5 章 AUTOSAR 系统级设计与配置

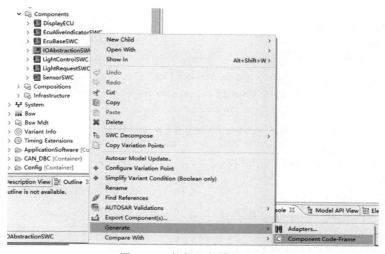

图 5.63 软件组件模板生成

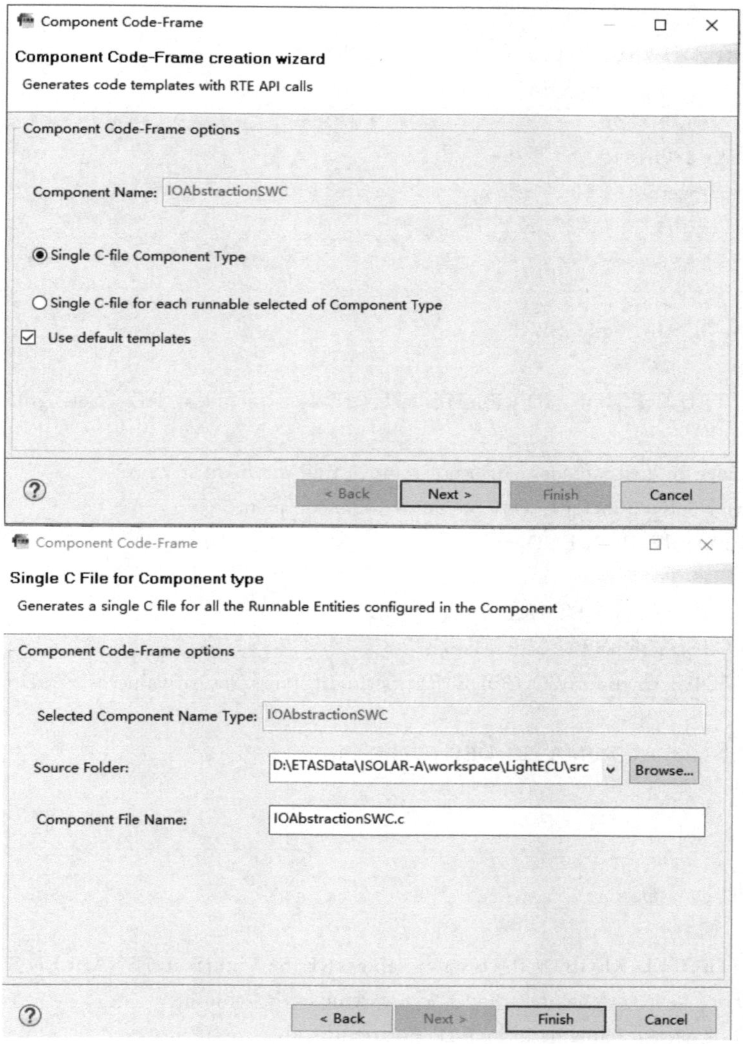

图 5.64 软件组件模板生成界面

```
/* ****************************************************************
 * BEGIN:Banner
 *------------------------------------------------------------------
 *                           ETAS GmbH
 *                 D-70469 Stuttgart,Borsigstr. 14
 *------------------------------------------------------------------
 *        Administrative Information(automatically filled in by ISOLAR)
 *------------------------------------------------------------------
 * Name:Code-Frame generation feature
 * Description:
 * Version:9.0
 *------------------------------------------------------------------
 * END:Banner
 * ****************************************************************

 * Project:LightECU
 * Component:/IoHwAbstraction/IOAbstractionSWC
 * Runnable:All Runnables in SwComponent
 * ****************************************************************
 * Tool Version:ISOLAR-A V 9.0
 * Author:zhongwei
 * Date:星期二 二月 20 11:27:50 2018
 * ****************************************************************

#include "Rte_IOAbstractionSWC.h"

/* PROTECTED REGION ID(FileHeaderUserDefinedIncludes:RE_SetLightState) ENABLED START */
    /* Start of user defined includes -Do not remove this comment */
    /* End of user defined includes-Do not remove this comment */
/* PROTECTED REGION END */

#define RE_SetLightState_START_SEC_CODE
#include "IOAbstractionSWC_MemMap.h"
FUNC(void ,IOAbstractionSWC_CODE)RE_SetLightState//return value & FctID
(
        VAR(UInt8,AUTOMATIC)DESetLightState
)
{

    /* Local Data Declaration */

    /* PROTECTED REGION ID(UserVariables:RE_SetLightState)ENABLED START */
    /* Start of user variable defintions-Do not remove this comment   */
    /* End of user variable defintions-Do not remove this comment   */
```

```
    /* PROTECTED REGION END */
    Std_ReturnType retValue = RTE_E_OK;
    /* ----------------------------------Data Read---------------------------------- */
    /* ----------------------------------Server Call Point------------------------ */
    /* ----------------------------------CDATA-------------------------------------- */
    /* ----------------------------------Data Write-------------------------------- */
    /* ----------------------------------Trigger Interface------------------------ */
    /* ----------------------------------Mode Management------------------------ */
    /* ----------------------------------Port Handling---------------------------- */
    /* ----------------------------------Exclusive Area-------------------------- */
    /* ----------------------------------Multiple Instantiation---------------- */

    /* PROTECTED REGION ID(User Logic:RE_SetLightState)ENABLED START */
    /* Start of user code-Do not remove this comment */
    /* End of user code-Do not remove this comment */
    /* PROTECTED REGION END */

}

#define RE_SetLightState_STOP_SEC_CODE
#include "IOAbstractionSWC_MemMap.h"
```

5.4 基于 ISOLAR-A 的系统级设计与配置方法

如前所述，AUTOSAR 支持整车级别的软件架构设计，开发人员可以进行整车级别的软件组件定义，再将这些软件组件分配到各个 ECU 中，这就是 AUTOSAR 系统级设计需要完成的主要任务。下面结合 AUTOSAR 方法论的相关概念，对基于 ISOLAR-A 工具的 AUTOSAR 系统级设计方法进行讲解。

5.4.1 系统配置输入文件创建与导入

从 AUTOSAR 方法论中可以看到，系统级设计是基于系统配置输入描述文件来进行的，系统配置输入描述文件主要包括：
① 软件组件描述文件；
② ECU 资源描述文件；
③ 系统约束描述文件。
其中，软件组件描述文件主要包含每个软件组件的设计信息，如端口接口、端口、运行

实体、RTE 事件等，它们可以通过 Matlab/Simulink 基于软件组件模型进行自动生成，亦可以在 ISOLAR-A 工具中直接进行软件组件相关元素的设计，这些方法在前文中都已经基于具体案例进行了介绍。

ECU 资源描述文件描述了 ECU 的硬件资源需求，如处理器、存储器、传感器等，这些描述主要体现在硬件原理图等文件中。

系统约束描述文件主要描述了总线信号等信息，其中与总线相关的信息在 ISOLAR-A 中可以基于传统网络描述文件进行导入。本书所涉及的示例是基于 CAN 总线的系统，所以这里以 DBC 文件为例进行讲解。在系统级设计工具 ISOLAR-A 中可以导入 DBC 文件，并可以将其中的信息转化为 arxml 格式。每个 DBC 文件描述了一个 CAN 网络内各节点的通信信息，所以对于同一个 ECU，若它涉及多个 CAN 网络，则每个 CAN 网络都需要一个 DBC 文件来对其进行描述。下面扼要介绍 DBC 文件的建立方法，这里使用 Vector 公司的 CANdb++ 工具来进行 DBC 文件建立。整个 DBC 文件基本需要配置如下信息（图 5.65）：

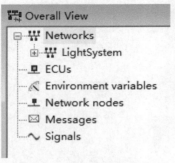

图 5.65 DBC 文件信息列表

① Networks（网络）；
② ECUs（电控单元）；
③ Network nodes（网络节点）；
④ Messages（报文）；
⑤ Signals（信号）。

如前所述，每个 DBC 描述的是一个网络上的通信信息，所以首先要定义一个 Networks（网络），这在新建 database 时自动创建出来。之后就是定义 Network nodes（网络节点），右键点击 Network nodes 新建即可，同时将在 ECUs（电控单元）菜单中自动创建出相关 ECU 信息。

定义了网络节点后，就需要根据项目需求完成 Signal（信号）与 Message（报文）的设计。首先，进行信号添加，右键点击 Signals 新建，将弹出如图 5.66 所示的界面，其中主要

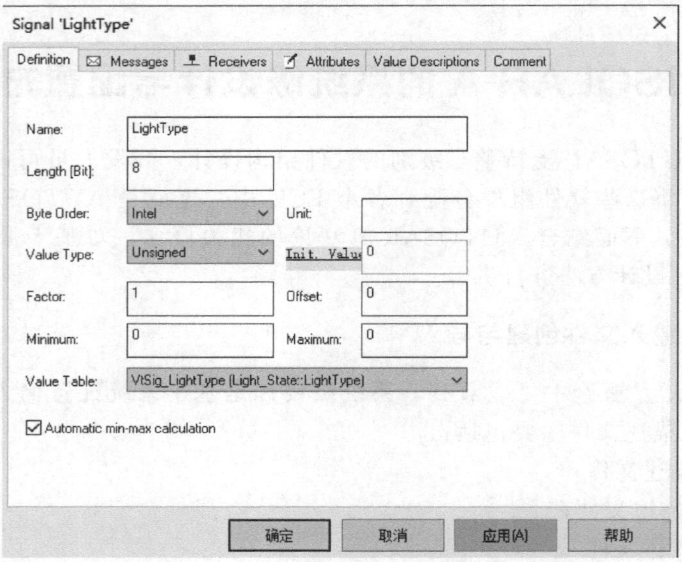

图 5.66 Signal 定义

可以定义信号的如下属性。

① Length（长度）。
② Byte Order（字节顺序）：Intel（英特尔模式）以及 Motorola（摩托罗拉模式）。
③ Value Type（数据类型）：Signed、Unsigned、IEEE Float、IEEE Double。
④ Scaling（缩放比例）：Factor（比例系数）、Offset（偏移量）。
⑤ Minimum（最小值）、Maximum（最大值）。
⑥ Value Table（数值表）。

在定义了所有信号之后，即可进行报文的设计。右键点击 Message 新建即可，主要需要定义如下属性（图 5.67）。

图 5.67 Message 定义

① Type（报文类型）：CAN Standard（标准帧）、CAN Extended（扩展帧）。
② Id：报文的 Id 号。
③ DLC（Data Length Code）：报文长度。
再切换到 Layout 界面就可以完成报文中信号位置的设置。

在完成所有的信号以及报文设计之后，就需要将它们在各节点中的交互关系定义出来，即将各报文添加到相应节点。若报文是发送的，则将该报文添加到相应 CAN 节点的 Tx Messages 即可；若报文是接收的，则需要拖动该报文的信号，将它们逐一添加到 Mapped Rx Signals 列表中。

最终，按照示例开发需求，可以完成系统的 DBC 文件的建立，其中包含三个网络节点，即 DisplayECU、LightECU 与 SensorECU，包含两帧报文，即 Light_Intensity 与 Light_State，如图 5.68 所示。

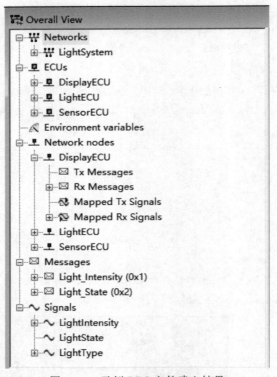

图 5.68　示例 DBC 文件建立结果

之后，就可以将系统配置所需要的输入文件导入 ISOLAR-A 系统级设计工具。其中，对于软件组件描述文件，只要将其放在 AUTOSAR 工程文件夹下即可，打开 ISOLAR-A 工具将自动识别其中的信息。而对于传统 CAN 网络描述文件 DBC 文件，则需要在 ISOLAR-A 工具中进行导入，其方法描述如下。

首先，点击 ISOLAR-A 主菜单栏中的"D" DBC Importer，如图 5.69 所示。

图 5.69　DBC 文件导入（一）

将弹出如图 5.70 所示的界面，点击 Browse，选择先前创建的 DBC 文件。此时，会自动完成系统描述文件的选择与 AR Package 的选择。由于 DBC 中包含三个 ECU，这里分别为它们新建一个 CAN Controller，点击 Next 可进入如图 5.71 所示的界面。

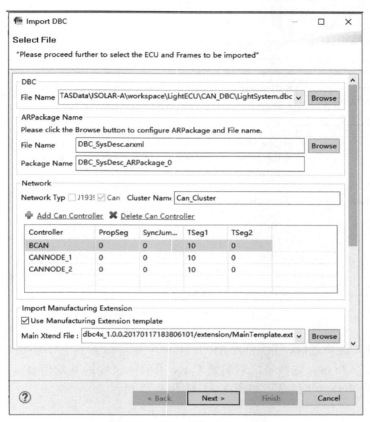

图 5.70　DBC 文件导入（二）

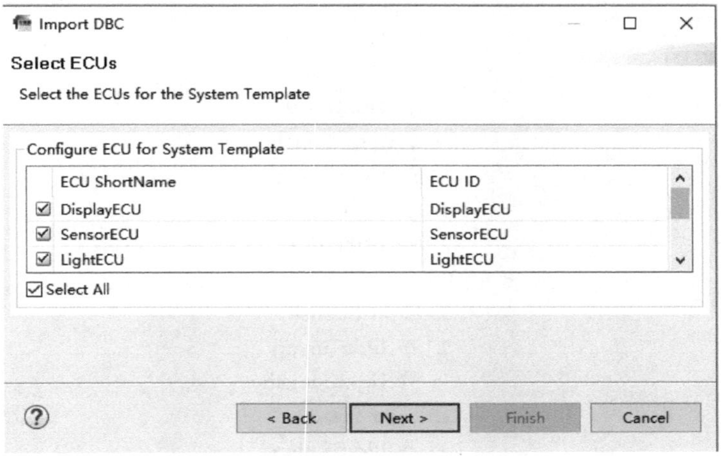

图 5.71　DBC 文件导入（三）

此时，需要选择 DBC 文件中所定义的网络节点，即 ECU。为之后体现系统级设计的特点，这里勾选三个 ECU，点击 Next，将弹出如图 5.72 所示的界面。

在选择了 ECU 的基础上，需要选择与其相关的 CAN 报文，点击 Select All，再点击 Finish 即可完成——DBC 文件的导入。

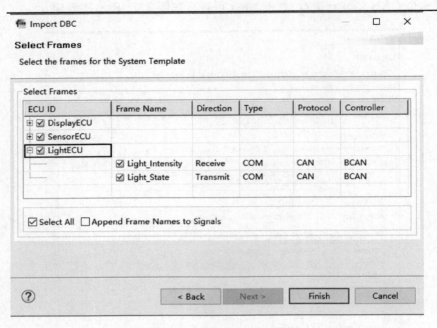

图 5.72　DBC 文件导入（四）

DBC 文件导入成功之后，在 ISOLAR-A 工具中就可以看到通信相关的 PDU 与 Signal 的信息，如图 5.73 所示，这些是之后配置 CAN 通信协议栈的基础信息。另外，还有 ECU Instance 与 CAN Network 信息，如图 5.74 与图 5.75 所示。

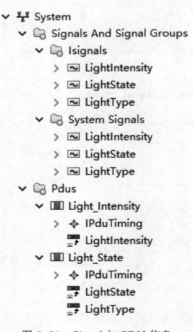

图 5.73　Signal 与 PDU 信息

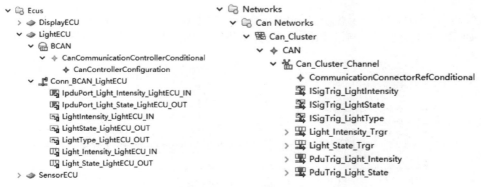

图 5.74　ECU Instance 与 CAN Network 信息

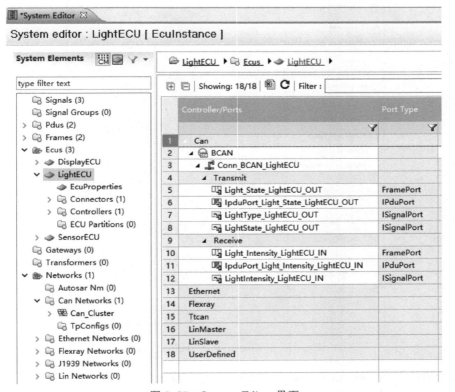

图 5.75　System Editor 界面

5.4.2　Composition SWC 建立

按照 AUTOSAR 方法论的要求，需要进行系统级设计，这可以是一个整车级的软件架构设计。本书以车灯控制系统为例基于 ISOLAR-A 工具来展现 AUTOSAR 系统级设计"自顶向下"的魅力。这里先建立一个 VehicleComposition 部件来包含整车级别的所有软件组件，在本书示例中则包含车灯控制系统所涉及的软件组件。

如前所述，AUTOSAR 软件组件大体上可分为原子软件组件（Atomic SWC）和部件（Composition SWC）。部件虽然也属于软件组件的范畴，但其建立方法和思想与原子软件组件有所不同。

右键点击 Software→Create Compositions→Elements | Composition Sw Component Type，如图 5.76 所示，会弹出如图 5.77 所示界面，输入相关信息，点击 Finish 即可。

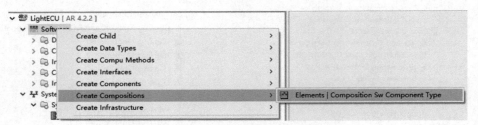

图 5.76　Composition SWC 建立（一）

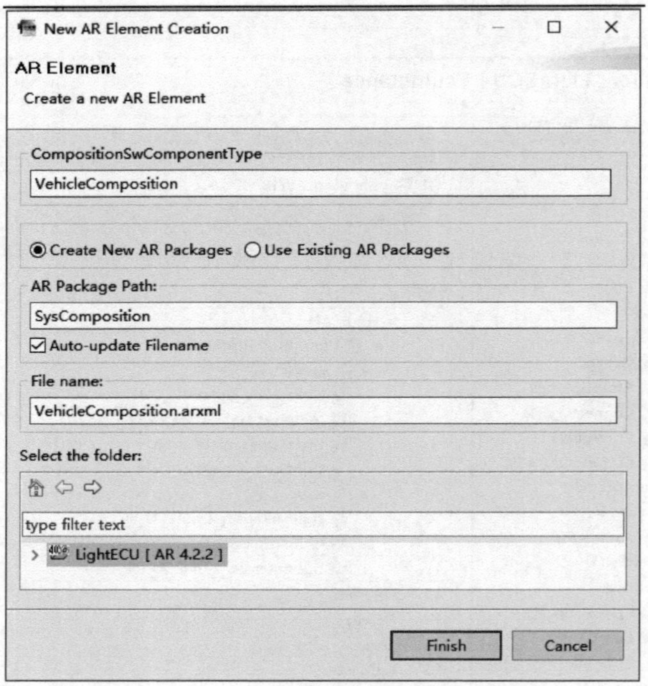

图 5.77　Composition SWC 建立（二）

双击新建的 VehicleComposition 可进入 Composition 设计界面，点击"+"ADD 可以添加软件组件，如图 5.78 所示。本书中将所有 SWC 都加入到 VehicleComposition，点击 OK 即可，结果如图 5.79 所示。

在添加完 SWC 之后，就需要连接各通信端口，即添加 Assembly Connectors。右键点击 VehicleComposition→Open With→Auto Assembly Connect Wizard，如图 5.80 所示。

在弹出的界面中，可以勾选需要连接的端口，确认后点击 Finish 即可，如图 5.81 所示。

至此，整车级别的 Composition SWC 建立完成。下面展现 VehicleComposition 的建立结果，图 5.82（上）为 Composition Overview 界面；图 5.82（中）为 AR Explorer Software→Compositions 界面；图 5.82（下）为 Prototype Editor 界面，点击图 5.82（中）VehicleComposition→Open With→Prototype Editor 即可打开。

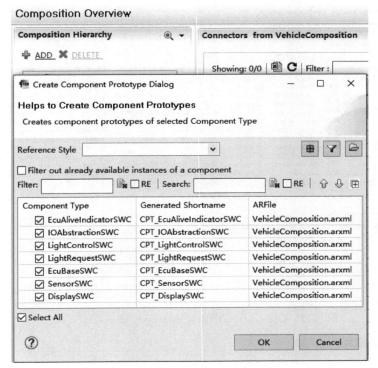

图 5.78 Composition 中添加 SWC

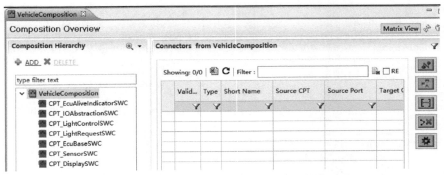

图 5.79 Composition 中添加 SWC 结果

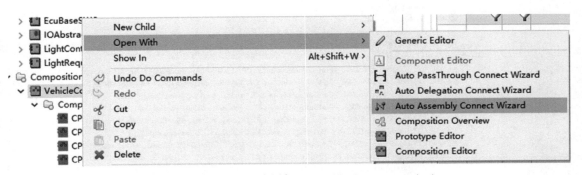

图 5.80 Composition 中添加 Assembly Connectors（一）

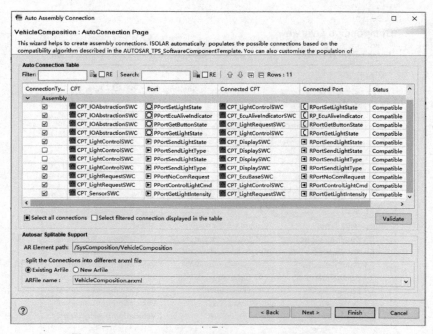

图 5.81 Composition 中添加 Assembly Connectors（二）

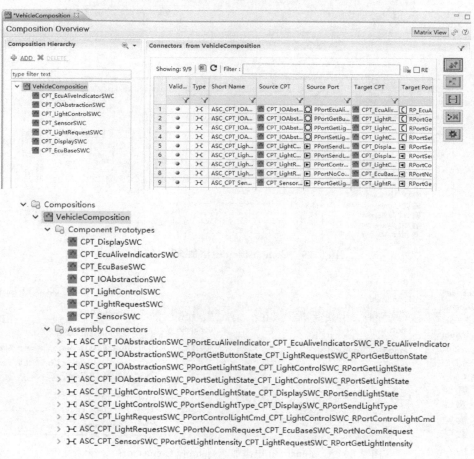

图 5.82

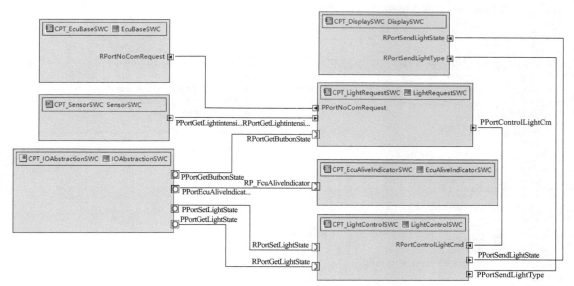

图 5.82 VehicleComposition 建立结果

5.4.3 系统配置

在完成了 VehicleComposition 建立后，可以进行系统配置。右键点击 System→Create System Info→Elements｜System（图 5.83）可以新建 System Info，命名为 VehicleSystem，结果如图 5.84 所示。

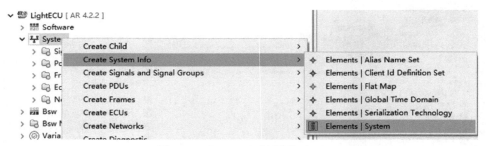

图 5.83 System Info 新建（一）

图 5.84 System Info 新建（二）

新建 System Info VehicleSystem 后，需要为其添加一个 Compositon，右键点击 VehicleSystem→New Child→Root Software Compositions｜Root Sw Composition Prototype（图 5.85），并在 SoftwareComposition 中引用先前建立的 VehicleComposition 即可，如图 5.86 所示。

在建立一个整车级的系统后，就需要完成软件组件到 ECU 的映射（SWC To ECU Mapping），右键点击 VehicleSystem→Open With→SWC To ECU Mapping Editor，如图 5.87 所示。

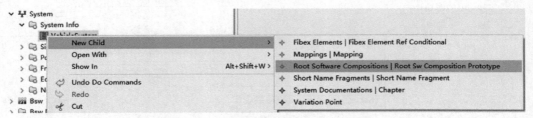

图 5.85　VehicleSystem 中 Compositon 添加（一）

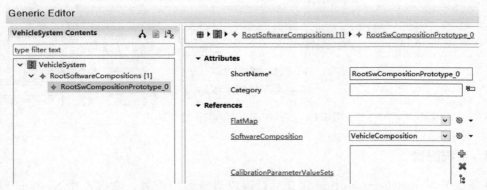

图 5.86　VehicleSystem 中 Compositon 添加（二）

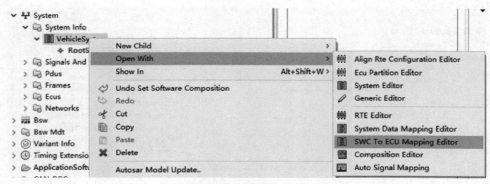

图 5.87　SWC To ECU Mapping

打开 SWC To ECU Mapping Editor 界面后，点击 Create System Mapping 可以添加系统映射。此时，可将 VehicleComposition 中的软件组件依次映射到相应的 ECU，这就是 AUTOSAR 方法论中所提出的从整车级的软件组件定义过渡到具体 ECU 开发的关键环节。本书示例中，按照前期系统定义，可将各 SWC 分别拖动到 DisplayECU、LightECU 与 SensorECU 完成映射，如图 5.88 所示。

完成 SWC To ECU Mapping 后，在系统配置阶段还需要完成系统信号与端口数据元素的映射，即 System Data Mapping。右键点击 VehicleSystem→Open With→System Data Mapping Editor，如图 5.89 所示。

打开 System Data Mapping Editor 后，根据需求选择相应端口，完成系统信号与端口数据元素的映射即可，如图 5.90 所示。

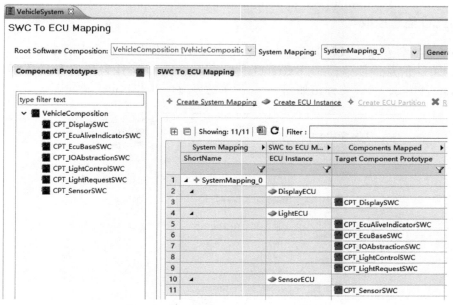

图 5.88　SWC To ECU Mapping 结果

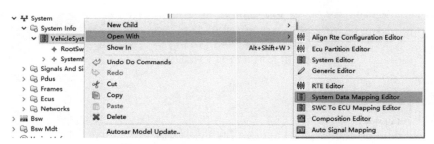

图 5.89　System Data Mapping（一）

System Data Mapping

Root Software Composition configured in System: VehicleComposition　Compute Nets for the System: Compute Nets

▶ Filters Information

Signal Data mapping

This section contains Signal Data Mapping Information.

Component Info		Data Element Info		Signal Info		Pdu info		Frame Info	
Component Prototype		Port Prototype		System Signal/Signal Group		ISignal to IPdu Mapping		Pdu to Frame Mapping	
4	CPT_IOAbstractionSWC			NA		NA		NA	
5	CPT_LightControlSWC			NA		NA		NA	
6		PPortSendLightState		SS:LightState		LightState		Light_State	
7		PPortSendLightState							
8		PPortSendLightType							
9		PPortSendLightType		SS:LightType		LightType		Light_State	
10		RPortControlLightCmd							
11	CPT_LightRequestSWC			NA		NA		NA	
12		PPortControlLightCmd							
13		PPortNoComRequest							
14		RPortGetLightIntensity		SS:LightIntensity		LightIntensity		Light_Intensity	
15	CPT_SensorSWC			NA		NA		NA	

图 5.90　System Data Mapping（二）

5.4.4 ECU 信息抽取

本书示例需要开发的目标 ECU 是 LightECU，所以在完成了系统配置之后，就需要进行待配置 ECU 信息抽取（ECU Extract）。右键点击 Ecus 文件夹中的 LightECU→Create ECUExtract（图 5.91），将弹出如图 5.92 所示的界面，点击 Finish 即可。

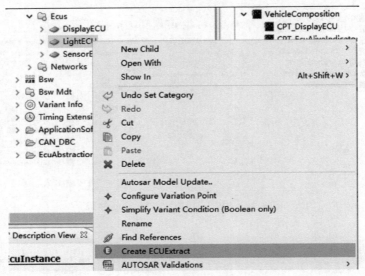

图 5.91 ECU Extract（一）

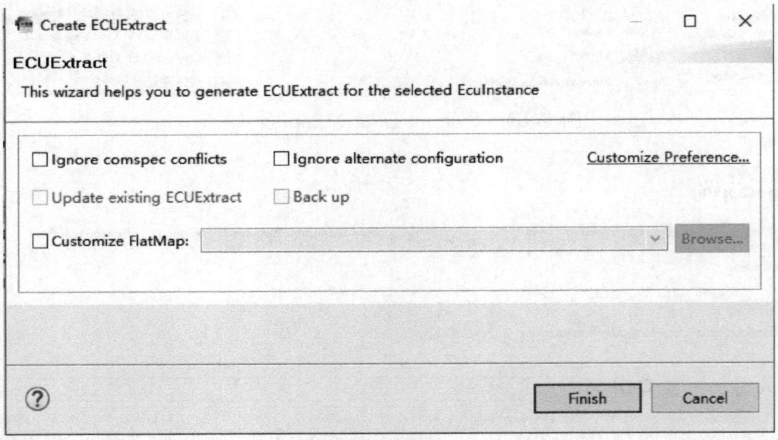

图 5.92 ECU Extract（二）

由于本书示例是针对 LightECU 进行开发的，所以将 ECU Extract 生成在同一工程文件夹下。最终，ECU 信息抽取结果如图 5.93 所示。该过程中将自动创建名为 LightECU_FlatView 的 Composition，该 Composition 中包含了分配到 LightECU 的所有 SWC。

此时，可以查看 LightECU_FlatView Composition，ISOLAR-A 工具在 ECU Extract 过程中已经将与 LightECU 无关的 SWC 去除了，原来 ECU 内（Intra-ECU）通信的端口保留了 Assembly Connectors 的属性；而原来 ECU 间（Inter-ECU）通信的端口已经成为 Delegation Connectors，如图 5.94 所示。

图 5.93 ECU Extract 结果

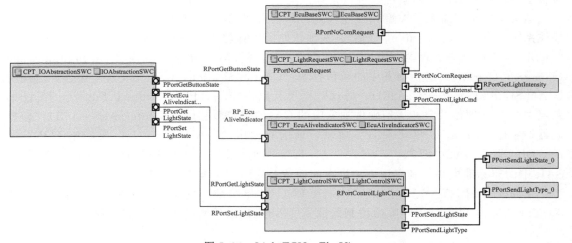

图 5.94 LightECU _ FlatView

5.5 本章小结

本章主要介绍了基于 ETAS ISOLAR-A 工具的 AUTOSAR 系统级设计与配置方法。首先，介绍了 ISOLAR-A 工具的安装方法及操作界面。之后，结合 AUTOSAR 软件组件的相关概念，详细讲解了基于 ISOLAR-A 工具的软件组件设计方法。进而对基于 ISOLAR-A 工具的 AUTOSAR 系统级设计与配置方法进行了详细的介绍。通过本章的学习，可以巩固 AUTOSAR 软件组件与 AUTOSAR 方法论中系统级开发的相关理论知识，并学会在 ISOLAR-A 工具中的基本实现方法。

第6章 AUTOSAR ECU级开发之RTE与BSW（除MCAL外）

先前已经完成了本书示例系统级与软件组件级的设计，根据 AUTOSAR 方法论，还需要进行目标 ECU 的配置，即 ECU 级设计，该阶段主要是对运行时环境（RTE）和基础软件层（BSW）模块的配置。对于基础软件层，如先前 AUTOSAR 分层架构图所示，其中包含很多模块，根据实际需求可以进行选择性配置。

结合本书示例需求，A 型和 B 型车灯控制器所使用的 BSW 模块如下：系统服务层中的操作系统（Operating System，OS）、基础软件模式管理器（Basic Software Mode Manager，BswM）、ECU 状态管理器（ECU State Manager，EcuM）、通信管理模块（Communication Manager，ComM）；通信服务中的通信模块（Communication，Com）、CAN 状态管理模块（CAN State Manager，CanSM）、协议数据单元路由模块（PDU Router，PduR）；ECU 抽象层中的 I/O 硬件抽象，通信硬件抽象中的 CAN 接口模块（CAN Interface，CanIf）；微控制器抽象层中的 MCU 驱动、GPT 驱动，通信驱动中的 CAN 驱动，I/O 驱动中 PORT 驱动、DIO 驱动、ADC 驱动、PWM 驱动、ICU 驱动。其中，I/O 硬件抽象层作为 AUTOSAR 中的非标准模块，其实现方法已在前面章节介绍，本章不再重复。

下面先介绍 ETAS 针对 AUTOSAR ECU 级开发推出的工具，并基于这些工具介绍 AUTOSAR ECU 级开发中除微控制器抽象层 MCAL 以外的模块概念与配置方法。

6.1 ETAS RTA 系列工具简介

ETAS RTA 系列工具是针对 AUTOSAR ECU 级的设计与开发工具，主要包括 RTA-BSW（AUTOSAR 基础软件）、RTA-RTE（AUTOSAR 运行时环境生成器）和 RTA-OS（AUTOSAR 实时操作系统）。

6.1.1 RTA-BSW 简介

RTA-BSW 是一套高质量的基础软件，可为先进的汽车电子控制单元（ECU）提供全面的 AUTOSAR R4.x 中间件。RTA-BSW 可提供一套全面的 AUTOSAR 栈，包括通信、存储、诊断、标定和复杂驱动等。基于长时间在软件平台开发方面的经验，RTA-BSW 可为 ECU 应用开发提供全面的 AUTOSAR R4.x 平台。它们易于配置、集成和测试，支持将应用运行于真实的 ECU 硬件或者虚拟 ECU 平台（如 ISOLAR-EVE）。RTA-BSW 适用于符合 AUTOSAR 规范的 ECU 软件，可用于汽车动力系统、底盘控制系统、电池管理系统、高级驾驶辅助系统、车身电子控制系统等。

RTA-BSW 的特点及优势如下：
① RTA-BSW 是基于 ISO 26262 功能安全标准中 ASIL-D 的流程开发而成的；
② 由于全面支持 AUTOSAR R4.x，RTA-BSW 可为 ECU 软件开发项目提供即用型解决方案；
③ 除了 AUTOSAR 标准模块外，RTA-BSW 还包括一些对标准 AUTOSAR 模块的功能扩展；
④ RTA-BSW 支持自动配置和代码生成，可最大限度地减少开发符合 AUTOSAR 规范的基础软件的工作量；
⑤ 借助 RTA-BSW 的自动测试功能，可在诸如 ISOLAR-EVE 等虚拟 ECU 平台上进行软件前期验证；
⑥ 根据与主要芯片微控制器抽象层 MCAL 供应商签订的协议，MCAL 可与 RTA-BSW 一起使用，从而构建一套完整的 BSW。

6.1.2 RTA-RTE 简介

RTA-RTE（AUTOSAR 运行时环境生成器）可为符合 AUTOSAR 规范的 ECU 软件提供运行时环境。它可以生成符合 AUTOSAR R4.x 和 R3.x 的运行时环境；提供配置生成运行时环境的多种选择；可以检测 arxml 文件的正确性，以确保开发过程的高质量；可输出操作系统配置文件，以集成运行时环境和操作系统。

使用 RTA-RTE 的优势如下：
① RTA-RTE 是一套已通过 ISO 26262（ASIL-D）认证的 AUTOSAR 运行时环境生成器；
② 用 RTA-RTE 生成的运行时环境是独立于目标 ECU 的 MISRA C 代码，可以在不同开发环境和 ECU 平台使用；
③ 可以优化运行时环境，精确匹配应用需求；
④ 与各种类型的编译器和目标 ECU 硬件兼容，可以在广泛的 ECU 平台上使用；
⑤ 通过使用虚拟功能总线（VFB）进行跟踪，易于查错。

6.1.3 RTA-OS 简介

RTA-OS 是用于嵌入式系统的实时操作系统（Real Time Operating System，RTOS）。它符合 AUTOSAR、OSEK/VDX、ISO 26262 和 MISRA C 最新版标准。

RTA-OS 以 ETAS 推出多年的 RTA-OSEK 实时操作系统开发经验为基础，它可用于单核与多核单片机，并且资源开销小。由于其通过了 ISO 26262 ASIL-D 的认证，可以被用于安全要求苛刻的控制器。

RTA-OS 可以与 RTA-RTE 和 RTA-BSW 结合使用，以开发出一个符合 AUTOSAR 规范的软件平台，但 RTA-OS 也可以用于非 AUTOSAR 软件。此外，基于 ISOLAR-EVE 虚拟 ECU 平台，即使在目标 ECU 硬件还不可用的情况下也可以对 OS 进行虚拟验证。

6.2 ETAS RTA 系列工具入门

6.2.1 RTA 系列工具安装方法

本书中需要用到 ETAS RTA-RTE、RTA-BSW 和 RTA-OS。由于 RTA-RTE 与 RTA-

OS 的安装方法和安装过程中的注意点类似，所以这里着重介绍 RTA-RTE 与 RTA-BSW 的安装方法。

（1）ETAS RTA-RTE 的安装方法

首先，打开 RTA-RTE 安装包里的 autostart.exe，启动安装，会弹出如图 6.1 所示的界面。点击 Installation 后，会显示如图 6.2 所示的界面。

图 6.1　ETAS RTA-RTE 安装步骤（一）

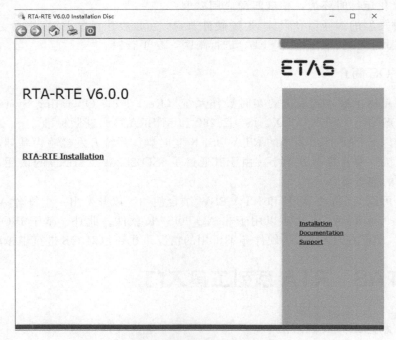

图 6.2　ETAS RTA-RTE 安装步骤（二）

第 6 章　AUTOSAR ECU 级开发之 RTE 与 BSW（除 MCAL 外）

点击 RTA-RTE Installation，会弹出如图 6.3 所示的界面，进入安装向导，点击下一步（Next），进入如图 6.4 所示的界面。

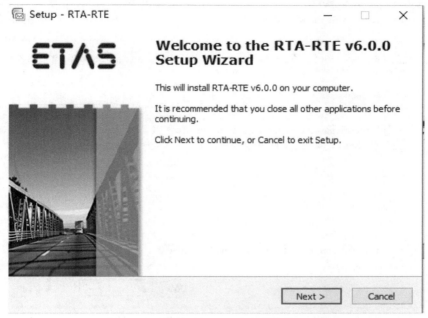

图 6.3　ETAS RTA-RTE 安装步骤（三）

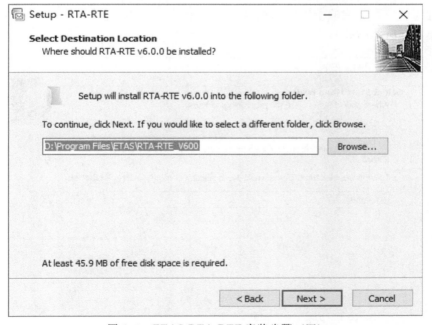

图 6.4　ETAS RTA-RTE 安装步骤（四）

此时，用户可以选择 RTA-RTE 的安装路径，在文件夹命名时可以附加一些软件的版本信息，例如，这里使用的是 RTA-RTE v6.0.0，则安装文件夹可命名为 RTA-RTE_V600，这便于今后在多版本共存情况下进行管理。点击下一步 Next 将弹出如图 6.5 所示的界面。

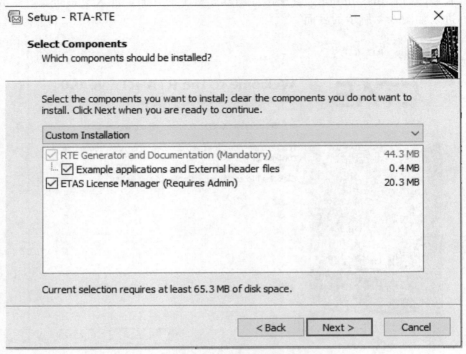

图 6.5　ETAS RTA-RTE 安装步骤（五）

这里，用户可以根据需求安装相应工具，初次安装建议选择 Custom Installation，下面也可以通过勾选需要安装的子工具。确认了需要安装的工具后，可以点击下一步（Next），会弹出如图 6.6 所示的界面。

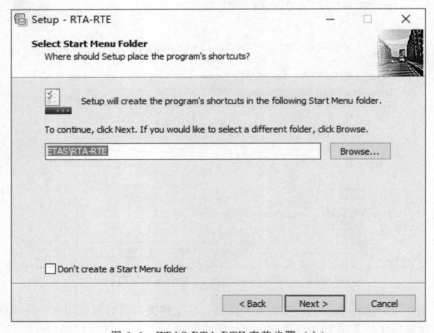

图 6.6　ETAS RTA-RTE 安装步骤（六）

在确认了软件快捷方式生成路径后,点击下一步(Next),会弹出如图 6.7 所示的界面。

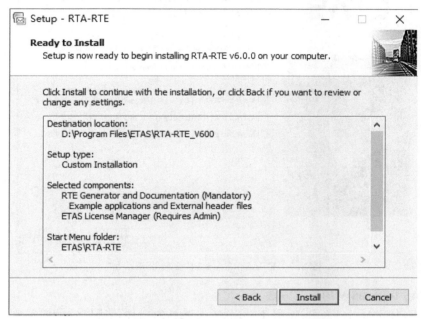

图 6.7　ETAS RTA-RTE 安装步骤(七)

再次确认安装路径以及需要安装的工具后,点击 Install 进入如图 6.8 所示的界面。

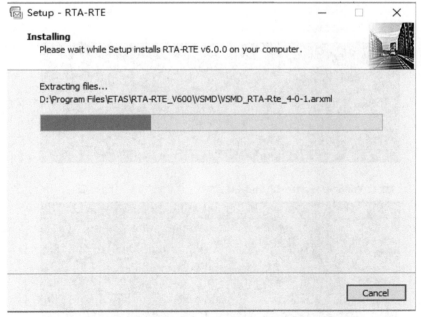

图 6.8　ETAS RTA-RTE 安装步骤(八)

当显示如 6.9 所示的界面,表明安装完成,点击 Finish 即可。至此,RTA-RTE 安装完成。

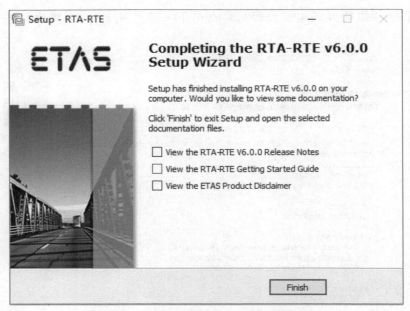

图 6.9　ETAS RTA-RTE 安装步骤（九）

(2) ETAS RTA-BSW 的安装方法

如前所述，ETAS RTA-BSW 是 ISOLAR-A 工具的插件，所以它的安装和传统 Eclipse 插件安装方法类似。为便于用户使用，ETAS 对整个安装过程做了一键式封装，用户只需要打开安装文件中的脚本 install.bat，按照提示操作即可，如图 6.10 所示。这里需要指出，RTA-BSW 安装之前需要保证计算机上已安装 ETAS ISOLAR-A 工具。

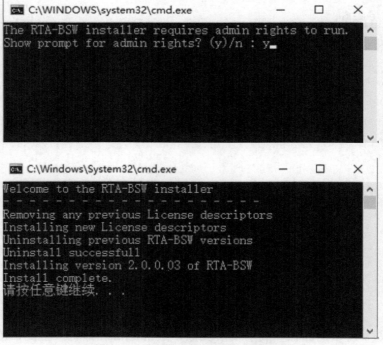

图 6.10　ETAS RTA-BSW 安装步骤

6.2.2　RTA 系列工具界面说明

如前所述，ISOLAR-A 中可添加 BCT（ECU Conf + Code Generation）附件，如图 6.11 所示。该界面大致上分为三大块：左边 ECU Conf Navigator 展示了已配置的 BSW 模块；中间 Outline 可以进行 BSW 模块的添加与新配置项的添加；右边界面则通过表格等形式列出了各模块的配置参数子项。

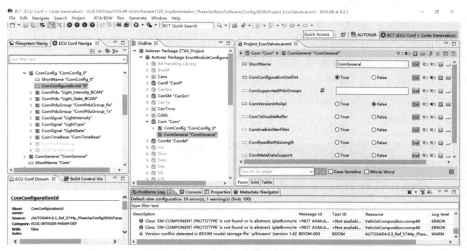

图 6.11　集成 RTA-BSW 之后的 ISOLAR-A BCT 界面

RTA-OS 工具界面如图 6.12 所示，其界面布局与 ISOLAR-A 类似。

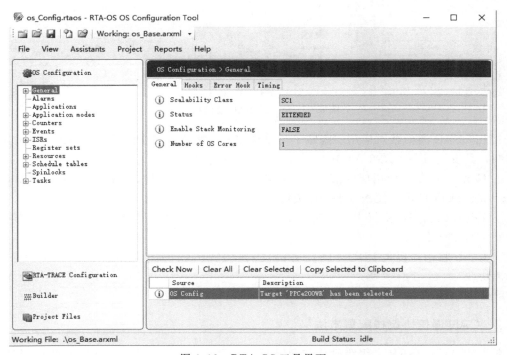

图 6.12　RTA-OS 工具界面

6.3 CAN 通信协议栈概念与配置方法介绍

6.3.1 CAN 通信协议栈概念

AUTOSAR 通信栈位于运行时环境（RTE）与微控制器抽象层（MCAL）之间，其可以简化 ECU 间的通信服务，实现不同类型或速率总线间的数据交互，如图 6.13 所示。在 AUTOSAR 通信栈中，位于服务层的有通信模块（Communication，Com）、诊断通信管理模块（Diagnostic Communication Manager，Dcm）、协议数据单元路由模块（Protocol Data Unit Router，PduR）、协议数据单元复用模块（I-PDU Multiplexer，IpduM）、总线相关的传输模块（如 CanTp、FrTp 等）以及通信和网络管理相关的模块；位于 ECU 抽象层的是与总线相关的接口模块（如 CanIf、LinIf 等）；位于微控制器抽象层的是与总线相关的驱动模块（如 Can、Lin 等）。

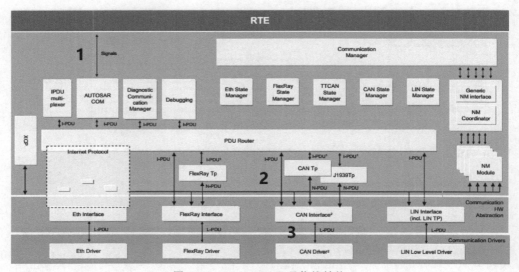

图 6.13　AUTOSAR 通信栈结构

AUTOSAR 通信栈对应用层隐藏了与总线相关的协议和报文的属性。以基本的 CAN 通信为例，其发送机制如图 6.13 中 1→2→3 所示，该过程描述如下：

① Com 模块获取应用层的信号（Signal），经一定处理封装为 I-PDU（Interaction Layer Protocol Data Unit）发送到 PduR 模块；

② PduR 根据路由协议中所指定的 I-PDU 目标接收模块，将接收到的 I-PDU 经一定处理后发送给 CanIf；

③ CanIf 将信号以 L-PDU（Data Link Layer Protocol Data Unit）的形式发送给 CAN 驱动模块。

最终，实现了基于 CAN 总线的基本数据发送；反之亦然。

6.3.2 CAN 通信协议栈配置方法

在先前 AUTOSAR 系统级设计与配置阶段已经介绍了，对基于 CAN 总线的系统可以在 ISOLAR-A 中通过导入 DBC 文件来进行通信相关信息的获取。安装了 RTA-BSW 工具并集成于 ISOLAR-A 工具之后，在 ISOLAR-A 主界面中，可以点击如图 6.14 所示的 RTA-BSW Configuration Generation 按钮，进行 CAN 通信协议栈中 Com、PduR、CanIf、ComM、CanSM 等模块的预配置。

图 6.14　RTA-BSW Configuration Generation

点击 RTA-BSW Configuration Generation 按钮后，会弹出如图 6.15 所示的窗口，选择待开发 ECU 的 ECU Instance，点击 OK 即可。

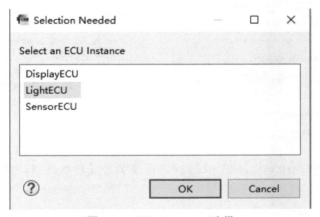

图 6.15　ECU Instance 选择

在完成预配置之后，切换到 BCT（ECU Conf＋Code Generation）界面就可以看到一些模块的配置信息，如图 6.16 所示。基于这些预配置的模块就可以开始 ECU 级开发。

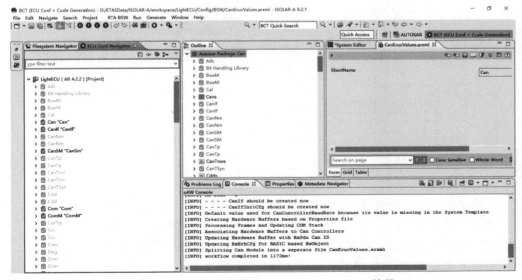

图 6.16　RTA-BSW Configuration Generation 结果

虽然 CAN 通信协议栈相关模块的配置基本都可以自动生成，但为便于读者理解，这里还是着重介绍其中相关模块的概念与一些重要配置项的意义。主要涉及 EcuC、Com、PduR、CanIf、ComM、CanSM，由于 Can 模块，即 CAN 驱动模块属于微控制器抽象层 MCAL 的范畴，所以将在后面 MCAL 配置章节单独讲解。

(1) EcuC 模块

数据在 CAN 通信协议栈各层间都是以 PDU（Protocol Data Unit）形式传输的，为了将各层 PDU 关联起来，则需要定义全局 PDU（Global PDU）。由于全局 PDU 不属于任何一个标准 BSW 模块，所以 AUTOSAR 提出了一个 EcuC 模块来收集一些配置信息。

在 ECU Conf Navigator 界面，右键点击 EcuC "EcuC"→Open In Editor，如图 6.17 所示。在 Outline 界面可以看到 EcuC 模块的具体配置，如图 6.18 所示。

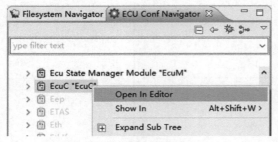

图 6.17　EcuC 模块配置打开方法

图 6.18　EcuC 模块配置

可见，在 EcuC 模块中定义全局 PDU 时不需要关心其数据类型，只需要定义 PDU 长度即可。见图 6.19。

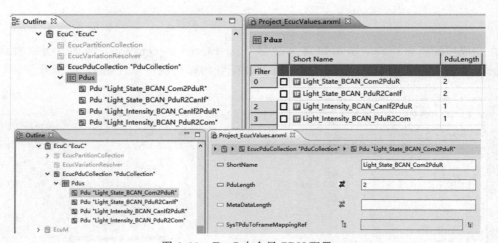

图 6.19　EcuC 中全局 PDU 配置

(2) Com 模块

Com 模块位于运行时环境 RTE 与 PduR 模块之间，其主要功能包括：
① 将信号装载到 I-PDU 中发送，从接收到的 I-PDU 中解析出信号；
② 提供信号路由功能，将接收到的 I-PDU 中的信号打包到发送 I-PDU 中；
③ 通信发送控制（启动/停止 I-PDU 组）；
④ 发送请求的应答等。

先前生成的 Com 模块配置如图 6.20 所示，其中主要有 ComIPdus（I-PDU）、ComIP-duGroups（I-PDU 工作组）、ComSignals（信号）、ComTimeBases（时间基准）等。

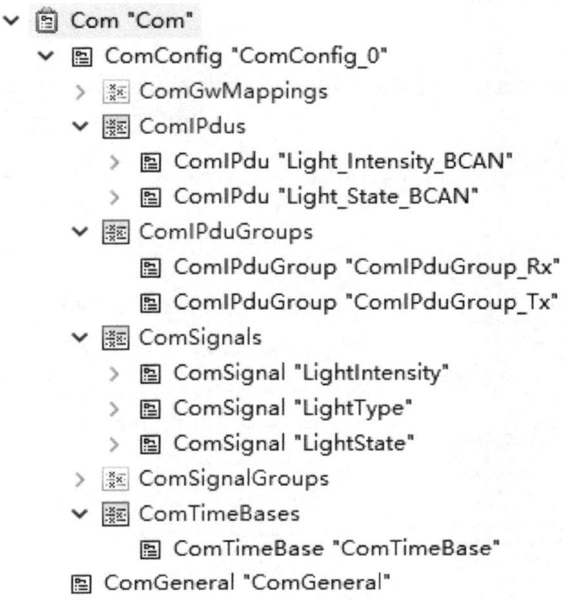

```
∨ 📋 Com "Com"
    ∨ 📄 ComConfig "ComConfig_0"
        > 📊 ComGwMappings
        ∨ 📊 ComIPdus
            > 📄 ComIPdu "Light_Intensity_BCAN"
            > 📄 ComIPdu "Light_State_BCAN"
        ∨ 📊 ComIPduGroups
            📄 ComIPduGroup "ComIPduGroup_Rx"
            📄 ComIPduGroup "ComIPduGroup_Tx"
        ∨ 📊 ComSignals
            > 📄 ComSignal "LightIntensity"
            > 📄 ComSignal "LightType"
            > 📄 ComSignal "LightState"
        > 📊 ComSignalGroups
        ∨ 📊 ComTimeBases
            📄 ComTimeBase "ComTimeBase"
    📄 ComGeneral "ComGeneral"
```

图 6.20 Com 模块配置

ComIPduGroups 配置如图 6.21 所示，其中创建了两个 I-PDU 工作组，即 ComIPduGroup＿Tx 和 ComIPduGroup＿Rx，其 Id 分别为 0 和 1。

	Short Name	ComIPduGroupHandleId
Filter		
0	☐ IF ComIPduGroup_Rx	0
	☐ IF ComIPduGroup_Tx	1

图 6.21 ComIPduGroups 配置

其次，Com 层中的 Signal 是应用层通过 Com 模块收发的基本单元，也是 Com 层内信息交互的基本单元，其需要引用系统信号（System Signal）。I-PDU 作为 Com 层与下层网络交互的基本单元，可由一个或多个 Signal 信号组成，各信号在 Com 模块中装载和解析。

每个 ComSignal 需要配置信号的初始值（ComSignalInitValue）、发送属性（ComTransferProperty）、数据类型（ComSignalType）、字节顺序（ComSignalEndianness）、字节大小（ComSignalLength）、系统信号引用（ComSystemTemplateSystemSignalRef）等。对于发送属性主要可分为 PENDING、TRIGGERED 和 TRIGGERED＿ON＿CHANGE，它们的特点描述如下。

① PENDING：写入信号值不能触发该信号相关的 I-PDU 的发送。

② TRIGGERED：根据信号相关的 I-PDU 的发送模式，写入该信号值可以触发该信号相关的 I-PDU 的发送。

③ TRIGGERED＿ON＿CHANGE：根据信号相关的 I-PDU 的发送模式，当写入该信号值，并且该信号值有变化时，才会触发该信号相关的 I-PDU 的发送。

此外，为了保证应用层发送的复杂类型数据（如结构体）的完整性，有时还可以定义信号组（Com Signal Group），免去数据过于复杂需要拆解而导致的完整性破坏。本书示例 ComSignals 配置如图 6.22 所示。

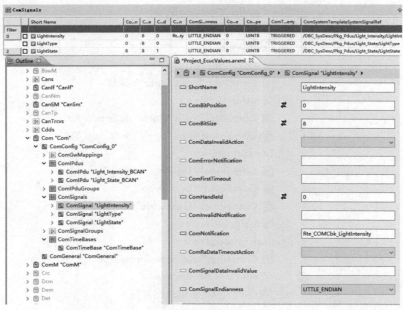

图 6.22　ComSignals 配置

对于每个 Com I-PDU 需要设定 I-PDU 的传输方向（ComIPduDirection）、信号处理方式（ComIPduSignalProcessing）、类型（ComIPduType）、所属的 I-PDU 工作组（ComIPduGroupRef）、Com 信号引用（ComIPduSignalRef）、全局 PDU 引用（ComPduIdRef）等。最终配置如图 6.23 所示。

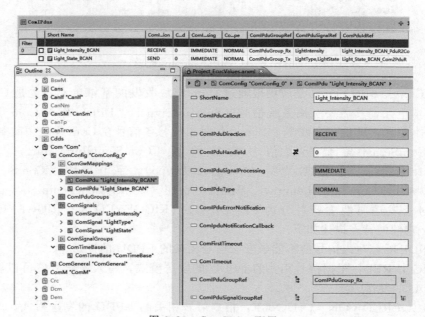

图 6.23　ComIPdus 配置

（3）PduR 模块

PduR 模块是主要为通信接口模块、传输协议模块、诊断通信管理模块以及通信模块提供基于 I-PDU 的路由服务。它在通信协议栈中起着承上启下的作用，为上层服务基础软件模块和应用屏蔽了网络细节，使得上层基础软件模块和应用不用关心运行于哪种总线网络之上。同时，PduR 模块提供了基于 I-PDU 的网关功能，使得不同总线之间的通信成为可能。PduR 模块自动生成的配置如图 6.24 所示。

图 6.24　PduR 模块配置

在 PduR 模块中首先需要添加 PduRBswModules，即添加所用到的通信协议栈中的相关模块，并勾选相关属性。本书示例使用到了 Com 模块和 CanIf 模块，PduRBswModules 配置如图 6.25 所示。

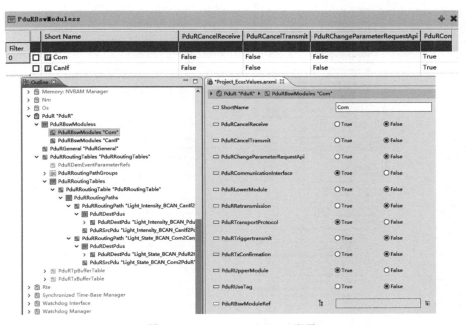

图 6.25　PduRBswModules 配置

另外，需要定义路由路径（PduRRoutingPaths）。路由路径为源 PDU（Source PDU）到目标 PDU（Destination PDU）的描述，它们都需要通过引用前述 EcuC 中定义的全局 PDU 来进行关联，如图 6.26 所示。

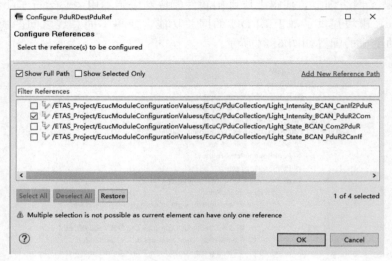

图 6.26　全局 PDU 引用

最终，本书示例 PduR 模块的 PduRRoutingPaths 配置如图 6.27 所示。

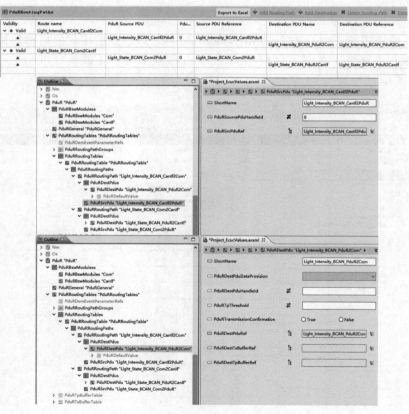

图 6.27　PduRRoutingPaths 配置

(4) CanIf 模块

CAN 接口层（CanIf）是访问 CAN 总线的标准接口。CanIf 抽象了 CAN 控制器的位置信息，并向上提供了一个与平台无关的接口，即上层不用关心 CAN 控制器是微控制器的片上设备还是片外设备。

CanIf 模块主要功能：完成对 CanIf 和控制器中全局变量及配置缓冲区的初始化；发送请求服务，提供供上层应用在 CAN 网络上发送 PDU 的接口；发送确认服务，发送成功后通知上层，或者发送取消确认后存于发送缓存；接收指示服务，成功接收 PDU 后通知上层。

CanIf 模块主要配置为硬件对象句柄（Hardware object handle，Hoh），包括 Hth（Hardware transmit handle）和 Hrh（Hardware receive handle），它们需要引用 Can 模块中定义的 CAN 硬件对象（CanHardwareObject），CanHardwareObject 是对 CAN 邮箱（MailBox，MB）的抽象，在后续 MCAL 配置中会进行讲解。CanIf 模块还需要配置 CanIf 层的 PDU，每个 PDU 需要引用一个 Hth 或者 Hrh，即完成 PDU 向 MB 的分配。CanIf 模块主要配置如图 6.28～图 6.30 所示。

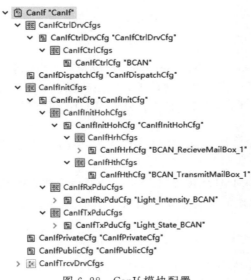

图 6.28　CanIf 模块配置

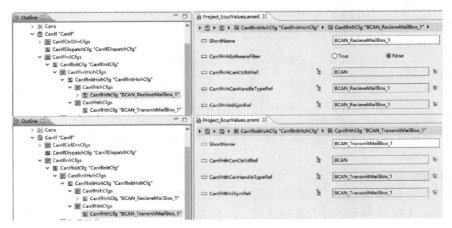

图 6.29　Hrh 和 Hth 配置

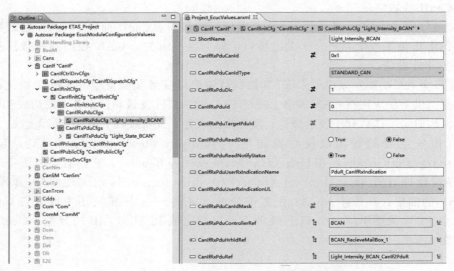

图 6.30 CanIfRxPduCfgs 配置

(5) ComM 模块

通信管理模块（Communication Manager，ComM）可以简化总线通信栈的初始化、网络管理等，并可收集/协调总线通信访问请求。它主要提供了三种通信模式。

① COMM _ FULL _ COMMUNICATION：FULL 通信模式，此状态既能接收又能发送。

② COMM _ SILENT _ COMMUNICATION：SILENT 通信模式，此状态只能进行接收。

③ COMM _ NO _ COMMUNICATION：NO 通信模式，此状态不能进行通信。

本书示例中 ComM 模块的配置生成结果如图 6.31 所示。

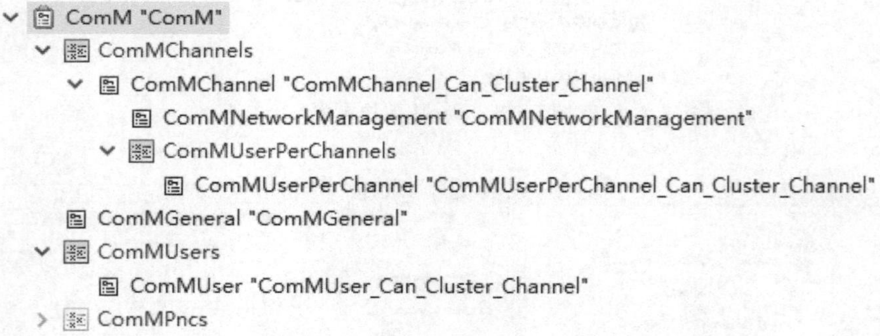

图 6.31 ComM 模块配置

ComMChannel 配置中可以配置 ComMMainFunction () 周期，默认为 10ms，如图 6.32 所示。

(6) CanSM 模块

CAN 状态管理器（CAN State Manager，CanSM）负责实现 CAN 网络控制流程的抽象，它为 ComM 模块提供 API 来请求 CAN 网络进行通信模式的切换，其配置生成如图 6.33 所示。

第 6 章 AUTOSAR ECU 级开发之 RTE 与 BSW（除 MCAL 外）

图 6.32　ComMChannel 配置

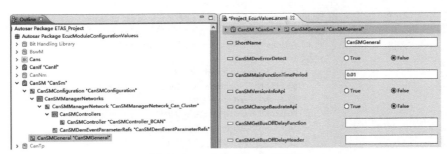

图 6.33　CanSM 模块配置

CanSMGeneral 配置中可以配置 CanSMMainFunction（）周期，默认为 10ms，如图 6.34 所示。

图 6.34　CanSMGeneral 配置

6.4　EcuM 模块概念与配置方法介绍

EcuM（ECU State Manager）模块属于系统服务层，它在系统服务层中的具体位置如图 6.35 所示。

EcuM 模块负责初始化（Initialize）和反初始化（De-initialize）一些 BSW 模块。AUTOSAR ECU 模式管理分为 Fixed 和 Flexible 两种方式，Fixed 有如下确定的模式：

① STARTUP；
② RUN；
③ POST_RUN；
④ SLEEP；

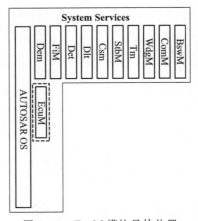

图 6.35　EcuM 模块具体位置

⑤ WAKE_SLEEP；
⑥ SHUTDOWN。

Flexible 模式则允许其他的情况，如快速/分部（Fast/Partial）启动、多核管理（Multicore Management）等。

另外，EcuM 模块还可以配置 ECU 睡眠模式（Sleep Modes）、下电原因（Shutdown Causes）、复位模式（Reset Modes），管理所有 ECU 唤醒源（Wakeup Sources）。

在 BCT 界面中可以完成 EcuM 模块的添加和配置。在 Outline 界面中右键点击 Ecu State Manager Module→Create'EcuM'with mandatory containers with values 可新建 EcuM 模块的配置，如图 6.36 所示。最终，本书示例的 EcuM 模块配置总览如图 6.37 所示。

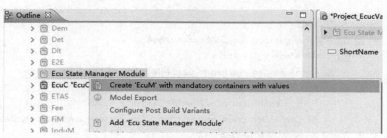

图 6.36　EcuM 模块配置新建

图 6.37　EcuM 模块配置

如前所述，EcuM 模块需要初始化一些 BSW 模块，所以需要定义一系列初始化列表。对于 Fixed 模式，可以定义四个初始化列表：

① 初始化列表 0（Driver Init List Zero）；
② 初始化列表 1（Driver Init List One）；
③ 初始化列表 2（Driver Init List Two）；
④ 初始化列表 3（Driver Init List Three）。

其中，列表 0 和 1 在操作系统 OS 启动之前完成，而列表 2 和 3 则需要操作系统 OS 支持，故在其启动之后完成。对于 Flexible 模式，EcuM 只需要完成列表 0 和 1 中各模块的初始化，而后两个列表中的模块初始化需要由 BswM 模块来实现。这里给出一个推荐的模块初始化顺序列表，如表 6.1 所示，也可根据实际情况做出相应调整。

表 6.1　BSW 模块初始化顺序列表

Driver Init List Zero	Driver Init List One	Driver Init List Two	Driver Init List Three
Det	Dem Pre-Initialization	Spi	ComM
	Mcu	EEP	Dem
	Port	Fls	Fim
	Dio	NvM (start of ReadAll)	RTE[②]
	Gpt	CAN Stack	Applications[②]
	Watchdog Stack	LIN Stack	
	Adc	FR Stack	
	Icu	PduR	
	Pwm	Nm	
	Ocu	IpduM	
	BswM[①]	Com	
		Dcm	

①用于 Fixed EcuM。
②用于 Flexible EcuM。

根据 EcuM 模块的作用，可以完成该模块的配置，这里使用 Flexible EcuM。

（1）EcuMDriverInitListZero 配置

本书示例 EcuMDriverInitListZero 配置如图 6.38 所示。

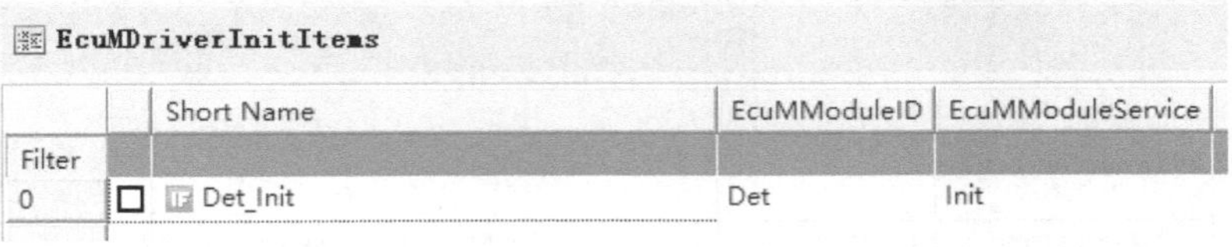

图 6.38　EcuMDriverInitListZero 配置

（2）EcuMDriverInitListOne 配置

本书示例 EcuMDriverInitListOne 配置如图 6.39 所示。

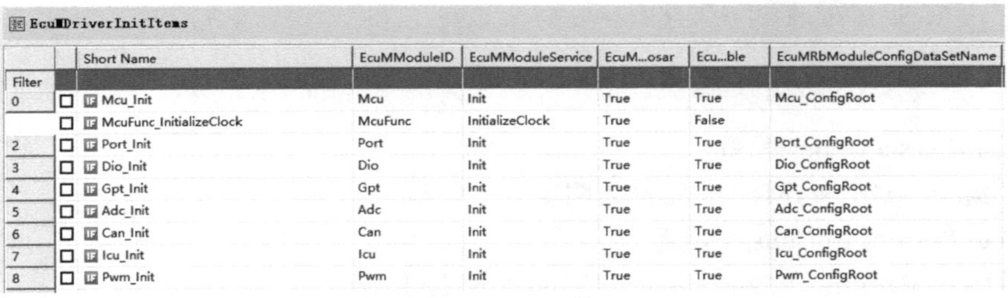

图 6.39　EcuMDriverInitListOne 配置

为了便于理解初始化列表的实现过程，这里先展现一下最终生成的初始化列表 EcuM-DriverInitListZero 和 EcuMDriverInitListOne 的部分代码。其中，EcuM _ AL _ DriverInitOne 函数中所调用的各 MCAL 模块初始化函数将在之后 AUTOSAR 微控制器抽象层配置部分进行详细讲解。

```
FUNC(void,ECUM_CODE)EcuM_AL_DriverInitZero(void)
{
    …
    Det_Init();
    …
}

FUNC(void,ECUM_CODE)EcuM_AL_DriverInitOne(const EcuM_ConfigType * ConfigPtr)
{
    …
    Mcu_Init(ConfigPtr->ModuleInitPtrPB. McuInitConfigPtr0_cpst);
    McuFunc_InitializeClock();
    Port_Init(ConfigPtr->ModuleInitPtrPB. PortInitConfigPtr0_cpst);
    Dio_Init(ConfigPtr->ModuleInitPtrPB. DioInitConfigPtr0_cpst);
    Gpt_Init(ConfigPtr->ModuleInitPtrPB. GptInitConfigPtr0_cpst);
    Adc_Init(ConfigPtr->ModuleInitPtrPB. AdcInitConfigPtr0_cpst);
    Can_Init(ConfigPtr->ModuleInitPtrPB. CanInitConfigPtr0_cpst);
    Icu_Init(ConfigPtr->ModuleInitPtrPB. IcuInitConfigPtr0_cpst);
    Pwm_Init(ConfigPtr->ModuleInitPtrPB. PwmInitConfigPtr0_cpst);
    …
}
```

（3）EcuMWakeupSources 配置

在 EcuMCommonConfiguration 中需要配置 EcuMWakeupModes，其配置如图 6.40 所示。

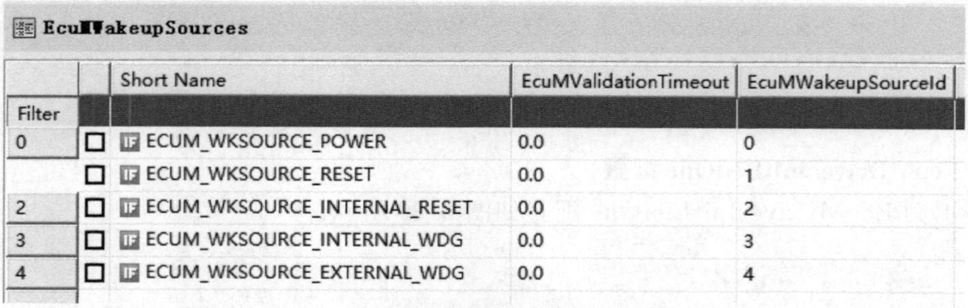

Filter	Short Name	EcuMValidationTimeout	EcuMWakeupSourceId
0	☐ ECUM_WKSOURCE_POWER	0.0	0
	☐ ECUM_WKSOURCE_RESET	0.0	1
2	☐ ECUM_WKSOURCE_INTERNAL_RESET	0.0	2
3	☐ ECUM_WKSOURCE_INTERNAL_WDG	0.0	3
4	☐ ECUM_WKSOURCE_EXTERNAL_WDG	0.0	4

图 6.40　EcuMWakeupSources 配置

（4）EcuMResetModes 配置

本书示例 EcuMResetModes 配置如图 6.41 所示。

（5）EcuMShutdownCauses 配置

本书示例 EcuMShutdownCauses 配置如图 6.42 所示。

第 6 章 AUTOSAR ECU 级开发之 RTE 与 BSW（除 MCAL 外）

图 6.41　EcuMResetModes 配置

图 6.42　EcuMShutdownCauses 配置

（6）EcuMDefaultAppMode 配置

点击 EcuMCommonConfiguration，本书示例选择 EcuMDefaultAppMode 为 OSDE-FAULTAPPMODE。见图 6.43。

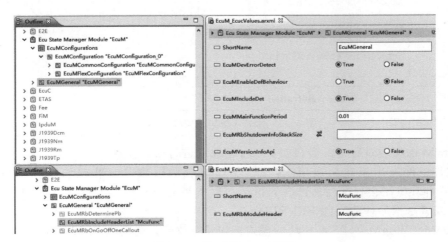

图 6.43　EcuMDefaultAppMode 配置

（7）EcuMGeneral 配置

EcuMGeneral 是 EcuM 模块整体功能的配置，本书示例配置 EcuM_MainFunction() 函数调用周期为 10ms。并且，需要添加自定义的头文件 McuFunc.h。见图 6.44。

图 6.44　EcuMGeneral 配置

6.5 BswM 模块概念与配置方法介绍

BswM（Basic Software Mode Manager）模块属于系统服务层，它在系统服务层中的具体位置如图 6.45 所示。

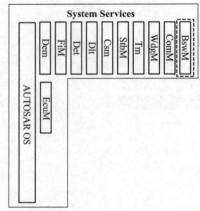

图 6.45 BswM 模块具体位置

BswM 模块有以下两大作用。

① 模式仲裁（Mode Arbitration）：根据软件组件或其他 BSW 模块发来的模式请求（Mode Request）或者模式指示（Mode Indication），通过规则判断来发起相应模式切换。

② 模式控制（Mode Control）：通过执行动作列表（Action List）里面的动作实现模式切换。

模式仲裁和模式控制各司其职，模式仲裁以后如果确认要进行模式切换，那么模式控制就会执行在配置阶段预先定义好的这个模式切换需要执行的动作列表。

模式仲裁是基于规则（Rule）来进行的，每个规则中需要包含逻辑表达式（Logical Expression）和动作列表（Action List）。其中，逻辑表达式由一系列的模式请求条件（Mode Condition）通过逻辑运算符（AND/NAND/OR/XOR）组合起来；动作列表则由一系列动作（Actions）组合而成。

BswM 模块相关概念示意如图 6.46 所示；BswM 模块工作过程示意如图 6.47 所示。

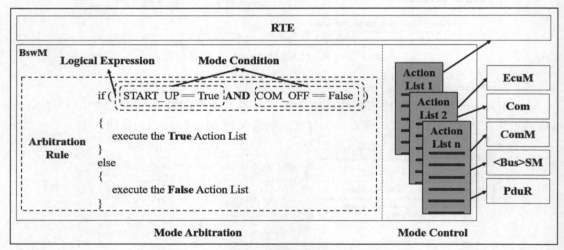

图 6.46 BswM 模块相关概念示意

在 BswM 的实现过程中，会在如下三种情况下进行模式仲裁：

① 软件组件发出模式切换请求，即 SWC 通过调用与 BswM 模块交互的接口函数，BswM 模式仲裁机制会根据当前已有的请求，以及当前请求的类型选择立即仲裁（IMMEDIATE）或者是推后仲裁（DEFERRED）；

② EcuM、WdgM 等 BSW 模块的模式标识发生改变，进而向 BswM 模块发出一个模式仲裁请求；

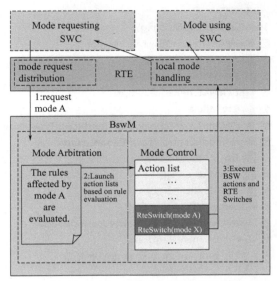

图 6.47　BswM 模块工作过程示意

③ 通过周期性地调用 BswM_MainFunction() 函数，从而在 BswM 主函数中进行周期性的模式仲裁，该方式一般用来处理推后仲裁类型的请求。

模式控制最终是要执行动作列表中的动作，这些动作可以是调用其他 BSW 模块的服务或调用 RTE、执行其他的动作列表或者引起另外的规则仲裁。

① 条件执行（CONDITION）：每一次进行规则检查时，都会根据设定的期望结果来执行动作列表。

② 触发执行（TRIGGER）：仅当当前规则检查结果和上次规则检查结果不同时才会执行动作列表。

为了简化 BswM 模块的设计，AUTOSAR 规范中预定义了一些标准动作（Standard Actions）。

① ComM：设置一个通信接口的通信模式。
② ComM：限制通信模式。
③ ComM：使能一个 ComM 通道的通信。
④ LinSM：设置 LIN 调度表（Schedule Tables）。
⑤ FlexRay：切换到"All Slot Mode"。
⑥ Com：激活和停用 I-PDU 组（I-PDU Group），重设或不重设信号初始值。
⑦ Com：使能或禁用截止时间超时监控（Deadline Timeout Monitoring）。
⑧ Com：触发 I-PDU 发送。
⑨ EcuM：设置 ECU 运行模式（ECU Operation Mode）。
⑩ EcuM：关闭所有运行请求（Run Requests）。
⑪ Network Management：使能或禁用网络管理通信（NM Communication）。
⑫ PduR：使能或禁用 PDU 路由路径（PDU Routing Path）。
⑬ RTE 和 BSW：调度器的模式切换。

本书示例中的 BswM 模块配置总览如图 6.48 所示。它主要完成一些 BSW 模块的初始化工作，并且还需要接收应用层 EcuBaseSWC 的启动/关闭 CAN 通信请求。

```
▼ 📄 BswM "BswM"
    ▼ 📄 BswMConfig "BswMConfig"
        ▼ 📄 BswMArbitration "BswMArbitration"
            > 📑 BswMLogicalExpressions
            > 📑 BswMModeConditions
            > 📑 BswMModeRequestPorts
            > 📑 BswMRules
              📄 BswMDataTypeMappingSets "BswMDataTypeMappingSets"
        ▼ 📄 BswMModeControl "BswMModeControl"
            > 📑 BswMActions
            > 📑 BswMActionLists
            > 📑 BswMSwitchPorts
    ▼ 📄 BswMGeneral "BswMGeneral"
          📄 BswMUserIncludeFiles "BswMUserIncludeFiles"
        > 📑 BswMRbGenericReqUsers
```

图 6.48 BswM 模块配置总览

BSW 模块的初始化工作主要是基于 EcuM 等 BSW 模块的模式标识改变而向 BswM 模块发出模式仲裁请求的，发生在 BSW 模块间。为便于读者直观地感受 BswM 模块中各主要概念及其运行机制，这里以应用层 EcuBaseSWC 发起启动/关闭 CAN 通信请求为例进行介绍。

(1) BswMModeRequestPort 配置

首先，需要建立一个与应用层 SWC 交互的服务端口，即添加一个 BswMModeRequestPort，点击 "+" Add，命名为 BswM_MRP_ApplicationRequestPort，采用推后仲裁 DEFERRED 模式，如图 6.49 所示。

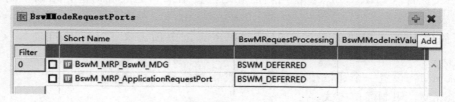

图 6.49 BswMModeRequestPort 新建

其次，还需要为该端口进行属性定义。由于该端口和应用层 SWC 交互，所以这里新建一个 BswMGenericRequest，其请求类型 RequestType 为 SWC，并且一共有两种模式（启动/关闭 CAN 通信），即配置 BswM RequestedModeMax 为 2，如图 6.50 所示。

按照前述 BswM 模块的概念，下面需要定义 ModeCondition、LogicalExpression、Action、ActionList、Rule 以及 BswMGeneral。

(2) ModeCondition 与 LogicalExpression 配置

可按照与前述类似方法新建一个 ModeCondition，命名为 BswM_MC_AppReqFullCom，该条件为当 BswM_MRP_ApplicationRequestPort 端口模式请求值为 1 时为 True，反之为 False，如图 6.51 所示。

定义了 ModeCondition 后，可以新建并配置 LogicalExpression。这里新建名为 BswM_LE_AppReqFullCom 的 LogicalExpression，并引用先前定义的 BswM_MC_AppReqFullCom。由于只有一个条件，所以不需要逻辑运算符（Logical Operator），如图 6.52 所示。

第 6 章 AUTOSAR ECU 级开发之 RTE 与 BSW（除 MCAL 外）

图 6.50　BswMModeRequestPort→BswMGenericRequest 配置

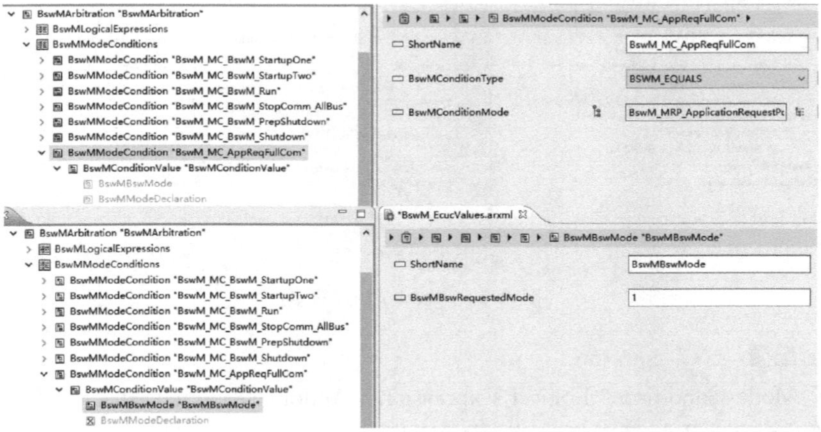

图 6.51　ModeCondition 配置

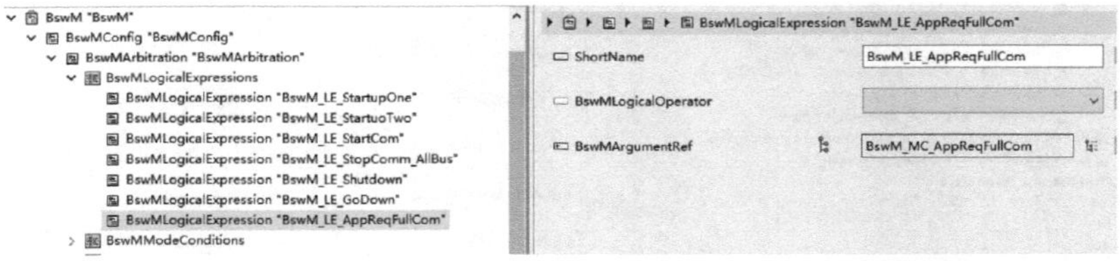

图 6.52　LogicalExpression 配置

(3) Action 与 ActionList 配置

在定义 ActionList 时需要定义 Action，这里定义两个 Action，分别为 BswM_AI_AppReqFullCom 和 BswM_AI_AppReqNoCom，它们分别使用 ComM 模块预定义的标准动作，请求 COMM_NO_COMMUNICATION 和 COMM_FULL_COMMUNICATION，配置如图 6.53 所示。

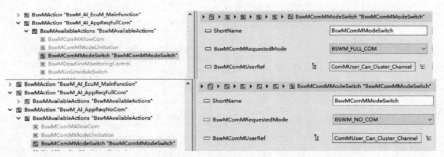

图 6.53 Action 配置

之后，可定义 ActionList。这里定义两个 ActionList，分别为 BswM_AL_AppReqFullCom 和 BswM_AL_AppReqNoCom，都配置成 TRIGGER 模式，并且分别引用 BswM_AI_AppReqFullCom 和 BswM_AI_AppReqNoCom。Action List 配置如图 6.54 所示。

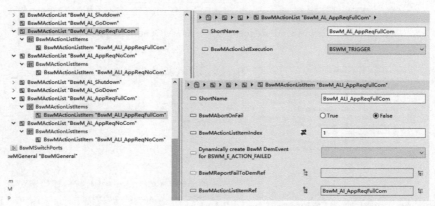

图 6.54 ActionList 配置

(4) Rule 配置

在定义了 Mode Condition、Logical Expression、Action、Action List 后，就可以定义 Rule 了。这里新建一个名为 BswM_AR_AppReqFullNoCom 的 Rule，其配置如图 6.55 所示。

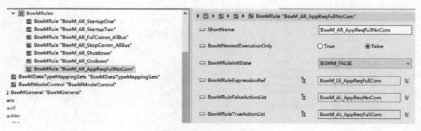

图 6.55 Rule 配置

(5) BswMGeneral 配置

BswMGeneral 配置主要是对 BswM 模块属性的配置，这里配置 BswM_MainFunction() 周期为 10ms，如图 6.56 所示。

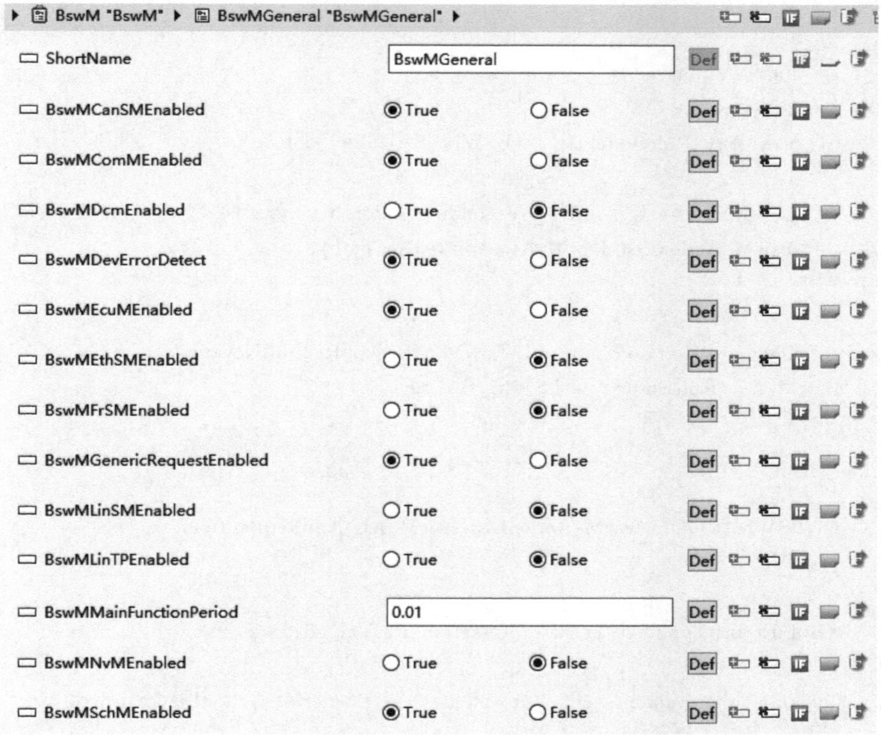

图 6.56 BswMGeneral 配置

为了便于理解模式仲裁和模式控制的实现过程，这里先展现一下最终 BswM 模块生成的部分代码。其中，规则检查函数为 BswM_Rule_BswM_AR_AppReqFullNoCom，这里以通过该规则检查为例进行分析。若规则检查结果为 True，则调用 BswM_ActionList_BswM_AL_AppReqFullCom 函数，即触发相应 ActionList；在 ActionList 函数中将调用 Action 函数 BswM_Action_BswM_AI_AppReqFullCom。

```
FUNC(void,BSWM_CODE)BswM_Rule_BswM_AR_AppReqFullNoCom(void)
{
    if(BSWMLOGEXP_BSWM_LE_APPREQFULLCOM)
    {
        /* True Action list */
        /* Triggered */
        if(BswM_Prv_RuleState[6]! =BSWM_TRUE)
        {
            /* Make a call to the corresponding action list item-BswM_AL_AppReqFullCom */
            BswM_ActionList_BswM_AL_AppReqFullCom();
        }
        /* Change the state of the rule-BswM_AR_AppReqFullNoCom */
```

```
                    BswM_Prv_RuleState[6]=BSWM_TRUE;
            }

            else
            {
                /* False Action list */
                /* Triggered */
                if(BswM_Prv_RuleState[6]! =BSWM_FALSE)
                {
                    /* Make a call to the corresponding action list item-BswM_AL_AppReqNoCom */
                    BswM_ActionList_BswM_AL_AppReqNoCom();
                }

                /* Change the state of the rule-BswM_AR_AppReqFullNoCom */
                BswM_Prv_RuleState[6]=BSWM_FALSE;
            }
        }


FUNC(void,BSWM_CODE)BswM_ActionList_BswM_AL_AppReqFullCom(void)

{
        VAR(Std_ReturnType,AUTOMATIC)action_RetVal_u8;

        /* Invoke all the available actions in the assending order of ActionListItem index */

        /* Execute the Available Action-BswM_AI_AppReqFullCom */
        BswM_Action_BswM_AI_AppReqFullCom( &action_RetVal_u8);

        action_RetVal_u8 = BSWM_NO_RET_VALUE;/* Avoid variable un-used compiler warning
when only Rule or Action list is configured as action */
}

    FUNC(void,BSWM_CODE)BswM_Action_BswM_AI_AppReqFullCom(P2VAR(Std_ReturnType,AU-
TOMATIC,BSWM_APPL_DATA)action_RetVal_pu8)
{
        /* Initialize to"no return value" */
        * action_RetVal_pu8=BSWM_NO_RET_VALUE;

        /* Switch the communication mode for a ComM User-ComMUser_Can_Cluster_Channel */
        * action_RetVal_pu8=ComM_RequestComMode(0,COMM_FULL_COMMUNICATION);
}
```

6.6 BSW 模块代码生成

在 BCT 界面中配置完所需要的 BSW 模块后，可以进行 BSW 模块相关代码与描述文件的生成，点击 ISOLAR-A 主菜单中"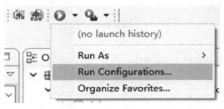"右边箭头，选择 Run Configuraions，如图 6.57 所示。将弹出如图 6.58 所示的界面。

图 6.57 Run Configuraions 配置（一）

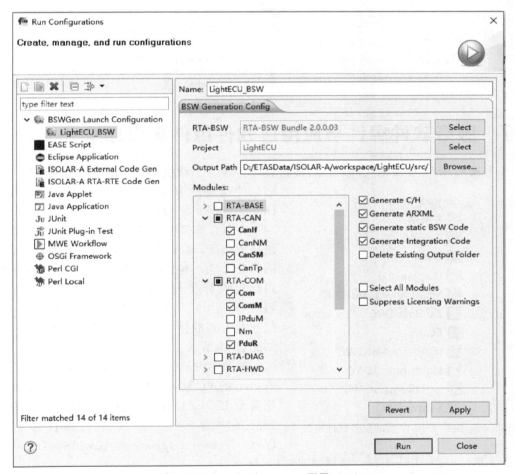

图 6.58 Run Configuraions 配置（二）

在 Run Configuraions 界面中，在 BSWGen Launch Configuraion 菜单下新建一个名为 LightECU_BSW 的配置，即可进入 BSW 生成相关配置界面。其中，需要选择 RTA-BSW 工具版本、工程以及 BSW 代码生成路径，勾选需要生成的模块后，点击 Run 即可生成。

此时，Console 界面中将显示生成情况信息，如图 6.59 所示。

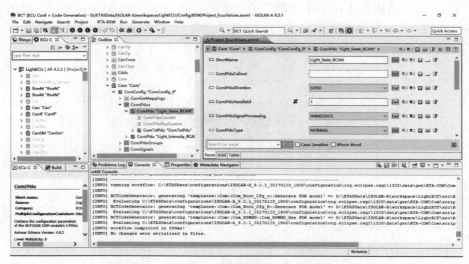

图 6.59　BSW 模块生成过程

6.7　服务软件组件与应用层软件组件端口连接

在生成了 BSW 模块的代码后，切换到 ISOLAR-A 系统级设计界面，会发现产生一些基础软件模块的服务软件组件：BswM、ComM、Det 和 EcuM 等，如图 6.60 所示。

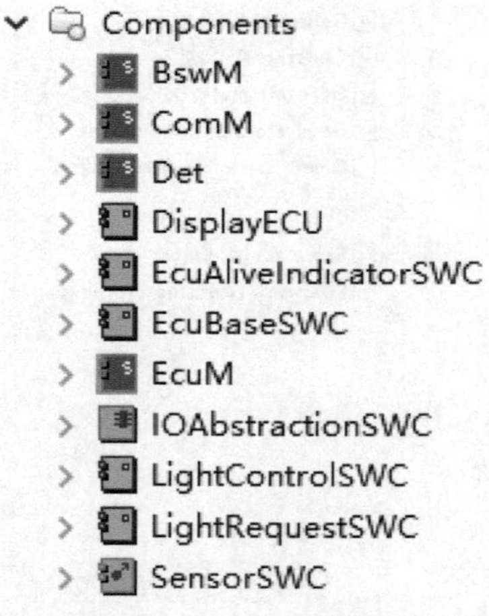

此时，如果涉及服务软件组件与应用层软件组件的交互，就需要为应用层软件组件添加相应的服务端口。本书示例中，在 BswM 模块配置阶段已经设计了相应的 BswMModeRequestPort，名为 BswM_MRP_ApplicationRequestPort，打开 BswM 软件组件也可以看到该端口的信息，如图 6.61 所示。

按照本书示例开发需求，该端口是和应用层 EcuBaseSWC 软件组件进行交互的，所以需要按照基于 ISOLAR-A 的软件组件设计方法中所提到的方法为 EcuBaseSWC 软件组件添加一个 Port，其 Port Interface 为 BswMSwcGenericRequest_ClientServerInterface，结果如图 6.62 所示。

图 6.60　生成了 BSW 后的服务软件组件

图 6.61　BswM 软件组件

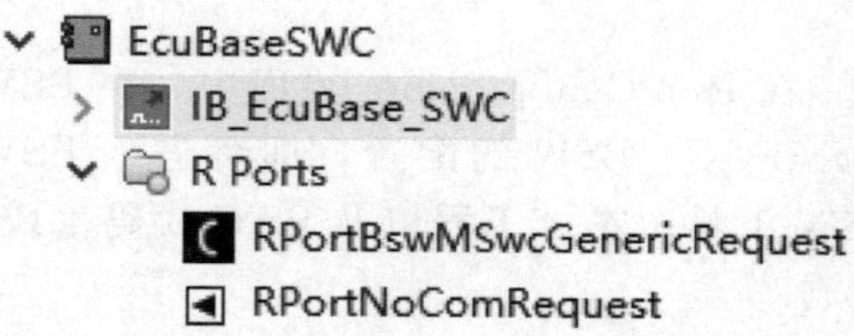

图 6.62　EcuBaseSWC 软件组件

在完成了相关应用层软件组件的端口添加后，需要再次按照前述系统级设计与配置方法将这些新生成的服务软件组件都添加到 VehicleComposition 中，完成 Assembly Connectors 添加，并基于 VehicleSystem 完成 SWC To ECU Mapping。最后，再次进行 ECU Extract，此时的 LightECU _ FlatView Composition 如图 6.63 所示。

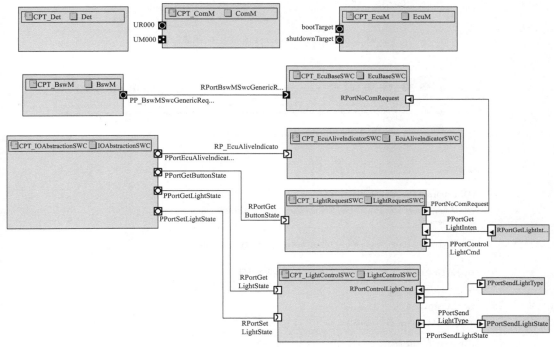

图 6.63　LightECU _ FlatView Composition 最终版

最终，生成 EcuBaseSWC 软件组件模板，并在其中调用它和 BswM 软件组件的模式请求 RTE 接口函数，编写相应模式切换逻辑即可。

6.8　RTE 配置与代码生成

RTE 生成器一般可工作在两个阶段：合同阶段（Contract Phase）和生成阶段（Generate Phase）。

6.8.1　RTE Contract 阶段生成

RTE 合同阶段（Contract Phase）的输入文件是软件组件描述文件，其输出文件为一些".h"文件，主要包括类型定义和接口定义信息，如图 6.64 所示。其主要用于应用层软件开发阶段，此时完整的 ECU 定义可能还没完成，这样可以便于多方合作完成应用层软件的开发。根据项目开发情况，RTE Contract 阶段生成时间较为灵活。

点击 ISOLAR-A 主界面"R" RTE contract phase…，如图 6.65 所示，将弹出如图 6.66 所示界面。

选择 RTE 工具的路径、文件生成路径，加入 Additional Commands，点击 Finish 即可完成 RTE Contract 阶段生成。

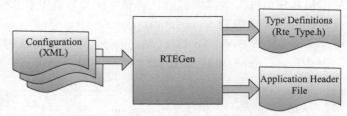

图 6.64 RTE Contract 阶段生成示意

图 6.65 RTE Contract 阶段生成（一）

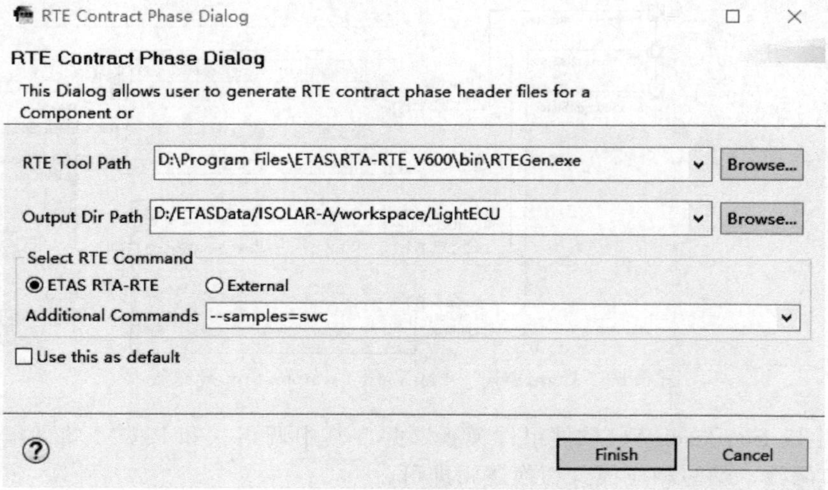

图 6.66 RTE Contract 阶段生成（二）

6.8.2 RTE 配置

在生成 RTE 之前需要进行 RTE 配置。首先，需要完成 ECU 级模块配置信息的收集（Ecuc Value Collection）；其次，需要完成各运行实体到操作系统任务的映射（RE To Task Mapping）。

(1) ECU 级模块配置信息收集

由于 RTE 是应用层与基础软件层交互的桥梁，所以在生成 RTE 之前需要收集所有 ECU 级模块的配置信息（Ecuc Value Collection）。右键点击 Bsw 文件夹→Create BSW Module Descriptions→Create Ecuc Value Collections→Elements | Ecuc Value Collection，如图 6.67 所示，将会弹出如图 6.68 所示的界面，和之前一样，需要创建一个 AR Element。

图 6.67 EcuC Value Collection 新建（一）

图 6.68　EcuC Value Collection 新建（二）

双击 LightECU_EcucValueCollection，会弹出如图 6.69 所示的界面，提示需要选择一个 ECU Extract，选择 EXTR_LightECU 即可。

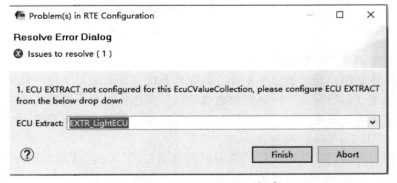

图 6.69　EcuC Value Collection 新建（三）

在新建了 Ecuc Value Collection 后，就可以向其中添加各模块的配置信息。右键点击 LightECU_EcucValueCollection→New Child→Ecuc Values ｜ Ecuc Module Configuration Values Ref Conditional 即可新建一个引用，选择需要引用的模块配置信息即可。见图 6.70。

由于 RTE 和 OS 两个模块的配置在 BSW 模块配置阶段还未添加，双击 LightECU_EcucValueCollection，切换至 RTE Configuration 界面，点击 Generate 即可创建 Rte 模块；

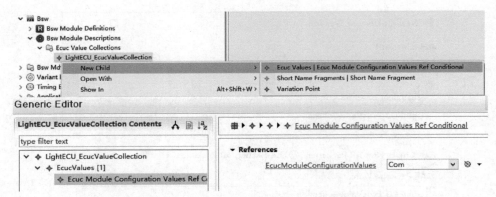

图 6.70　Ecuc Module Configuration Values Ref Conditional 新建

切换至 OS Task Prroperties，点击 Create OSAppMode 即可创建 Os 模块。最终，本书示例 ECU 级模块配置信息收集结果如图 6.71 所示。

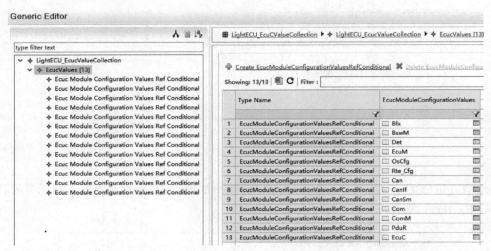

图 6.71　Ecuc Value Collection 结果

（2）运行实体到操作系统任务映射

由于运行实体是用户程序的最小划分，而操作系统任务是运行实体的载体。换言之，操作系统无法直接调度运行实体，而是需要通过将运行实体映射到不同的任务中，通过对任务进行调度进而实现各个特定的时刻执行特定的运行实体。所以，需要完成运行实体到操作系统任务的映射（RE To Task Mapping）。

这里需要映射的运行实体不仅包括应用层软件组件的，还包括基础软件模块的。最终，本书示例中运行实体到操作系统任务的映射关系设计如表 6.2 所示。其中，一共设计了 7 个任务来完成运行实体的调度。

表 6.2　运行实体到操作系统任务的映射

Os Task/Event Mapping		Component Instance Properties	
OsTask	OsPriority	Entities	ComponentInstance
OsTask_ASW_10ms	5		
		RE_EcuBase_SWC	CPT_EcuBaseSWC

续表

Os Task/Event Mapping		Component Instance Properties	
OsTask	OsPriority	Entities	ComponentInstance
		RE_LightRequest	CPT_LightRequestSWC
OsTask_ASW_20ms	2		
		RE_LightControl	CPT_LightControlSWC
		RE_JudgeLightState	CPT_LightControlSWC
OsTask_BSW_10ms	15		
		BSWSE_EcuM_MainFunction	EcuM
		MainFunction	BSWIMPL_BswM
		BSWSE_ComM_MainFunction_0	BSWIMPL_ComM
		BSWSE_Com_MainFunctionRx	BSWIMPL_Com
		BSWSE_Com_MainFunctionTx	BSWIMPL_Com
		BSWSE_MainFunction	BSWIMPL_CanSM
		BSWSE_MainFunction_BusOff	BSWIMPL_Can
OsTask_BSW_1ms	30		
		BSWSE_MainFunction_Read	BSWIMPL_Can
		BSWSE_MainFunction_Write	BSWIMPL_Can
		RE_SetEcuAlive1	CPT_EcuAliveIndicatorSWC
OsTask_BSW_2ms	25		
		RE_SetEcuAlive2	CPT_EcuAliveIndicatorSWC
OsTask_BSW_5ms	20		
		RE_SetEcuAlive3	CPT_EcuAliveIndicatorSWC
OsTask_Init	40		
		LightRequest_Init	CPT_LightRequestSWC
		LightControl_Init	CPT_LightControlSWC

根据表6.2，可以完成运行实体到操作系统任务的映射工作。双击LightECU_EcucValueCollection，切换至Entity to Task Mapping界面。右键点击可新建Os Task，如图6.72所示。

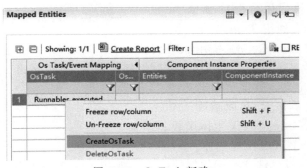

图6.72 OsTask新建

在创建了上述所有 Task 后，切换到 Os Task Priorities 界面可以看到所有的 Task，并可以为其配置相关属性，如图 6.73 所示。

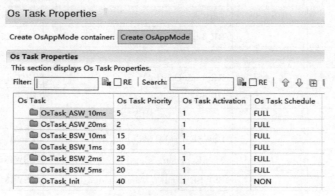

图 6.73　Os Task Priorities 界面

完成运行实体到操作系统任务的映射时，只需要在 Entity to Task Mapping 界面将右边 UnMapped Entities 中的运行实体拖到左边 Mapped Entities 中对应的 Task 即可，工具将自动完成映射，如图 6.74 所示。

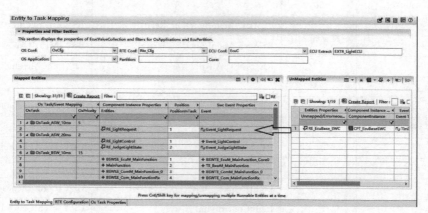

图 6.74　Entity to Task Mapping

6.8.3　RTE Generation 阶段生成

在完成了 RTE 配置后，就可以进行 RTE 生成阶段（Generation Phase）的生成，该阶段将主要生成如下文件，如图 6.75 所示。

① Rte_Type.h：通用 Type 定义。
② Rte_<SWC Name>.h：应用 API 声明。
③ Rte_<SWC Name>_Type.h：软件组件特定的 Type 定义。
④ Rte.c：API 定义、数据结构定义。
⑤ Rte_Lib.c：静态 RTE 库函数。
⑥ <Task Name>.c：Task 主体函数。
⑦ osNeeds.arxml：OS 配置描述。

由于 RTE 是应用层软件和基础软件的桥梁，所以一般 RTE Generation 阶段在 ECU 级开发末期生成，即此时已完成了基本所有的 SWC 与 BSW 模块的设计。

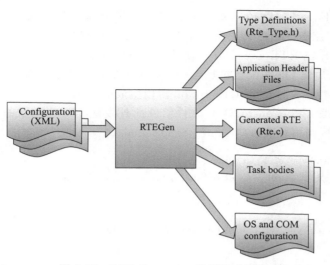

图 6.75　RTE Generation 阶段生成示意

点击 ISOLAR-A 主界面 "R" Generate RTE code in Generate phase，如图 6.76 所示，将弹出如图 6.77 所示界面。

图 6.76　RTE Generation 阶段生成（一）

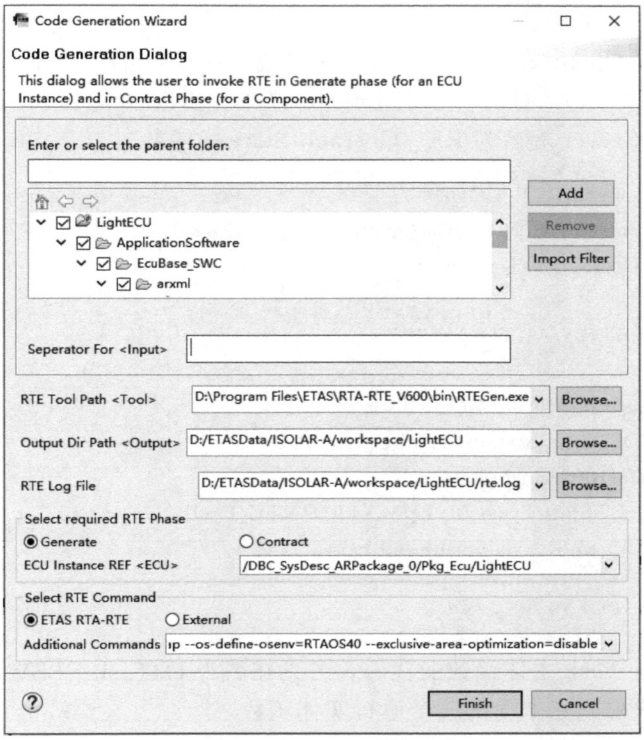

图 6.77　RTE Generation 阶段生成（二）

选择 RTA-RTE 工具的路径、文件生成路径，并选择一个 ECU Instance，加入 Additional Commands，点击 Finish 即可完成 RTE Generation 阶段生成。

由于 RTA-RTE 在 RTE Generation 阶段将生成部分操作系统 OS 的配置，它们可以导入 RTA-OS 工具，简化 OS 的配置过程，所以在 OS 配置生成前先完成 RTE Generation 阶段生成。下面展示本书示例 RTE Generation 阶段生成的一些代码。

首先，展示的是 LightControlSWC 软件组件向外发送车灯当前状态的 RTE 接口实现，可见在该函数中直接调用标准接口 Com_SendSignal()。

```
FUNC(Std_ReturnType,RTE_CODE)
Rte_ImplWrite_LightControlSWC_PPortSendLightState_DESendLightState(VAR(UInt8,AUTOMATIC)data)/* 1 */
{
    VAR(Std_ReturnType,AUTOMATIC)rtn=RTE_E_OK;

    /* SpecReq:Send signal begin */
    /* The signal is LightState */
    if(((VAR(StatusType,AUTOMATIC))E_OK)!=Com_SendSignal(((VAR(Com_SignalIdType,AUTOMATIC))1),&data))
    {
        rtn=((VAR(Std_ReturnType,AUTOMATIC))RTE_E_COM_STOPPED);
    }
    /* SpecReq:Send signal end */
    /* Send complete */
    return rtn;
}
```

其次，展现的是 Client/Server 模式的具体实现。由于本书示例采用了同步模式，所以当 Client 端调用接口 Rte_Call_LightControlSWC_RPortGetLightState_OPGetLightState 时，即调用了 Server 端名为 RE_GetLightState 的函数。

```
FUNC(Std_ReturnType,RTE_CODE)
Rte_Call_LightControlSWC_RPortGetLightState_OPGetLightState(CONSTP2VAR(UInt8,AUTOMATIC,RTE_APPL_DATA)DEGetLightState)/* 1 */
{
    VAR(Std_ReturnType,AUTOMATIC)rtn;

    /* SpecReq:Activate RE via Queue begin */
    /* Parameter DEGetLightState has direction OUT */
    RE_GetLightState(DEGetLightState);
    rtn=((VAR(Std_ReturnType,AUTOMATIC))RTE_E_OK);
    /* SpecReq:Activate RE via Queue end */
    return rtn;
}
```

最后，展示一下 Task 主体函数的代码，可见在名为 OsTask_BSW_1ms 的 Task 主体函数中调用了先前映射到它上面的三个运行实体函数。

```
TASK(OsTask_BSW_1ms)
{
  /* Box:Implicit Buffer Initialization begin */
  /* Box:Implicit Buffer Initialization end */
  /* Box:Implicit Buffer Fill begin */
  /* Box:Implicit Buffer Fill end */
  {
    /* Box:BSWImpl6_BSWIMPL_Can begin */
    Can_MainFunction_Read();
    /* Box:BSWImpl6_BSWIMPL_Can end */
  }
  {
    /* Box:BSWImpl6_BSWIMPL_Can begin */
    Can_MainFunction_Write();
    /* Box:BSWImpl6_BSWIMPL_Can end */
  }
  {
    /* Box:CPT_EcuAliveIndicatorSWC begin */
    SetEcuAlive1();
    /* Box:CPT_EcuAliveIndicatorSWC end */
  }
  /* Box:Implicit Buffer Flush begin */
  /* Box:Implicit Buffer Flush end */
  TerminateTask();
} /* OsTask_BSW_1ms */
```

6.9 AUTOSAR 操作系统概念与配置方法介绍

6.9.1 AUTOSAR 操作系统概念

AUTOSAR 操作系统（Operating System，OS）属于系统服务层，它是一种多任务的实时操作系统（Real Time Operating System，RTOS），并且是静态操作系统，即不可以在运行时动态创建任务。实时操作系统对系统的实时性要求较高，需要保证在特定的时间内处理完相应的事件或数据。AUTOSAR 操作系统源于 OSEK/VDX 操作系统，不仅继承了 OSEK 操作系统高效、可靠的优点，而且还对其进行了功能拓展。下面对 AUTOSAR 操作系统的相关概念进行介绍。

(1) 操作系统的任务（Task）及其状态

操作系统的任务（Task）主要可分为用户任务和系统任务。用户任务需要根据不同应用场景进行自定义。用户任务的划分及其优先级的选取是操作系统配置的重点，这在很大程度上影响着程序的执行效率和结果。而系统任务一般有空闲任务（Idle Task），它的优先级最低，并且它的执行时间是衡量 CPU 负载率的重要参数。所以，操作系统的任务设计一般指的是用户任务的设计，AUTOSAR OS 定义了两种用户任务：

① 基本任务（Basic Task）；

② 扩展任务（Extended Task）。

其中，基本任务状态包括运行状态（Running）、就绪状态（Ready）和挂起状态（Suspended），任务切换只发生在这 3 种状态之间；而扩展任务除了具有基本任务的 3 种状态外，还有等待状态（Wating），如图 6.78 所示。

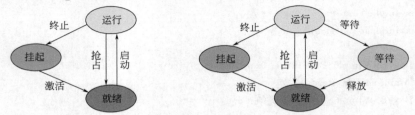

图 6.78　基本任务（左）与扩展任务（右）状态模型

对于上面提及的任务状态，它们分别有如下特征。

① 运行状态（Running）：处于运行状态时，处理器资源被分配给该任务，该任务的指令被执行。在同一个处理器上任何时候只有一个任务能处于运行状态，而处于其他状态的任务则可以有多个。

② 就绪状态（Ready）：处于就绪状态是任务转换到运行状态的前提，此时任务等待处理器的资源分配，由调度器来决定哪个就绪任务将被执行。

③ 挂起状态（Suspended）：处于挂起状态时，任务是被动的，可以被激活。

④ 等待状态（Wating）：任务因等待一个或多个事件而无法继续执行。

基本任务只有在以下情况才会释放处理器资源。

① 情况 1：该任务运行结束时。

② 情况 2：操作系统切换到更高优先级的任务时。

③ 情况 3：发生了一个中断，处理器切换到该中断对应的中断服务程序时。

基本任务的代码如下。

```
#include"OS.h"
TASK(BasicTask)
{
    ...
    /* User code */
    ...
    TerminateTask();
}
```

扩展任务在运行状态通过调用 WaitEvent（）函数切换为等待状态，直到所等待的事件发生。扩展任务在等待状态下会释放处理器资源，操作系统会执行处于就绪状态且任务优先级最高的任务，而不需要终止该扩展任务。所以，扩展任务比基本任务要更复杂，需要占用更多的系统资源。扩展任务的代码如下。

```
#include"OS.h"
TASK(ExtendedTask)
{
    for(;;)
    {
```

```
    WaitEvent(Event1);
    /* perform actions */
    ClearEvent(Event1);
  }
}
```

(2) 任务的调度策略 (Scheduling Policy)

AUTOSAR OS 的任务调度是基于优先级 (Priority) 的, 每个任务都要根据其特性预先定义一个优先级, 并且需要配置其可抢占属性, 可抢占属性分为非抢占与全抢占, 这里的抢占指的是内核可抢占。根据操作系统中各任务的可抢占性配置情况, AUTOSAR OS 可提供以下三种调度策略 (Scheduling Policy)。

① 非抢占式 (Non-preemptive): 操作系统中所有任务都被定义成不可抢占的。
② 完全抢占式 (Preemptive): 操作系统中所有任务都被定义成可抢占的。
③ 混合抢占式: 操作系统中有的任务被定义成可抢占的, 而有的任务则被定义成不可抢占的。

若采用全抢占式任务调度策略, 运行的任务在任何时刻都有可能由于更高优先级的任务就绪而被迫释放处理器, 此时具有最高优先级的就绪任务将被调度运行, 而当前低优先级的任务就将从运行状态切换到就绪状态, 并将当前运行环境保存下来, 待下次继续运行时恢复。全抢占式任务调度策略示意如图 6.79 所示, 其中 Task A 优先级高于 Task B, 当激活 Task A 后进入就绪状态, Task B 则被迫释放处理器, 调度程序开始调度 Task A 从就绪状态切换到运行状态, 直至 Task A 完成后, 再调度 Task B 继续运行。

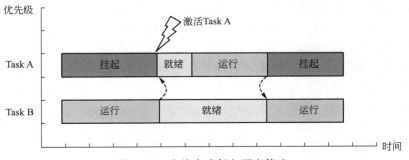

图 6.79　全抢占式任务调度策略

若采用非抢占式任务调度策略, 任务在执行期间不会被高优先级的任务抢占, 任务的切换只发生在当前任务完成时, 它的最大的缺点是任务响应时间不确定, 导致系统实时性较差。非抢占式任务调度策略如图 6.80 所示, 可见虽然具有高优先级的任务 Task A 被激活而切换到就绪状态, 但还是得等到低优先级的任务 Task B 运行结束才被调度。

若采用混合抢占式任务调度策略, 则操作系统的调度策略取决于当前任务的可抢占属性。如果当前任务为非抢占类型任务, 则操作系统采用非抢占式任务调度策略; 反之, 如果当前任务为全抢占类型任务, 则操作系统采用全抢占式任务调度策略。

(3) 计数器 (Counter) 与报警器 (Alarm)

AUTOSAR OS 提供了处理重复事件的服务。它是基于计数器 (Counter) 与报警器 (Alarm) 来实现的。反复出现的事件由特定的计数器来记录。在计数器的基础上, AUTOSAR OS 向应用软件提供了报警机制。多个报警器可以连接到同一个计数器。当到达报警器

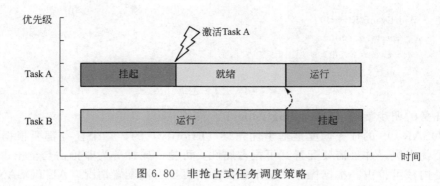

图 6.80 非抢占式任务调度策略

相对应的计数器设定值时,可激活一个任务、设置一个事件或调用一个回调函数。这里的计数器设定值可以定义为实际计数器值的绝对值(绝对报警器)或者是相对值(相对报警器)。

(4) 调度表 (Schedule Table)

使用一个计数器和一个基于该计数器的报警器队列可以实现静态定义的任务激活机制,当计数器的计数值依次到达报警设定值时,各报警器被触发。但这样很难保证各报警器之间具有特定的时间间隔;并且由于每个报警器只能激活一个任务或者设置一个事件,所以需要定义多个报警器来实现在同一时刻激活多个任务或者设置多个事件。为解决上述问题,AUTOSAR OS 引入了调度表 (Schedule Table) 的概念。

调度表中可以定义一系列终结点 (Expiry Point)。每个调度表都有一个以 Tick 为单位的持续时间 (Duration)。其中,每个终结点都有一个以 Tick 为单位的距离调度表起始点的偏移量 (Offset)。在每个终结点可以进行一个乃至多个激活任务或者设置事件的操作。

与报警器类似,一个调度表由一个计数器驱动。调度表有以下两种运行模式。

① 单次执行 (Single shot):调度表启动后只运行一次,并在调度表的终点自动停止。此时,每个终结点只处理一次。

② 重复执行 (Repeating):调度表启动后可重复运行,即当到达调度表终点时,又再次回到起点重复运行。此时,每个终结点将以调度表的持续时间为周期,周期性地被处理。

(5) 中断 (Interrupt) 处理

在 AUTOSAR 中定义了两类中断服务程序 (Interrupt Service Routine,ISR)。

① 一类中断 (Category 1 Interrupt):此类中断服务程序不能使用操作系统的服务,中断服务程序结束后,处理程序将从产生中断的地方继续执行。由于该类中断不影响任务的管理,所以占用的系统资源较少。

② 二类中断 (Category 2 Interrupt):此类中断服务程序可以使用一部分操作系统提供的服务,如激活任务、设置事件等。

在 AUTOSAR OS 中,任务的优先级低于中断的优先级,即最低优先级的中断可以打断最高优先级的任务。所以,中断服务程序的执行时间不宜太长,以免耽误重要任务的执行,从而降低整个操作系统的实时性。

(6) 资源管理

资源管理被用来协调有着不同优先级的多个任务对共享资源(如内存或硬件等)的并发访问 (Concurrent Access)。

AUTOSAR 操作系统采用优先级上限协议 (Priority Ceiling Protocol) 来避免优先级倒置 (Priority Inversion) 和死锁 (Deadlock) 问题的发生。在系统初始化阶段,每个资源拥有的上限优先级是静态分配的,资源的上限优先级必须高于所有要访问该资源的任务和中断的最高优先级，但是低于不访问该资源的任务的最低优先级。

如果一个任务需要访问一个资源，并且该任务的优先级比该资源的优先级上限低，则将该任务的优先级提升到所要访问的资源的上限优先级；当该任务释放资源后，其优先级再回到要求访问该资源前的优先级。

（7）自旋锁（Spin Lock）

自旋锁（Spin Lock）是一种为保护共享资源而提出的锁机制，一般用于多核处理器解决资源互斥问题。当内核控制路径必须访问共享数据结构或进入临界区时，如果自旋锁已经被别的执行单元保持，调用者就一直循环在那里看是否该自旋锁的保持者已经释放了该锁，从而起到对某项资源的互斥使用。

（8）一致类（Conformance Class）

AUTOSAR OS 支持 4 种一致类（Conformance Class），可使得开发者根据实际应用需求灵活地配置操作系统的调度程序。一致类的划分是根据每个优先级可能具有的任务个数、需要的是基本任务还是扩展任务等来决定的。按照大类可分为基础一致类（Basic Conformance Class，BCC）和扩展一致类（Extended Conformance Class，ECC），每个大类又可分为两个小类，具体如下。

① BCC1：每个优先级只有一个任务，基本任务的激活数只能为一次，仅支持基本任务。

② BCC2：每个优先级可有多个任务，基本任务的激活数可为多次，仅支持基本任务。

③ ECC1：每个优先级只有一个任务，基本任务的激活数只能为一次，支持基本任务和扩展任务。

④ ECC2：每个优先级可有多个任务，基本任务的激活数可为多次，支持基本任务和扩展任务。

（9）可扩展性等级（Scalability Class）

为了迎合不同用户对操作系统功能的不同需求，AUTOSAR OS 可以根据其可扩展性等级（Scalability Class，SC）分为以下四类。

① SC1：在 OSEK OS 基础上加入调度表（Schedule Table）。

② SC2：在 SC1 基础上加入时间保护（Timing Protection）。

③ SC3：在 SC1 基础上加入存储保护（Memory Protection）。

④ SC4：在 SC1 基础上加入时间保护和存储保护。

6.9.2 RTA-OS 工程创建

在进行操作系统 OS 配置之前需要新建一个 RTA-OS 工程，点击 RTA-OS 主菜单 File→New Project，如图 6.81 所示。之后，将会弹出如图 6.82 所示界面。

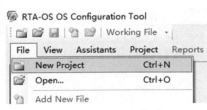

图 6.81 RTA-OS 工程新建（一）

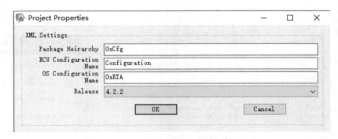

图 6.82 RTA-OS 工程新建（二）

由于配置过程本质是对配置描述文件的修改过程，所以在新建工程阶段需要完成 XML Settings，即对其中一些元素进行命名，依次为 AR Package Name、ECU Configuration Name、OS Configuration Name、Release。输入相应名字，点击 OK 即可完成工程新建。

此时，在 RTA-OS 主界面的 OS Configuration 界面中将会显示新工程的所有配置项，如图 6.83 所示。其中，大部分配置项的概念在前面 AUTOSAR OS 基本概念介绍过程中已经涉及。

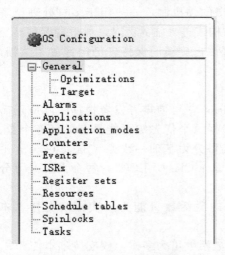

图 6.83 RTA-OS 工程新建结果

下面先对本书示例中所使用的 OS 进行一些整体性的配置，即完成 General 中的配置，部分配置如图 6.84 所示。本书示例使用 SC1 等级的 OS，并使能 Startup、Shutdown 与 Error 钩子（Hook）函数，便于 OS 的调试。

其次，需要选择 OS 所运行的目标芯片，本书示例所用硬件平台为 MPC5744P 芯片，如图 6.85 所示。

6.9.3 AUTOSAR 操作系统配置方法

由于 AUTOSAR 中提出了运行时环境（RTE）的概念，先前也已经完成了运行实体 RE 向操作系统任务 Task 的映射，并完成了 RTE Generation 阶段的生成。其中，RTE 生成的 osNeeds.arxml 描述文件与先前在 RTE 配置阶段创建的 OsCfg.arxml 描述文件中包含了与操作系统相关的配置信息，将这两个描述文件直接导入刚才创建的 RTA-OS 工程即可完成 OS 中与用户任务相关的大部分配置。下面介绍基于 RTE 的 OS 配置方法。

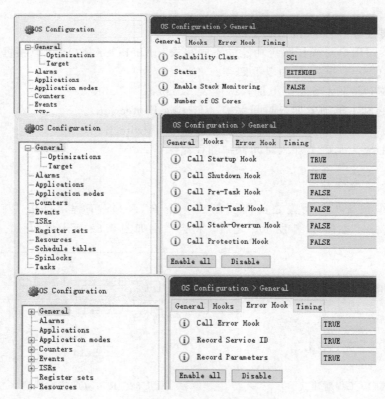

图 6.84 OS General 配置

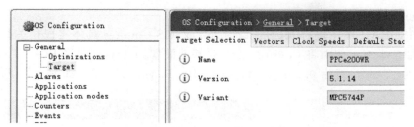

图 6.85　OS General→Target 配置

(1) 描述文件导入

切换到 Project Files 菜单，右键点击 OS 工程文件 LightECU.rtaos→Add Existing File，如图 6.86 所示。选择添加先前所述的 OsNeeds.arxml 与 OsCfg.arxml 文件即可。

描述文件导入成功后，如图 6.87 所示，其中粗体的文件为当前正在被修改的描述文件，本书示例工程基于 RTA-OS 工程新建时产生的描述文件进行修改。

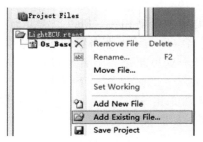　　　　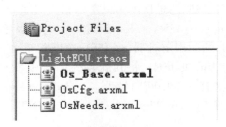

图 6.86　OS 配置文件导入（一）　　　图 6.87　OS 配置文件导入（二）

此时，再切换到 OS Configuration 界面，将看到大部分与用户任务相关的配置信息已导入进来，如图 6.88 所示。

图 6.88　OS 配置信息导入结果

(2) Counter 配置

由于在 ISOLAR-A 中进行 RTE 配置时未定义 OS Counter 具体实现相关的属性，所以需要进行添加。本书示例中将 Counter 的计数基准配置为 1ms，即将 Rte_TickCounter 中的 Seconds Per Tick 设置为 0.001，并将 Ticks Per Base 设置为 1，如图 6.89 所示。

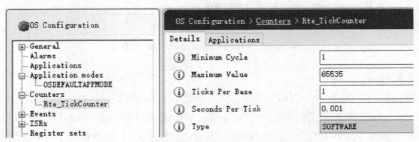

图 6.89　OS Counter 配置

(3) ISR 配置

由于 ISR 是与具体实现密切相关的部分，而且还与微控制器相关，所以也需要另行配置。可以右键点击 ISRs→New 新建一个中断服务函数，其名字即为中断服务函数名。这里以产生 OS Tick 的通用定时器（GPT）中断配置为例进行说明。这里新建一个名为 Gpt_STM_0_Ch_0_ISR 的 ISR，将其配置为二类中断（CATEGORY_2），定义一个优先级（Priority），并需要选择一个中断向量号（Address/Vector），本书例程采用 STM_0_CH_0 来实现 GPT，所以选择 System Timer 0 Channel 0 (INTC_36) 即可，如图 6.90 所示。

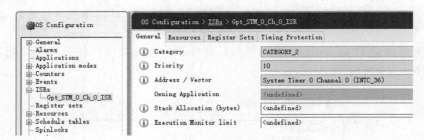

图 6.90　ISR 配置

除了产生 OS Tick 的 GPT 中断，根据微控制器抽象层中一些模块及硬件通道的选择还需要完成一些 ISR 的配置。在本书示例中，对于 A 型车灯而言，还需要配置模数转换（ADC）模块的 ADC_EOC 中断，其中断函数名为 Adc_Adcdig_EndGroupConvUnit0；对于 B 型车灯则还需要配置输入捕获（ICU）相关的中断，其中断函数名为 ETIMER_2_CH_4_ISR，它们的配置方法与上述 GPT 中断配置方法一致。

(4) Schedule Table 配置

本书示例是利用一个 Schedule Table 来实现各 Task 调度的，自动生成的配置如图 6.91 所示。该 Schedule Table 的驱动计数器为 Rte_TickCounter，定义成了重复模式，且其持续时间为 20ms。Schedule Table 中一共定义了 20 个终结点，在每个终结点定义了若干操作。

(5) Task 配置

在导入的 Task 配置信息的基础上，还需要新建一个初始化任务，它具有最高的优先级，并且只运行一次，在 OS 启动之后首先被调用，完成一些初始化的工作，如调用 EcuM_StartupTwo() 函数完成一些 BSW 模块的初始化。

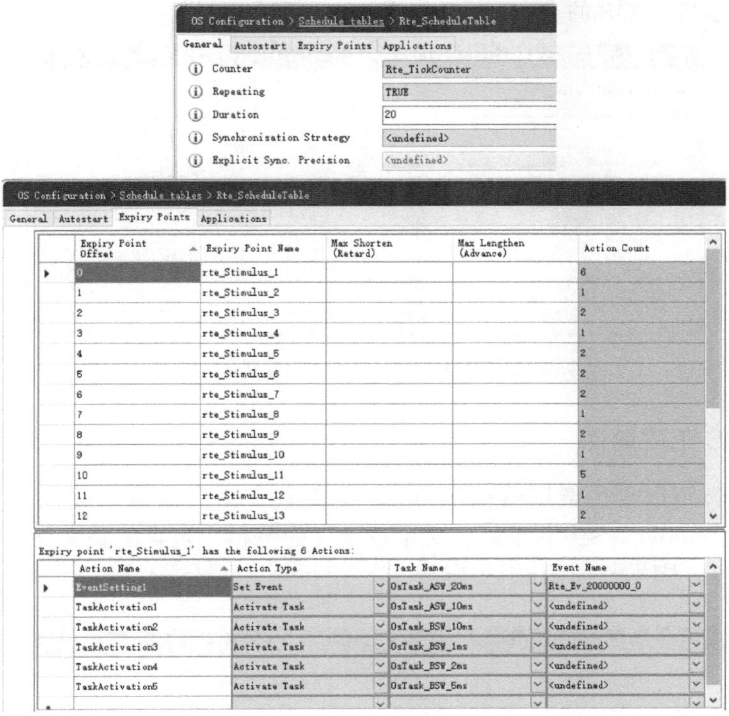

图 6.91 Schedule Table 配置

右键点击 Tasks→New 新建一个 Task，将其命名为 ECU_StartupTask。在 General 配置菜单中可配置该 Task 的基本属性。这里将该 Task 配置为所有 Task 中的最高优先级，由于数值越大，优先级越高，这里 Priority 选为 50；将激活方式（Activation）配置为 1，表示该任务在任何时候只允许激活一次；可抢占属性（Task Preemptability）配置为 NON，即该 Task 配置为非抢占式。其次，需要切换到 Resource 界面，添加所有与 BSW 模块相关的资源；最后，切换到 Application Modes 界面，添加一个 Application Mode OSDEFAULTAPPMODE，即将 ECU_StartupTask 配置为在 OSDEFAULTAPPMODE 模式下自启动的 Task，即在 OS 启动后自动启动该 Task。ECU_StartupTask 配置如图 6.92 所示。

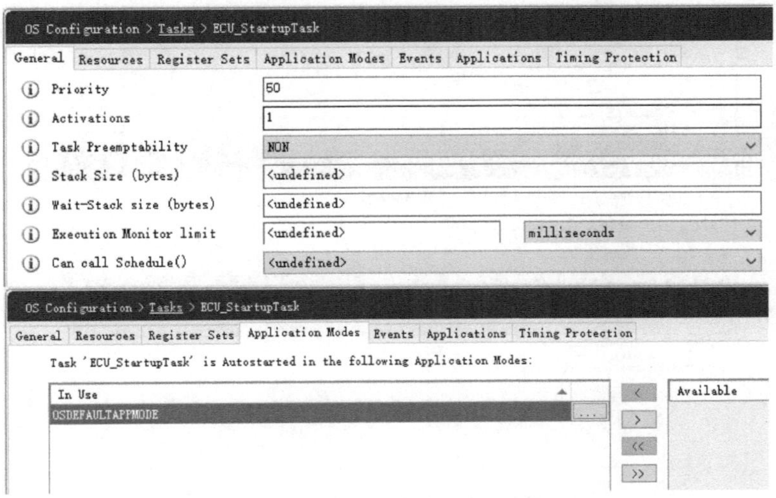

图 6.92 ECU_StartupTask 配置

最终，本书示例中 OS 的 Task 配置如图 6.93 所示。

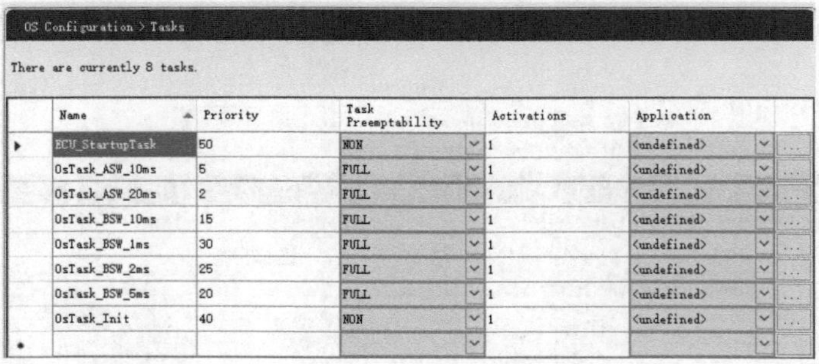

图 6.93 OS Task 配置

6.9.4 RTA-OS 工程编译

RTA-OS 工具可以直接调用编译器对 OS 相关代码进行编译。在完成了 OS 所有配置后，可以切换到 Builder→Setup 界面，对生成文件的路径、包含的头文件等进行设置后，工具会自动生成 Build 脚本，如图 6.94 所示。

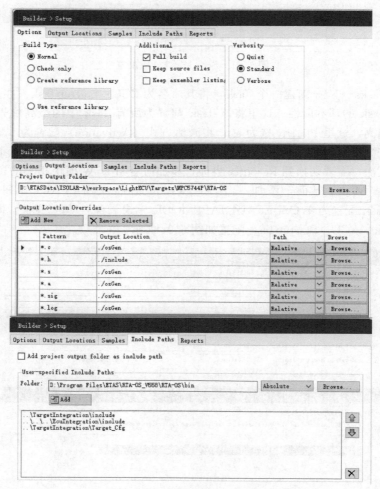

图 6.94 Builder→Setup 配置

配置完成后，切换到 Builder→Build 界面，点击 Build Now 按钮即可开始 OS 工程的编译，如图 6.95 所示。过程中 RTA-OS 将调用编译器完成 OS 相关代码的编译。

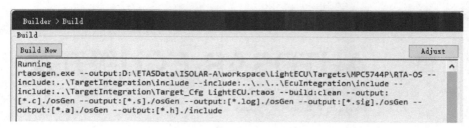

图 6.95　RTA-OS 工程的编译

6.10　本章小结

本章在介绍 ETAS 针对 AUTOSAR 运行时环境和基础软件层开发工具 RTA-RTE、RTA-BSW 和 RTA-OS 的基础上，对 ECU 级开发中除微控制器抽象层 MCAL 以外部分进行了较为全面的讲解。在讲解过程中，从各模块概念着手，结合工具配置方法和一些生成的代码进行剖析。通过本章的学习，可以对 BSW（除 MCAL 外）各常用模块和 RTE 的作用、配置方法有一个较为全面的认识。

第7章 AUTOSAR ECU级开发之MCAL

微控制器抽象层（Microcontroller Abstraction Layer，MCAL）位于 AUTOSAR 软件架构的最底层，与微控制器的内部单元及其外设相关，接收上层指令，完成对硬件的直接操作；并获取硬件相关状态，反馈给上层，对上层屏蔽了硬件相关特征，只提供对应的操作接口。

在 AUTOSAR 方法论中，AUTOSAR 微控制器抽象层配置与实现属于 ECU 级开发范畴，由于 MCAL 模块较多，并且需要使用 MCAL 配置工具完成配置，所以这里单独成章专门介绍 AUTOSAR 微控制器抽象层配置与实现方法。

本书示例中需要使用到 MCAL 中微控制器驱动中的 MCU 驱动（Microcontroller Unit Driver）、GPT 驱动（General Purpose Timer Driver）；I/O 驱动中的 PORT 驱动、DIO 驱动（Digital Input/Output Driver）、ADC 驱动（Analog-to-Digital Converter Driver）、PWM 驱动（Pulse Width Modulation Driver）以及 ICU 驱动（Input Capture Unit Driver）；通信驱动中的 CAN 驱动（CAN Driver）。

7.1 MCAL 配置工具入门

恩智浦（NXP）公司与 Elektrobit（EB）公司合作开发了针对 MPC5744P 芯片微控制器抽象层（MCAL）的配置工具及代码。其中，配置工具是基于 EB tresos Studio 平台的，MCAL 代码则由 NXP 提供。

7.1.1 MCAL 配置工具安装方法

（1）EB tresos Studio 工具安装方法

双击 EB tresos Studio 工具安装包里面的 setup.exe 即可弹出如图 7.1 所示的界面。其中，左边菜单栏可以选择需要安装的项目，右侧则可以选择安装路径，确认上述信息后，点击 Install 即可安装 EB tresos Studio 工具。

（2）MPC5744P MCAL 代码包安装方法

双击 MPC5744P MCAL 代码包中的 MPC574XP_MCAL4_0_RTM_2_0_1.exe 文件，按照默认操作安装即可。见图 7.2。

MPC5744P MCAL 代码包安装成功之后，需要将其中 plugins 文件夹下面的各模块相关文件夹复制到 EB tresos Studio 工具安装路径下的 plugins 同名文件夹内，如图 7.3 所示。这样就完成了 MCAL 配置环境的搭建。

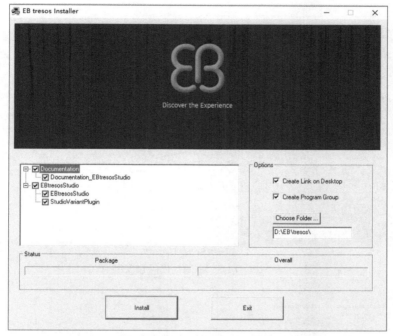

图 7.1　EB tresos Studio 安装

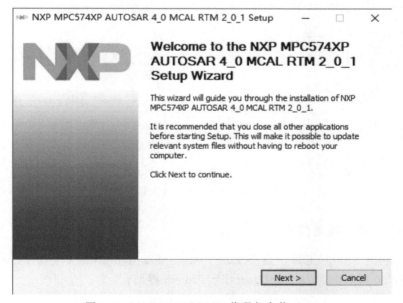

图 7.2　MPC5744P MCAL 代码包安装（一）

7.1.2　MCAL 配置工具界面说明

　　EB tresos Studio 工具界面如图 7.4 所示，由于它也是基于 Eclipse 平台开发的，所以整体界面风格与 ISOLAR-A 类似。左侧 Project Explorer 可进行 MCAL 工程浏览；选择特定模块后，可在中间配置界面进行相关配置；点击每个配置项，可在右下角 Description 窗口中查看配置项说明及配置方法提示。

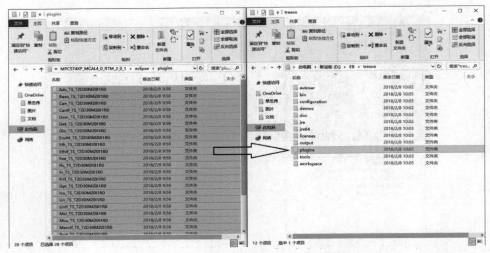

图 7.3　MPC5744P MCAL 代码包安装（二）

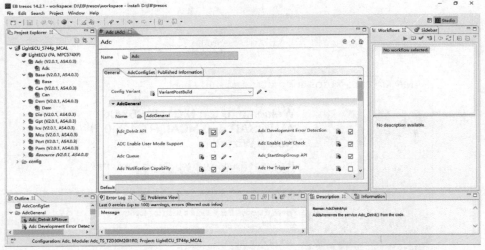

图 7.4　EB tresos Studio 工具界面

7.1.3　MCAL 配置工程创建方法

打开 EB tresos Studio 工具，点击 File→New→Configuration Project，如图 7.5 所示。将会弹出如图 7.6 所示的 New Configuration Project 界面。

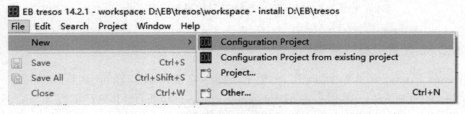

图 7.5　新建 MCAL 配置工程（一）

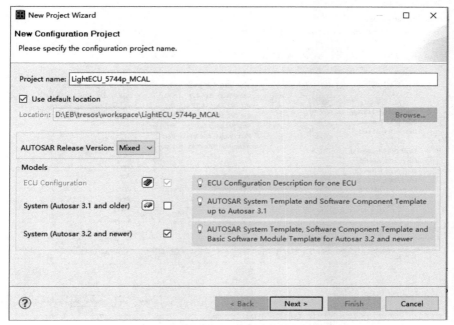

图 7.6 新建 MCAL 配置工程（二）

在 New Configuration Project 界面中，输入 Project Name、选择工程路径、勾选 AUTOSAR 版本之后，点击 Next，将会进入如图 7.7 所示的 Configuration Project Data 界面。

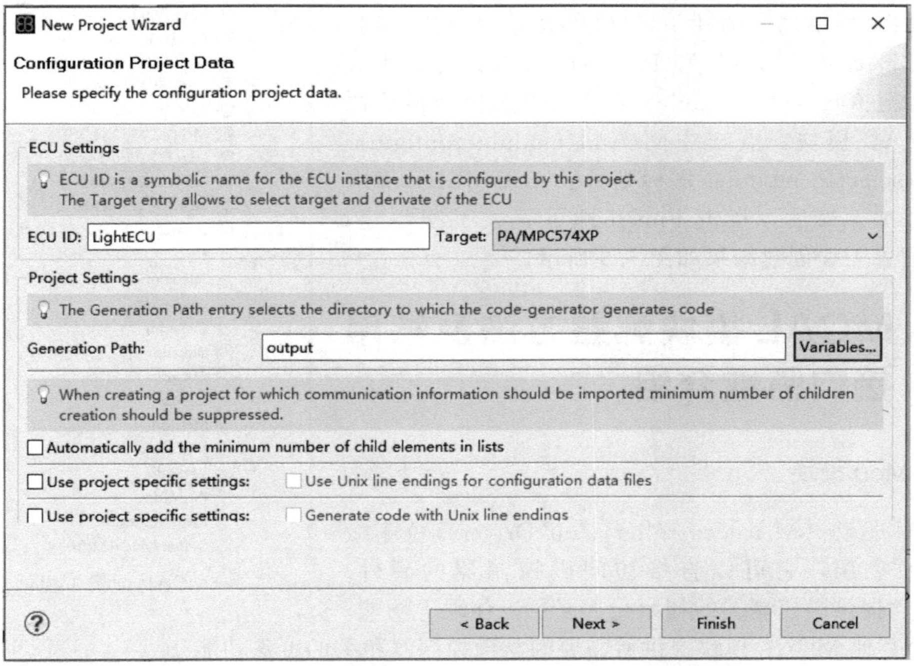

图 7.7 新建 MCAL 配置工程（三）

在 Configuration Project Data 界面中，输入 ECU ID，并选择 Target，即微控制器型号之后，点击 Next 将进入 Module Configurations 界面，如图 7.8 所示。

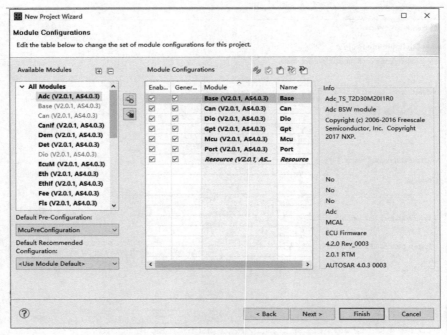

图 7.8　新建 MCAL 配置工程（四）

在 Module Configurations 界面左侧 Available Modules 菜单栏中可以看到一些非 MCAL 的模块，如 CanIf、EcuM 等，这里都不作使用，因为除 MCAL 外的其余 BSW 模块基于前述 AUTOSAR 系统解决方案，是通过 ETAS RTA-BSW 和 RTA-DS 来进行配置生成的。在左侧 Available Modules 菜单栏中选择所需要添加的 MCAL 模块，点击中间 Add module configurations for selected modules 图标则可以完成 MCAL 需求模块的添加。最后，点击 Finish 即可完成工程创建，MCAL 配置工程创建结果如图 7.9 所示。

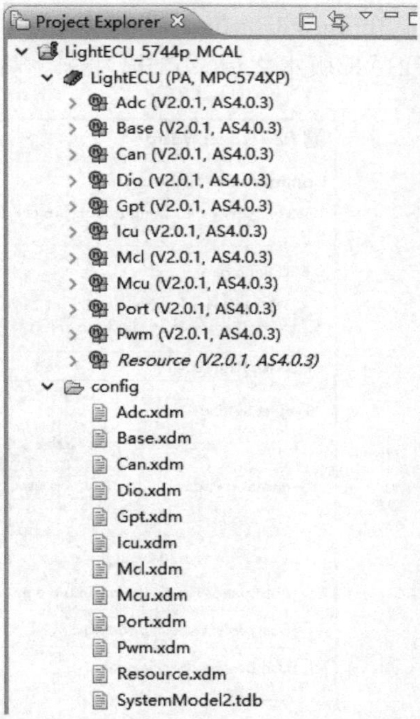

7.2　MCAL 模块配置方法及常用接口函数介绍

7.2.1　Mcu 模块

MCU 驱动（Microcontroller Unit Driver）位于微控制器抽象层，它可以直接访问微控制器的硬件。MCU 驱动提供微控制器的初始化、复位、休眠等功能，还可以为其他 MCAL 模块提供所需要的与微控制器相关的特殊功能。

图 7.9　MCAL 配置工程创建结果

MCU 驱动可以使能 MCU 时钟，并设置 MCU 时钟相关的参数，例如：CPU 时钟、锁相环（Phase Locked Loop，PLL）、外设时钟、预分频器等的参数。若系统需要进入低功耗模式，MCU 驱动还需完成微控制器在各种状态之间转换所需的工作。

(1) McuGeneral 配置

McuGeneral 配置主要是对 Mcu 模块整体功能的配置，如图 7.10 所示。其中，主要配置项如下。

① Mcu Development Error Detect：Mcu 模块开发错误检测使能。
② Mcu Get Ram State API：获取 RAM 状态 API 使能。
③ Mcu Init Clock API：初始化时钟 API 使能。
④ Mcu No PLL：锁相环禁用。
⑤ Mcu Enter Low-Power Mode：进入低功耗模式使能。
⑥ Mcu Perform Reset API：执行复位 API 使能等。

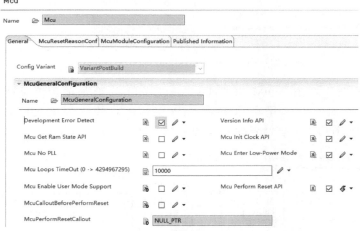

图 7.10　McuGeneral 配置

(2) McuResetReasonConf 配置

在 ECU 中，有很多不同的原因可以造成 MCU 复位，如果硬件允许，Mcu 模块可以获取复位的原因。McuResetReasonConf 配置可以添加不同的 Mcu 复位原因，点击"＋"Add new element with default values 添加即可，如图 7.11 所示。

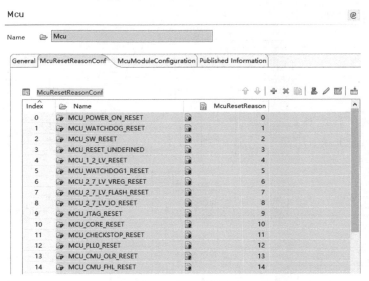

图 7.11　McuResetReasonConf 配置

(3) McuModuleConfiguration 配置

McuModuleConfiguration 配置较为复杂，这里择其重点进行讲解。

McuModuleConfiguration→General 配置（图 7.12）中 External Crystal Frequency 为外部晶振频率，本书使用的硬件平台为 MPC5744P 开发板，外部晶振频率为 40MHz。

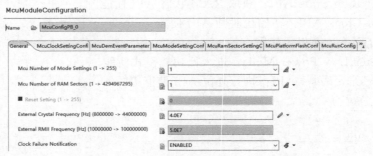

图 7.12　McuModuleConfiguration→General 配置

McuModuleConfiguration→McuClockSettingConfig 主要是单片机时钟的配置，是 Mcu 模块配置的重点与难点，这里可以参考 MPC5744P 芯片手册的 Clock generation 图片（图 7.13），通过该图片可以理清各时钟间的关系，从而有助于 Mcu 模块的相关配置。

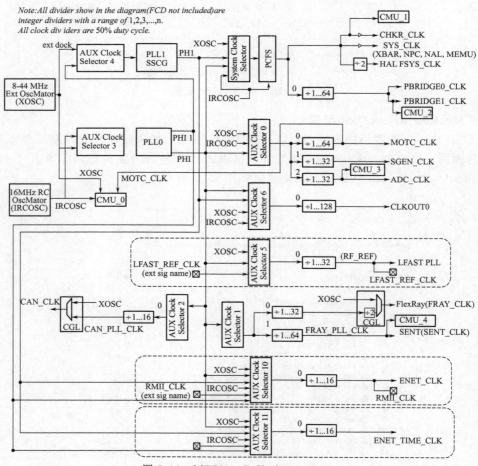

图 7.13　MPC5744P Clock generation

点击"＋"Add new element with default values 可添加 McuClockSettingConfig 配置，如图 7.14 所示。双击 McuClockSettingConfig 的 Index 可进入如图 7.15 所示的配置界面。

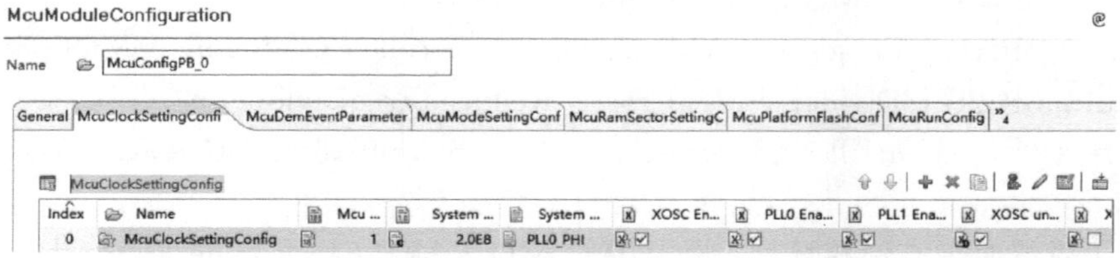

图 7.14 McuModuleConfiguration→McuClockSettingConfig 配置

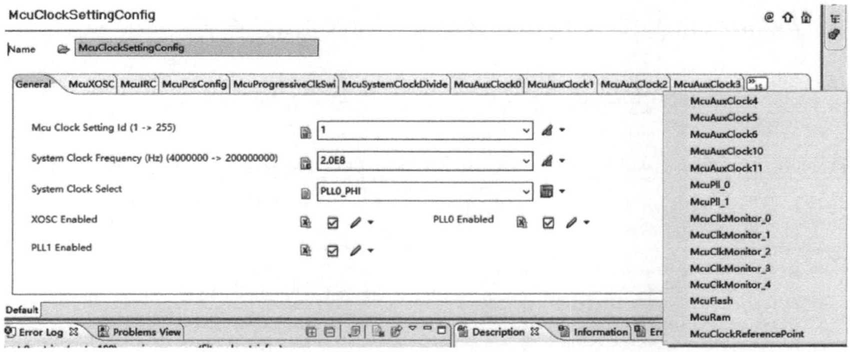

图 7.15 McuModuleConfiguration→McuClockSettingConfig→General 配置

McuClockSettingConfig 模块主要是对 MPC5744P Clock generation 图中的各模块进行配置。

在 McuClockSettingConfig→General 配置界面主要需要进行如下配置。

① System Clock Frequency：系统时钟频率，这里配置成 200MHz。

② System Clock Select：系统时钟源选择，可以选择内部晶振（IRC）、外部晶振（XOSC）、锁相环 0（PLL0_PHI）、锁相环 1（PLL1_PHI），这里选择 PLL0_PHI。

由于本书示例使用 PLL0_PHI，所以可以切换到 McuPll_0 进行锁相环 0 的相关配置，如图 7.16 所示。

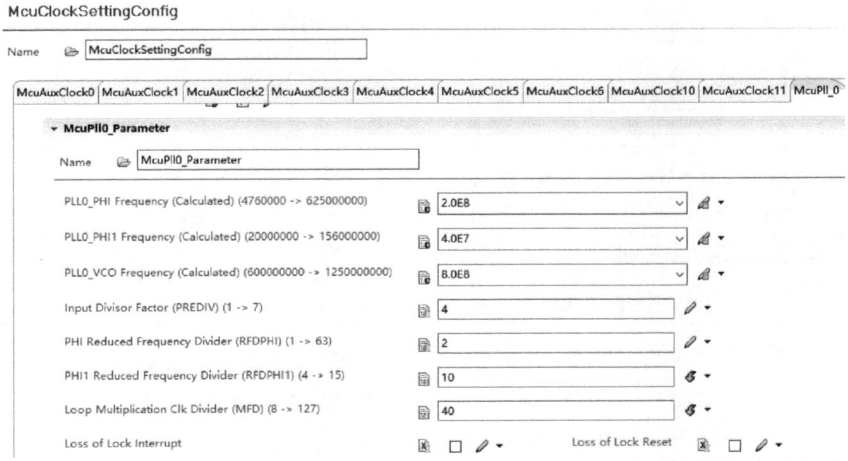

图 7.16 McuModuleConfiguration→McuClockSettingConfig→McuPll_0 配置

其中，一些参数需要通过如下计算公式计算。

① PLL_0_PHI_Frequency=(McuAuxClk3_Frequency * McuLoopMultiplicationClkDivider)/(McuInputClkPreDivider * McuPHI_ReducedFreqDivider)。

② PLL_0_PHI1_Frequency=(McuAuxClk3_Frequency * McuLoopMultiplicationClkDivider)/(McuInputClkPreDivider * McuPHI1_ReducedFreqDivider)。

③ Fvco=(2 * McuAuxClk3_Frequency * McuLoopMultiplicationClkDivider)/McuInputClkPreDivider。

在配置了系统时钟与锁相环后，就需要对 MPC5744P Clock generation 图中右侧通过分频后的输出时钟进行配置，如 ADC_CLK、PBRIDGE0_CLK 等。可以先定义 McuClockReferencePoint，即对项目中使用到的时钟进行全局的配置，从而可将外设时钟通过 McuClockReferencePoint 与其他 BSW 模块联系起来，如图 7.17 所示。

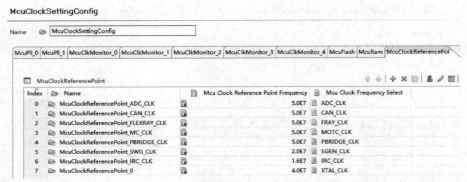

图 7.17 McuModuleConfiguration→McuClockSettingConfig→McuClockReferencePoint 配置

之后，就需要对上述各时钟涉及的 AUX Clock Selector 进行配置。下面以 AUX Clock Selector0 为例，其时钟源为锁相环 0（PLL0_PHI），通过它可分频给 MOTC_CLK、SGEN_CLK 和 ADC_CLK。如图 7.18 所示，McuAuxiliaryClock0Divider0 为分频器 0，是给 MOTC_CLK 用的。

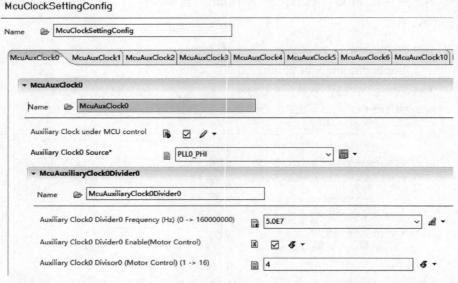

图 7.18 McuModuleConfiguration→McuClockSettingConfig→McuAuxClock0 配置

其中，主要配置项说明如下。

① Auxiliary Clock0 Divider0 Frequency：分频后的频率，此处 MOTC_CLK 需要 50MHz，与 McuClockReferencePoint_MC_CLK 对应。

② Auxiliary Clock0 Divider0 Enable：分频使能。

③ Auxiliary Clock0 Divisor0：分频系数，此处由 PLL0_PHI 的 200MHz 分频到 50MHz，所以分频系数为 200MHz/50MHz=4。

(4) Mcu 模块初始化相关函数介绍

当 Mcu 模块配置完成后，在实际使用中，需要对 Mcu 模块进行初始化。由于 Mcu 模块是系统正常工作的基础，所以它的初始化较为靠前。并且，其初始化过程需要按照如下流程进行初始化相关函数的调用：

Mcu_Init；

Mcu_InitClock；

Mcu_GetPllStatus（若使用 PLL，直到 PLL 锁相环配置成功）；

Mcu_DistributePllClock（若使用 PLL）；

Mcu_InitRamSection（按照具体需求，可不调用）。

上述函数的具体定义如下。

① 函数 Mcu_Init：

void Mcu_Init（const Mcu_ConfigType *ConfigPtr）；

参数：const Mcu_ConfigType *。

返回值：void。

② 函数 Mcu_InitClock：

Std_ReturnType Mcu_InitClock（Mcu_ClockType ClockSetting）；

参数：Mcu_ClockType。

返回值：Std_ReturnType。成功：E_OK。不成功：E_NOT_OK。

③ 函数 Mcu_GetPllStatus：

Mcu_PllStatusType Mcu_GetPllStatus（void）；

参数：void。

返回值：Mcu_PllStatusType。有如下 3 种情况：MCU_PLL_STATUS_UNDEFINED 表示 PLL 状态未知；MCU_PLL_LOCKED 表示锁相环配置已经成功；MCU_PLL_UNLOCKED 表示锁相环配置还未成功。

④ 函数 Mcu_DistributePllClock：

void Mcu_DistributePllClock（void）；

参数：void。

返回值：void。

⑤ 函数 Mcu_InitRamSection：

Std_ReturnType Mcu_InitRamSection（Mcu_RamSectionType RamSection）；

参数：Mcu_RamSectionType。

返回值：Std_ReturnType。成功：E_OK。不成功：E_NOT_OK。

本书示例中，使用了 PLL，其 Mcu 模块的初始化过程代码如下。

```
Mcu_Init(&McuConfigPB_0);
void McuFunc_InitializeClock(void)
```

```
    {
        Mcu_InitClock(McuConf_McuClockSettingConfig_McuClockSettingConfig);
        while(MCU_PLL_LOCKED! = Mcu_GetPllStatus())
        {

        }
        Mcu_DistributePllClock();
    }
```

7.2.2 Gpt 模块

GPT 驱动（General Purpose Timer Driver）使用通用定时器单元的硬件定时器通道，为操作系统或者其他基础软件模块提供计时功能。GPT 驱动可以提供启动和停止硬件定时器、得到定时器数值、控制时间触发的中断、控制时间触发的中断唤醒等功能。GPT 通道可以设置为连续模式（CONTINUOUS）或单次模式（ONESHOT）。

① 连续模式：定时器到达目标时间会自动清零并继续运行。

② 单次模式：定时器到达目标时间，即计数值达到设定值时，定时器会自动停止，保持计数值不变，且通道状态从"运行"变为"超时"。

本书示例中使用 GPT 为操作系统提供计时功能，所以需要配置一个 GPT 通道。

(1) Gpt General 配置

Gpt General 配置主要是对 Gpt 模块整体功能的配置，如图 7.19 所示。其中，主要配置一些 API 的使能/禁用。

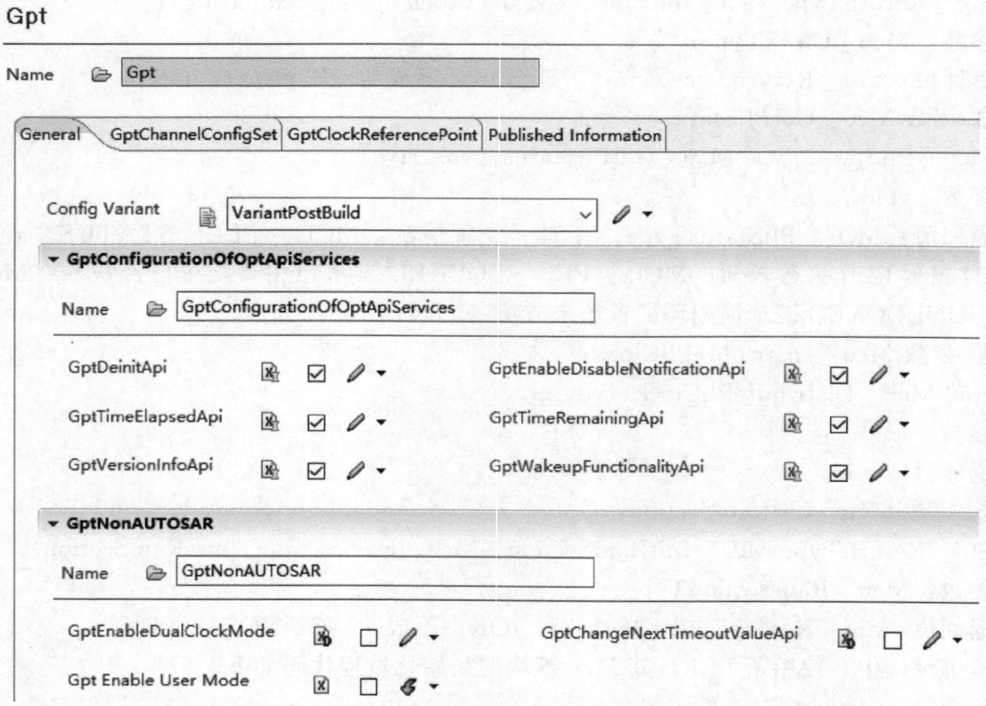

图 7.19 Gpt General 配置

① GptDeinitApi。
② GptEnableDisableNotificationApi。
③ GptTimeRemainingApi。
④ GptWakeupFunctionalityApi 等。

(2) GptChannelConfigSet 配置

切换到 GptChannelConfigSet 界面，点击 "+" Add new element with default values 可添加 GptChannelConfigSet，如图 7.20（左）所示。双击 GptChannelConfigSet_0 的 Index 可进入如图 7.20（右）所示的 GptChannelConfiguration 配置界面。

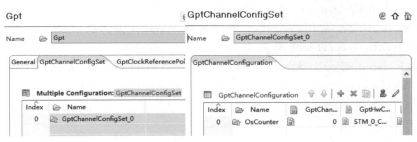

图 7.20　GptChannelConfigSet 配置

如前所述，本书示例使用 GPT 通道为 OS 提供计时功能，所以添加一个 GptChannel，如图 7.21 所示为该通道的配置界面。

图 7.21　GptChannelConfigSet→GptChannelConfiguration 配置

其中，各配置项意义描述如下。
① GptChannelId：Gpt 通道 Id 号。
② GptHwChannel：Gpt 硬件通道，其中，基于 3 个 eTimer（Enhanced Motor Control Timer）模块有 18 个通道，基于 STM（System Timer Module）有 4 个通道，基于 PIT（Periodic Interrupt Timer）有 4 个通道，本书示例使用 STM_0_CH_0。

③ GptChannelMode：Gpt通道模式，如前所述分为连续模式（CONTINUOUS）和单次模式（ONESHOT），这里使用连续模式。

④ GptChannelTickFrequency：Gpt通道频率，其中以Tick为计数单位。

⑤ GptChannelClkSrcRef：Gpt通道时钟源参考，需要引用GptClockReferencePonit。

⑥ GptStmPrescaler（_Alternate）：基于STM的分频。

⑦ GptEtimerChannelClkSrc（_Alternate）：基于eTimer的分频。

⑧ GptChannelTickValueMax：最大计数值。

⑨ GptFreezeEnable：硬件资源冻结使能。

⑩ GptEnableWakeup：Gpt通道唤醒使能。

⑪ GptNotification：Gpt通知函数，即定时器到达设定值将调用到该函数。

（3）GptClockReferencePonit配置

GptClockReferencePonit界面中，可以点击"+"Add new element with default values添加GptClockReferencePonit，这里需要引用先前在Mcu模块中定义的McuClockReferencePoint，如图7.22所示。

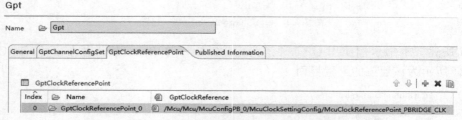

图7.22 GptClockReferencePonit配置

（4）Gpt模块常用接口函数介绍

Gpt模块在使用过程中需要初始化、使能Gpt通知函数，并且开启Gpt通道。Gpt通知函数名虽然在上述配置中已经配置了，但是需要自己进行函数的实现。

① 函数Gpt_Init：

void Gpt_Init（const Gpt_ConfigType *configPtr）；

参数：const Gpt_ConfigType *。

返回值：void。

② 函数Gpt_EnableNotification：

void Gpt_EnableNotification（Gpt_ChannelType channel）；

参数：Gpt_ChannelType。

返回值：void。

③ 函数Gpt_StartTimer：

void Gpt_StartTimer（Gpt_ChannelType channel，Gpt_ValueType value）；

参数：Gpt_ChannelType、Gpt_ValueType，后者需要填入计数值，即GptChannelTickValue。

返回值：void。

本书示例中Gpt通道使用连续模式，所以Gpt通道只需要初始化一次即可，当计数值到达设定值时将自动清零，重新开始计数。这里将其作为操作系统的时钟源，即产生OS的Tick。其中，GptNotification配置项所定义的函数名为Gpt_Cbk_ProcessOsCounter，具体实现如下，函数中调用操作系统接口函数IncrementCounter（Rte_TickCounter）产生Tick。

```
Gpt_Init(&GptChannelConfigSet_0);

Gpt_EnableNotification(GptConf_GptChannelConfiguration_OsCounter);
Gpt_StartTimer(GptConf_GptChannelConfiguration_OsCounter,OSCYCLESPERSECOND);

void Gpt_Cbk_ProcessOsCounter(void)
{
    IncrementCounter(Rte_TickCounter);
}
```

7.2.3 Port 模块

PORT 驱动（PORT Driver）主要是对微控制器的 PORT 模块进行初始化配置。由于单片机的引脚存在复用，如 MPC5744P 单片机 A[0]引脚功能如图 7.23 所示，它可用作通用输入/输出口（General Purpose Input Output，GPIO）、串行外设接口（Serial Peripheral Interface，SPI）的时钟引脚（Serial Clock，SCK）等。所以，需要根据具体应用对单片机各引脚属性进行相关配置。

Port Pin	SIUL2 MSCR/IMCR Number	MSCR/IMCR SSS Value[1]	Signal	Module	Short Signal Description	Dir	LQFP144	BGA257
A[0]	MSCR[0]	0000 (Default)[2]	GPIO[0]	SIUL2-GPIO[0]	General Purpose IO A[0]	I/O	73	P12
		0001	ETC0	e Timer_0	e Timer_0 Input/Output Data Channel 0	I/O		
		0010	SCK	DSPI2	DSPI2 Serial Clock (output)	I/O		
		0011-1111	—	Reserved		—		
	IMCR[48]	0001	SCK	DSPI2	DSPI2 Serial Clock (input)	I/O		
	IMCR[59]	0010	ETC0	e Timer_0	eTimer_0 Input Data Channel	I/O		
	IMCR[173]	0001	REQ0	SIUL2	SIUL2 External Interrupt 0			

图 7.23 MPC5744P 单片机 A[0]引脚功能

Port 模块主要就是对单片机各引脚属性的配置，可配置的参数包括引脚的方向（输入或输出）、运行期间引脚方向的可变性、引脚的工作模式、运行期间引脚工作模式的可变性、引脚的初始值、内部上拉的激活等。该模块配置需要结合硬件原理图上对于单片机各引脚的功能需求定义，并参考 MPC5744P 单片机手册中的 Pin muxing 表格。

(1) Port General 配置

Port General 配置主要是对 Port 模块整体功能的配置，如图 7.24 所示。其中，主要配置项如下。

① Port Development Error Detect：Port 模块开发错误检测使能。
② Port SetPinDirection Api：Pin 方向设置 API 使能。
③ Port SetPinMode Api：Pin 模式设置 API 使能等。

(2) PortConfigSet 配置

PortConfigSet 菜单主要是对单片机引脚属性的定义，可以点击"+"Add new element with default values 添加 Port 配置，如图 7.25 所示。

双击 PortConfigSet_0 的 Index 可进入如图 7.26 所示的 PortConfigSet 界面，其中有两项内容。

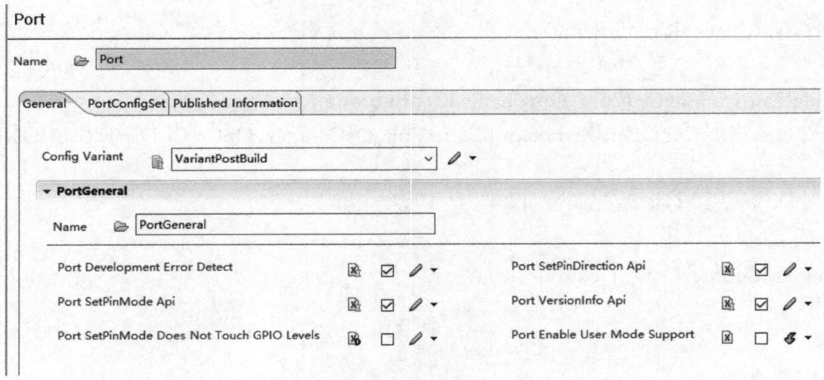

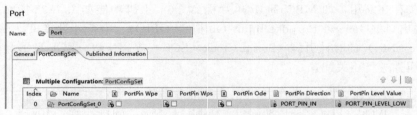

图 7.24　PortGeneral 配置

图 7.25　PortConfigSet 配置

① PortConfigSet→General：可针对未使用的 Pin 的模式进行全局配置，如图 7.26 所示。

② PortConfigSet→PortContainer：可配置所使用的 Pin 的一些属性。

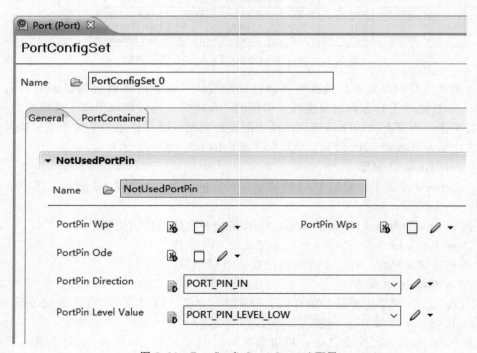

图 7.26　PortConfigSet→General 配置

当切换到 PortContainer 界面后，可以点击"＋"Add new element with default values 添加 Port，如图 7.27（左）所示，这里的 Port 和芯片引脚没有明确的对应关系。双击一个 Port 的 Index 可为其添加 Pin，如图 7.27（右）所示。

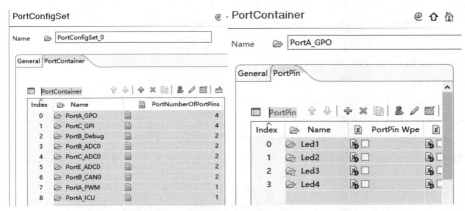

图 7.27　PortConfigSet→PortContainer 配置

双击 PortPin 的 Index 可进入 PortPin 属性配置界面，如图 7.28 所示。主要配置项及其说明如下。

图 7.28　PortConfigSet→PortContainer→PortPin 配置

① PortPin Wpe：Enable Weak Pull Up/Down，内部上拉/下拉使能。
② PortPin Wps：在勾选 PortPin Wpe 的情况下，勾选 PortPinWps 代表开启内部上拉，未勾选 PorPinWps 代表内部下拉。

③ PortPin Ode：开漏（Open-Drain）输出使能。
④ PortPin Safe Mode：安全模式使能。
⑤ PortPin With Read Back：回读功能使能。
⑥ PortPin Hysteresis Control：输入迟滞使能。
⑦ PortPin Direction Changeable：引脚方向可变使能。
⑧ PortPin Mode Changeable：引脚模式可变使能。
⑨ PortPin Id：引脚的 Id 号。
⑩ PortPinPcr：描述引脚的 PCR（Port Configuration Register）。
⑪ PortPin Direction：定义引脚方向，输入（PORT_PIN_IN）、输出（PORT_PIN_OUT）、输入输出（PORT_PIN_INOUT）。
⑫ PortPin Initial Mode：定义引脚初始模式，默认为 GPIO。
⑬ PortPin Mode：定义引脚模式，如图 7.29 所示为 A [0] 引脚模式可选项。

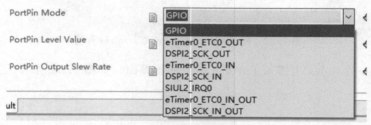

图 7.29　A [0] 引脚模式可选项

⑭ PortPin Level Value：定义引脚初始化电平。
⑮ PortPin Output Slew Rate：定义引脚电压转换速率。

(3) Port 模块初始化函数介绍

当 Port 模块配置完成后，在实际使用中，需要对 Port 模块进行初始化。在 AUTOSAR 规范中，其初始化函数如下。

函数 Port_Init：
void Port_Init (const Port_ConfigType * ConfigPtr);
参数：const Port_ConfigType *。
返回值：void。
本书示例中 Port 模块初始化的代码实现如下。

```
Port_Init(&PortConfigSet_0);
```

7.2.4　Dio 模块

DIO 驱动（Digital Input/Output Driver）对微控制器硬件引脚的访问进行了抽象，并且还可以对引脚进行分组。DIO 驱动对于微控制器引脚的数据读写操作都是同步的。

在 AUTOSAR 中，将一个单片机数字 I/O 引脚（Pin）定义为 DIO 通道（DIO Channel）；可把若干个 DIO 通道通过硬件分组成为一个 DIO 端口（DIO Port）。DIO 端口中相邻几个 DIO 通道的逻辑组合则称为 DIO 通道组（DIO Channel Group），在配置过程中可以设置寄存器位屏蔽值、位偏移量等，从而对多个数字 I/O 引脚同时进行读/写操作，如图 7.30 所示。

Dio 模块中涉及的 DIO Channel，即单片机引脚（Pin），若要正常使用，必须在 Port 模块中对该引脚进行属性配置，即配置为 GPIO（General Purpose I/O）模式。

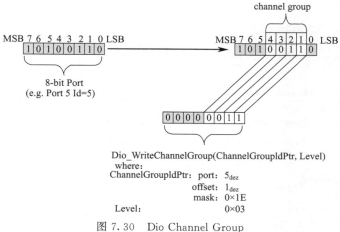

图 7.30 Dio Channel Group

(1) Dio General 配置

Dio General 配置主要是对 Dio 模块整体功能的配置，如图 7.31 所示。其中，主要配置项如下。

① Dio Development Error Detect：Dio 模块开发错误检测使能。

② Dio Read Zero For Undefined Port Pins：读取未定义引脚值为 0 等。

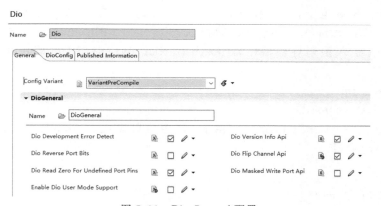

图 7.31 Dio General 配置

(2) DioConfig 配置

切换至 DioConfig 界面，可以点击 "+" Add new element with default values 添加 Dio 配置，如图 7.32（左）所示。双击 DioConfig_0 的 Index，可进入如图 7.32（右）所示的 DioPort 配置界面，点击 "+" 可以新建 DioPort。

双击 DioPort 的 Index，可见每个 DioPort 配置又有三项内容。

① DioPort→General：为当前 DioPort 设定一个 Dio Port Id。工具规定，对于单片机 PortA＝0、PortB＝1…PortI＝8、PortJ＝9，如图 7.33（左）所示。

② DioPort→DioChannel：点击 "+" 可以添加 DioChannel，即 DIO 通道；这里的 Dio Channel Id 是基于 Dio Port Id 而言的，如 Dio Port Id 为 0、Dio Channel Id 为 0 则表示引脚 PA[0]，以此类推。如图 7.33（右）所示为 A 型车灯的配置，其通过数字输出 DO 直接控制车灯的亮灭。

③ DioPort→DioChannelGroup：为前述 DIO 通道组的配置。

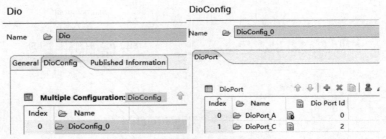

图 7.32　DioConfig 配置

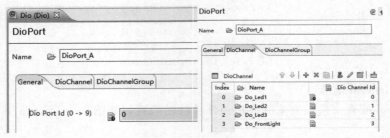

图 7.33　DioConfig→DioPort 配置

(3) Dio 模块常用接口函数介绍

在 AUTOSAR 规范中，Dio 模块的常用接口函数有 Dio_WriteChannel（写 DIO 通道状态）、Dio_ReadChannel（读 DIO 通道状态）、Dio_FlipChannel（变换 DIO 通道状态）等。下面结合 A 型车灯初始化与 IOAbstractionSWC 中与 Dio 模块相关的具体实例进行讲解。

① 函数 Dio_Init：

void Dio_Init（const Dio_ConfigType * ConfigPtr）；

参数：const Dio_ConfigType *，由于 Dio 模块只有 Per Compile 模式，所以其传入参数必须为 NULL_PTR。

返回值：void。

```
Dio_Init(NULL_PTR);
```

② 函数 Dio_WriteChannel：

void Dio_WriteChannel (const Dio_ChannelType ChannelId, const Dio_LevelType Level)；

参数：const Dio_ChannelType，即传入 DIO 通道 Id 号；const Dio_LevelType，即传入 DIO 通道状态值，STD_HIGH 为 1；STD_LOW 为 0。

返回值：void。

```
FUNC(void,IOAbstractionSWC_CODE)RE_SetLightState
(
      VAR(UInt8,AUTOMATIC)DESetLightState
)
{
      /* ---------------------------------Server Call Point ----------------------------- */
      Dio_WriteChannel(DioConf_DioChannel_Do_FrontLight,DESetLightState);
}
```

这里需指出，配置完 DioChannel 后，在生成 MCAL 配置代码过程中会在 Dio_Cfg.h 文件中通过宏定义（#define）的方式将 DioChannel Name 与 DioChannelId 关联起来。例如：
#define DioConf_DioChannel_Do_FrontLight ((uint8)0x03U)

③ 函数 Dio_ReadChannel：
Dio_LevelType Dio_ReadChannel（const Dio_ChannelType ChannelId）;
参数：const Dio_ChannelType，即传入 DIO 通道 Id 号。
返回值：Dio_LevelType，即返回当前通道状态，STD_HIGH 为 1；STD_LOW 为 0。

```
FUNC(void,IOAbstractionSWC_CODE)RE_GetButtonState
(
        CONSTP2VAR(UInt8,AUTOMATIC,RTE_APPL_DATA)DEGetButtonState
)
{
    /* ----------------------------------Server Call Point ---------------------------    */
    * DEGetButtonState=
    Dio_ReadChannel((Dio_ChannelType)DioConf_DioChannel_Din_FrontLightSwitch);
}
```

④ 函数 Dio_FlipChannel：
Dio_LevelType Dio_FlipChannel（const Dio_ChannelType ChannelId）;
参数：const Dio_ChannelType，即传入 DIO 通道 Id 号。
返回值：Dio_LevelType，即返回当前通道状态，STD_HIGH 为 1；STD_LOW 为 0。

```
FUNC(void,IOAbstractionSWC_CODE)RE_EcuAliveIndicator
(
        CONSTP2VAR(uint32,AUTOMATIC,RTE_APPL_DATA)channel,
        CONSTP2VAR(boolean,AUTOMATIC,RTE_APPL_DATA)state
)
{
    /* ---------------------------------- Server Call Point ---------------------------    */
    * state= Dio_FlipChannel((Dio_ChannelType)(* channel));
}
```

7.2.5 Adc 模块

在工程实践中，一般会将各类信号经过一些电路转换为电压类型的模拟信号输入到微控制器的模/数转换单元（Analog-to-Digital Converter，ADC），将模拟信号转换为数字信号后，可在单片机内部进行运算处理。ADC 驱动（Analog-to-Digital Converter Driver）对微控制器内部模/数转换单元进行初始化和转换控制。它可以提供启动和停止模/数转换的服务，分别用来开启和禁用模/数转换的触发源。

ADC 驱动在 ADC 通道（ADC Channel）的基础上进行。ADC 通道把模拟信号输入引脚、所需的 ADC 电路和转换结果寄存器三部分联系成为一个整体，使其能被 ADC 驱动所控制与访问。此外，属于同一个 ADC 硬件单元（ADC HW Unit）的一个或者多个 ADC 通道，可以组成一个 ADC 通道组（ADC Channel Group），由同一触发源触发。但一个 ADC 通道组必须至少包含一个 ADC 通道。

ADC 模块支持以下两种转换模式。

① 单次转换（One-Shot Conversion）：ADC 通道组中每个 ADC 通道只执行一次转换。

② 连续转换（Continuous Conversion）：在启动转换后，ADC 通道组将会自动重复进行转换，而不需要再次触发。

ADC 模块可以选择以下两种触发源。

① 软件触发（SW-TRIGGER）：ADC 通道组通过 ADC 模块提供的服务来启动/停止转换，其可在上述两种转换模式下使用。

② 硬件触发（HW-TRIGGER）：ADC 通道组通过硬件事件（如边沿触发、定时器等）来启动转换，但该方式只能用于单次转换模式。

（1）Adc General 配置

Adc General 配置主要是对 Adc 模块整体功能的配置，如图 7.34 所示。其中，主要配置项如下。

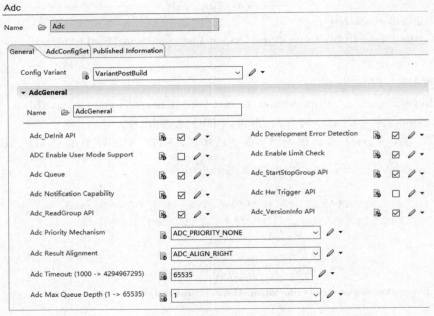

图 7.34　Adc General 配置

① Adc Development Error Detection：Adc 模块开发错误检测使能。

② Adc_ReadGroup API：读取 ADC 通道组 API 使能。

③ Adc_StartStopGroup API：ADC 通道组转换启动/停止 API 使能。

④ Adc Priority Mechanism：ADC 优先级机制选择。

⑤ Adc Result Alignment：ADC 转换原始结果对齐方式选择。

⑥ Adc Timeout：ADC 转换超时时间。

⑦ Adc Max Queue Depth：ADC 转换请求队列最大长度等。

（2）AdcConfigSet 配置

切换至 AdcConfigSet 界面，可以点击"＋"Add new element with default values 添加 Adc 配置，如图 7.35（左）所示。双击 AdcConfigSet_ADC0 的 Index，可进入如图 7.35（右）所示 AdcHwUnit 配置界面，点击"＋"可以新建 AdcHwUnit 配置。MPC5744P 单片机有 4 个 ADC 硬件单元：ADC_0、ADC_1、ADC_2、ADC_3。本书 A 型车灯示例

用到了其中一个硬件单元 ADC_0，所以这里新建一个 AdcHwUnit 即可。

图 7.35　AdcConfigSet 配置

双击 AdcHwUnit_0 的 Index，可以对 ADC 硬件单元进行相关配置。

在 AdcHwUnit→General 界面（图 7.36），配置重点是 Adc Transfer Type 和 Adc Hardware Unit。

① Adc Transfer Type：ADC 转换类型，可采用中断方式 ADC_INTERRUPT 与 DMA 模式，这里采用 ADC_INTERRUPT 方式。

② Adc Hardware Unit：选择 ADC 硬件单元，此处为 ADC_0。

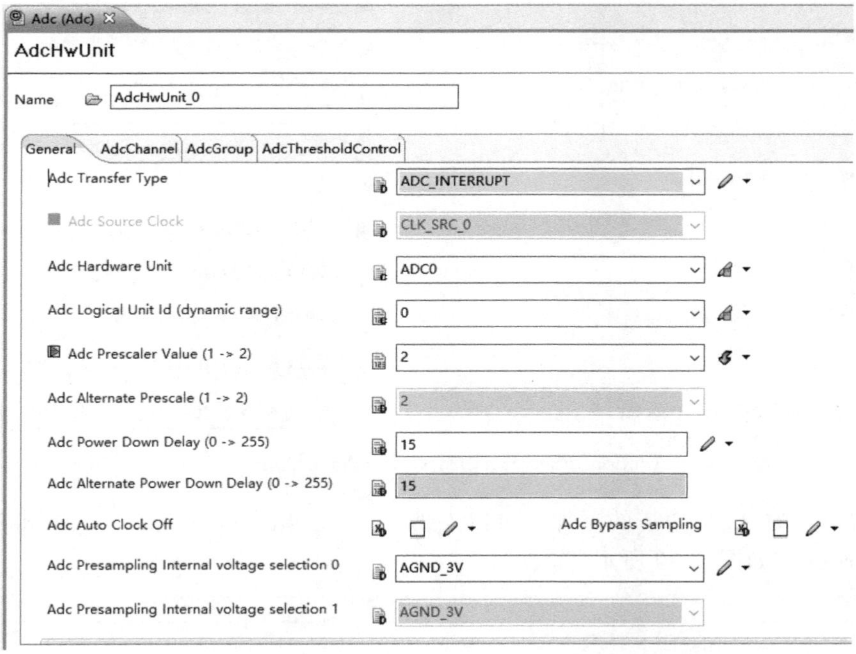

图 7.36　AdcConfigSet→AdcHwUnit→General 配置

切换到 AdcHwUnit→AdcChannel 界面，可以点击"＋"Add new element with default values 添加属于硬件单元 ADC_0 的 ADC 通道，如图 7.37 所示。

对于一个 ADC 通道而言，需要设定 Adc Channel Resolution，即 ADC 通道的精度，这里使用 12 位精度，如图 7.38 所示。

如前所述，属于同一个 ADC 硬件单元的一个或者多个 ADC 通道可以组成一个 ADC 通道组，由同一触发源触发。在 AdcHwUnit→AdcGroup 界面，就需要完成 ADC 通道组的配

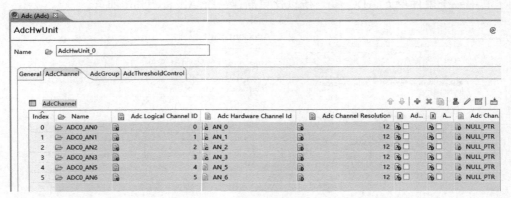

图 7.37　AdcConfigSet→AdcHwUnit→AdcChannel 配置

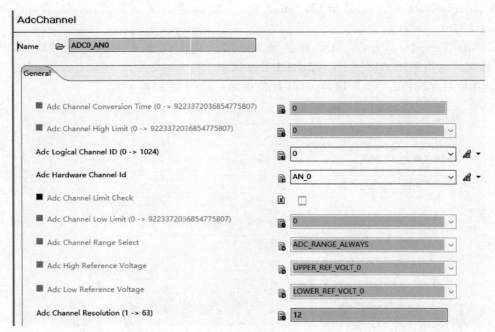

图 7.38　AdcConfigSet→AdcHwUnit→AdcChannel→General 配置

置及其中所包含的 ADC 通道的添加。可以点击"+"Add new element with default values 添加 AdcGroup，如图 7.39 所示。

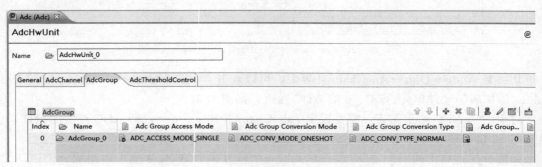

图 7.39　AdcConfigSet→AdcHwUnit→AdcGroup 配置

本书示例使用一个 ADC 通道组，其中包含前面所定义的所有 ADC 通道。对于这个 ADC 通道组的配置如图 7.40 所示。

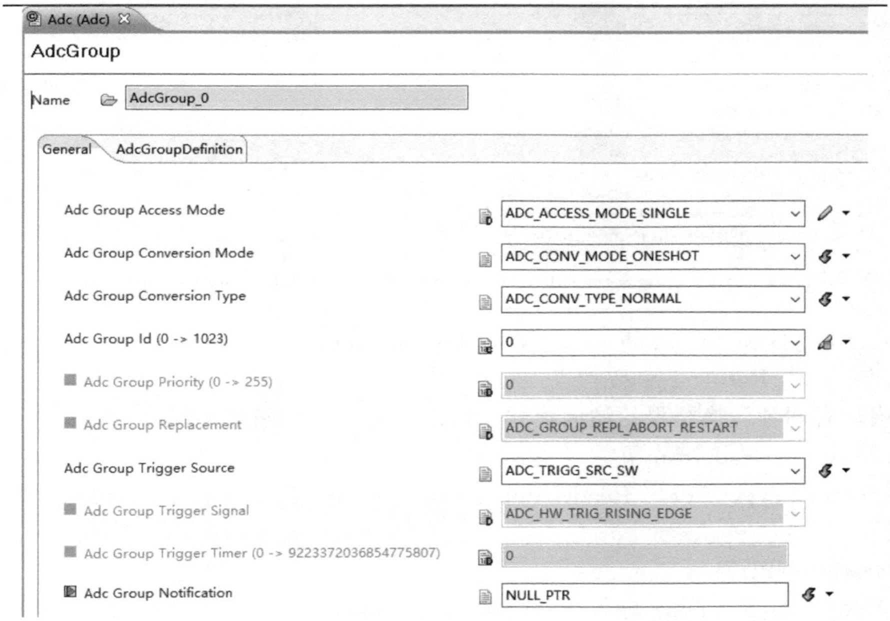

图 7.40　AdcConfigSet→AdcHwUnit→AdcGroup→General 配置

在 AdcGroup→General 界面中，需要配置 ADC 通道组的属性，主要有以下几种。

① Adc Group Access Mode：ADC 转换结果寄存器访问模式，有 SINGLE-ACCESS 和 STREAMING-ACCESS 模式，本书中示例采用 SINGLE-ACCESS。

② Adc Group Conversion Mode：ADC 通道组转换模式，有单次转换（ONESHOT）与连续转换（CONTINUOUS）模式，本书中示例采用单次转换模式。

③ Adc Group Conversion Type：ADC 通道组转换类型，有 NORMAL 与 INJECTED 模式，本书中示例采用 NORMAL 模式。

④ Adc Group Id：ADC 通道组 Id 号；

⑤ Adc Group Trigger Source：ADC 通道组触发源，有硬件触发与软件触发两种，本书中示例采用软件触发模式。

切换到 AdcGroup→AdcGroupDefinition 界面，可以点击 "＋" Add new element with default values 添加上述 ADC 通道组中的 ADC 通道，如图 7.41 所示。

(3) Adc 模块常用接口函数介绍

在使用 Adc 模块之前，需要先进行模块的初始化，并建立转换结果缓存。

① 函数 Adc _ Init：

void Adc _ Init（const Adc _ ConfigType * pConfigPtr）；

参数：const Adc _ ConfigType *。

返回值：void。

② 函数 Adc _ SetupResultBuffer：

Std _ ReturnType Adc _ SetupResultBuffer（Adc _ GroupType Group, Adc _ ValueGroupType

　* pDataBufferPtr）；

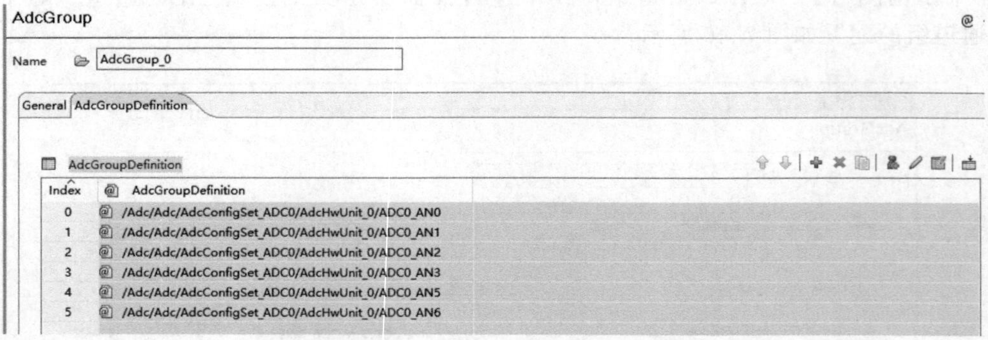

图 7.41　AdcConfigSet→AdcHwUnit→AdcGroup→AdcGroupDefinition 配置

参数：Adc_GroupType 和 Adc_ValueGroupType *。
返回值：Std_ReturnType。
Adc 模块有两种转换结果的访问模式，由以下两个接口函数实现。
① 函数 Adc_ReadGroup：
Std_ReturnType Adc_ReadGroup（Adc_GroupType Group，Adc_ValueGroupType
　*pDataBufferPtr）；
参数：Adc_GroupType 与 Adc_ValueGroupType *。
返回值：Std_ReturnType。
② 函数 Adc_GetStreamLastPointer：
Adc_StreamNumSampleType Adc_GetStreamLastPointer（Adc_GroupType Group，Adc_ValueGroupType * *PtrToSamplePtr）；
参数：Adc_GroupType 与 Adc_ValueGroupType * *。
返回值：Adc_StreamNumSampleType。
其次，还有一些 ADC 通道组启动、停止、转换状态回读相关的接口函数。
① 函数 Adc_StartGroupConversion：
void Adc_StartGroupConversion（Adc_GroupType Group）；
参数：Adc_GroupType。
返回值：void。
② 函数 Adc_StopGroupConversion：
void Adc_StopGroupConversion（Adc_GroupType Group）；
参数：Adc_GroupType。
返回值：void。
③ 函数 Adc_GetGroupStatus：
Adc_StatusType Adc_GetGroupStatus（Adc_GroupType Group）；
参数：Adc_GroupType。
返回值：Adc_StatusType，有 4 种状态，即 ADC_IDLE、ADC_BUSY、ADC_COMPLETED、ADC_STREAM_COMPLETED。
本书中，A 型车灯控制器 ADC 相关代码实现如下。

```
VAR(Adc_ValueGroupType,AUTOMATIC)AdcRawBuffer[6];
Std_ReturnType retValue=RTE_E_OK;

retValue=Adc_SetupResultBuffer(AdcConf_AdcGroup_AdcGroup_0,AdcRawBuffer);
Adc_StartGroupConversion(AdcConf_AdcGroup_AdcGroup_0);

FUNC(void,IOAbstractionSWC_CODE)RE_GetLightState
(
    CONSTP2VAR(UInt8,AUTOMATIC,RTE_APPL_DATA)DEGetLightState
)
{

  if(ADC_STREAM_COMPLETED==Adc_GetGroupStatus(AdcConf_AdcGroup_AdcGroup_0))
  {
    Adc_StopGroupConversion(AdcConf_AdcGroup_AdcGroup_0);
    if(ADC_IDLE==Adc_GetGroupStatus(AdcConf_AdcGroup_AdcGroup_0))
    {
       * DEGetLightState=(uint8)(AdcRawBuffer[ADC0_AN6]>>4);
    }
    else{…}
  }
  else{…}
}
```

7.2.6　Pwm 模块

PWM 驱动（Pulse Width Modulation Driver）为微控制器中的 PWM 模块提供初始化和控制服务，可产生占空比和周期都可改变的脉冲。

(1) Pwm General 配置

Pwm General 配置主要是对 Pwm 模块整体功能的配置，如图 7.42 所示。其中，主要配置项如下。

① PwmDeInitApi：Pwm 模块反初始化 API 使能。
② PwmSetDutyCycle：设置 PWM 波占空比 API 使能。
③ PwmSetPeriodAndDuty：设置 PWM 波周期和占空比 API 使能。
④ PwmDevErorDetect：Pwm 模块开发错误检测使能。
⑤ PwmNotificationSupported：Pwm 通知函数使能。
⑥ PwmClockRef：Pwm 模块参考时钟引用，需引用先前在 Mcu 模块中定义的 McuClockReferencePoint_MC_CLK。

(2) PwmChannelConfigSet 配置

切换至 PwmChannelConfigSet 界面，可以点击"+"Add new element with default values 添加 PwmChannelConfigSet 配置，如图 7.43（左）所示。双击 PwmChannelConfigSet_0 的 Index，可进入如图 7.43（右）所示的 PwmChannel 配置界面，点击"+"可以新建 PwmChannel 配置。本书中 B 型车灯示例采用 PWM 输出来控制灯的亮度，所以需要配置一个 PWM 通道 Pwm_Chn0_FrontLight。

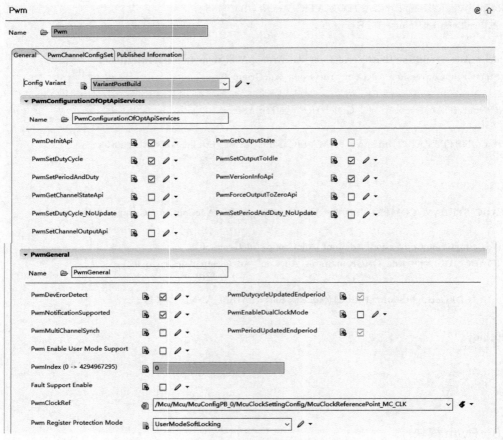

图 7.42 Pwm General 配置

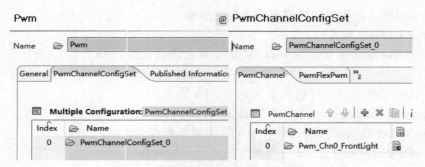

图 7.43 PwmChannelConfigSet 配置

对于 PwmChannel 需要定义 PWM 通道的一些属性, 如图 7.44 所示。

其中各配置说明如下。

① PwmChannelId: PWM 通道 Id 号。

② Pwm Hw IP: PWM 硬件单元选择, 可选择 Enhanced Motor Control Timer (eTimer) 和 Motor Control Pulse Width Modulator Module (FlexPWM)。

③ PwmFlexPwmChannel: 若选择 FlexPwm Hardware IP, 需要选择一个 FlexPwmChannel 配置。

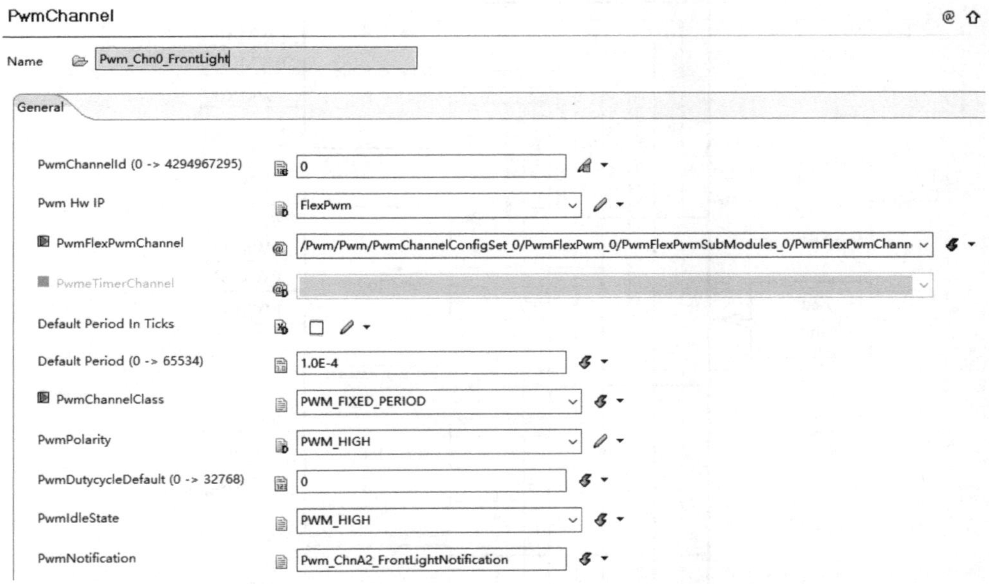

图 7.44 PwmChannelConfigSet→PwmChannel 配置

④ PwmeTimerChannel：若选择 eTimer Hardware IP，需要选择一个 eTimerChannel 配置。

⑤ Default Period：PWM 波默认输出周期。

⑥ PwmChannelClass：PWM 通道类别，分为 FIXED_PERIOD、FIXED_PERIOD_SHIFTED、VARIABLE_PERIOD。

⑦ PwmPolarity：PWM 波极性。

⑧ PwmDutycycleDefault：PWM 波默认占空比。

⑨ PwmIdleState：PWM 通道 Idle 状态的电平，PWM_HIGH 或 PWM_LOW。

⑩ PwmNotification：PWM 通道通知函数名。

MPC5744P 单片机有两个 FlexPwm 模块：FlexPwm_0 和 FlexPwm_1。每个 FlexPwm 模块又具有四个 Sub-Module：Sub-Module_0、Sub-Module_1、Sub-Module_2、Sub-Module_3。每个 Sub-Module 可输出三路 PWM：PWM_A、PWM_B、PWM_X。MPC5744P 单片机 FlexPwm 模块示意如图 7.45 所示。

本书 B 型车灯示例采用 FlexPwm_0、Sub-Module_0、PWM_A 通道输出 PWM，所以需要进行相关配置，如图 7.46~图 7.48 所示。

对于 Sub-Module，需要进行一些属性配置，如图 7.49 所示。

(3) Pwm 模块常用接口函数介绍

在使用 Pwm 模块之前，需要进行 Pwm 模块初始化。

① 函数 Pwm_Init：

void Pwm_Init (const Pwm_ConfigType * ConfigPtr)；

参数：const Pwm_ConfigType *。

返回值：void。

② 函数 Pwm_SetDutyCycle：

void Pwm_SetDutyCycle (Pwm_ChannelType ChannelNumber，uint16 DutyCycle)；

参数：Pwm_ChannelType 和 uint16，前者为 PWM 通道，后者为占空比设定值，

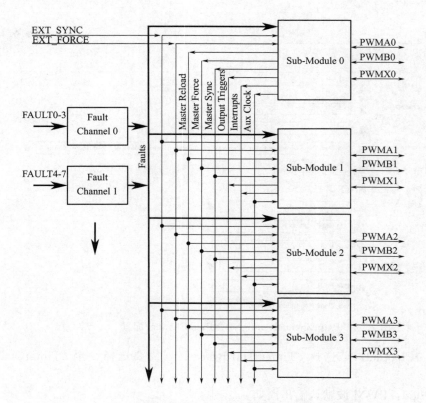

图 7.45 MPC5744P 单片机 FlexPwm 模块示意

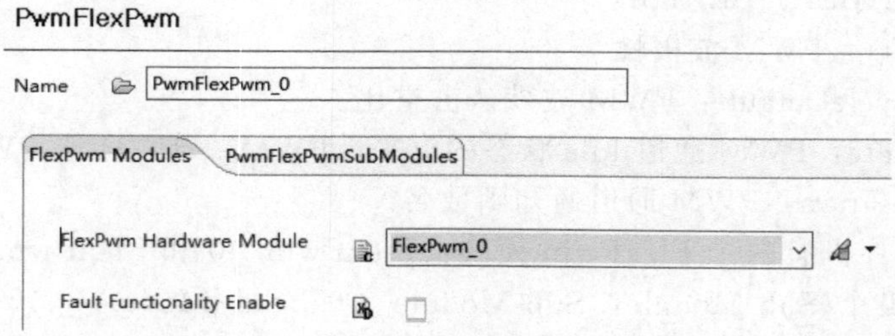

图 7.46 PwmChannelConfigSet→PwmFlexPwm→FlexPwm Modules 配置

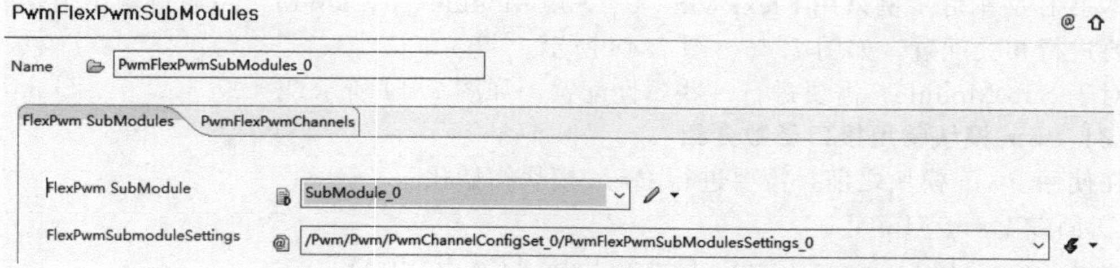

图 7.47 PwmChannelConfigSet→PwmFlexPwm→PwmFlexPwmSubModules→FlexPwm SubModules 配置

AUTOSAR 规范中规定 0x0000 对应 0%，0x8000 对应 100%。

返回值：void。

本书 B 型车灯示例中与 PWM 相关的代码实现如下。

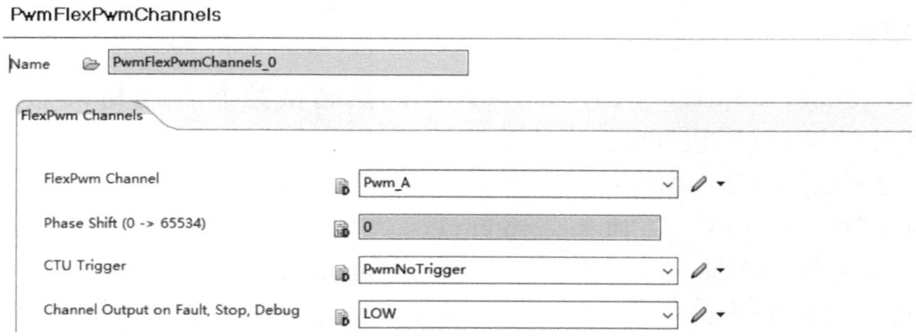

PwmFlexPwmChannels

Name	PwmFlexPwmChannels_0

FlexPwm Channels

FlexPwm Channel	Pwm_A
Phase Shift (0 -> 65534)	0
CTU Trigger	PwmNoTrigger
Channel Output on Fault, Stop, Debug	LOW

图 7.48　PwmChannelConfigSet→PwmFlexPwm→PwmFlexPwmChannels→PwmFlexPwmChannels 配置

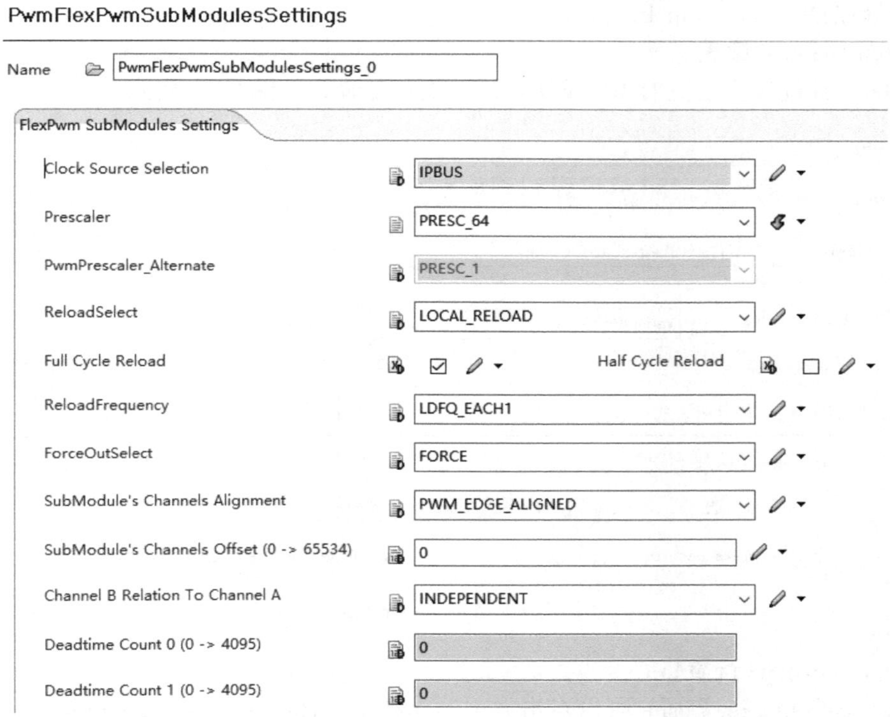

PwmFlexPwmSubModulesSettings

Name	PwmFlexPwmSubModulesSettings_0

FlexPwm SubModules Settings

Clock Source Selection	IPBUS
Prescaler	PRESC_64
PwmPrescaler_Alternate	PRESC_1
ReloadSelect	LOCAL_RELOAD
Full Cycle Reload	☑　　Half Cycle Reload　☐
ReloadFrequency	LDFQ_EACH1
ForceOutSelect	FORCE
SubModule's Channels Alignment	PWM_EDGE_ALIGNED
SubModule's Channels Offset (0 -> 65534)	0
Channel B Relation To Channel A	INDEPENDENT
Deadtime Count 0 (0 -> 4095)	0
Deadtime Count 1 (0 -> 4095)	0

图 7.49　PwmChannelConfigSet→PwmFlexPwmSubModulesSettings 配置

```
uint 16 FrontLight_DutyCycleSetValue=0;

FUNC(void, IOAbstractionSWC_CODE)RE_SetLightState
(
        VAR(UInt8,AUTOMATIC)DESetLightState
)
{
  /* ------------------Server Call Point ------------------ */
  FrontLight_DutyCycleSetValue=0x8000 * DESetLightState/100;
  Pwm_SetDutyCycle(Pwm_Chn0_FrontLight,(uint16)(FrontLight_DutyCycleSetValue));
}
```

7.2.7 Icu 模块

ICU 驱动（Input Capture Unit Driver）可以控制微控制器的输入捕获单元 ICU，MPC5744P 单片机的 Icu 模块可以提供如下服务：

① 高/低电平时间测量（High Time/Low Time Measurement）；
② 占空比测量（Duty Cycle Measurement）；
③ 周期性信号时间测量（Period Time Measurement）；
④ 信号边沿检测和通知（Edge Detection and Notification）；
⑤ 边沿计数（Edge Counting）；
⑥ 边沿时间戳捕获（Edge Time Stamping）；
⑦ 中断唤醒（Wake-up Interrupt）。

（1）Icu General 配置

Icu General 配置主要是对 Icu 模块整体功能的配置，如图 7.50 所示。

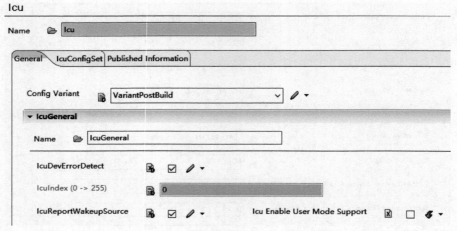

图 7.50 Icu General 配置

（2）IcuConfigSet 配置

切换至 IcuConfigSet 界面，可以点击"＋"Add new element with default values 添加 IcuConfigSet 配置，如图 7.51（左）所示。双击 IcuConfigSet_0 的 Index，可进入如图 7.51（右）所示的界面。

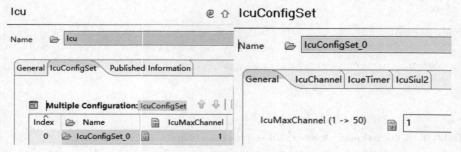

图 7.51 IcuConfigSet 配置

切换到 IcuChannel，点击"＋"可以新建一个 IcuChannel。本书中 B 型车灯示例采用

ICU 来测量车灯控制信号的占空比，所以需要配置一个 ICU 通道 Pwm0A2_LightMeasure。进入 IcuChannel 配置后，主要需要完成如下配置，如图 7.52 所示。

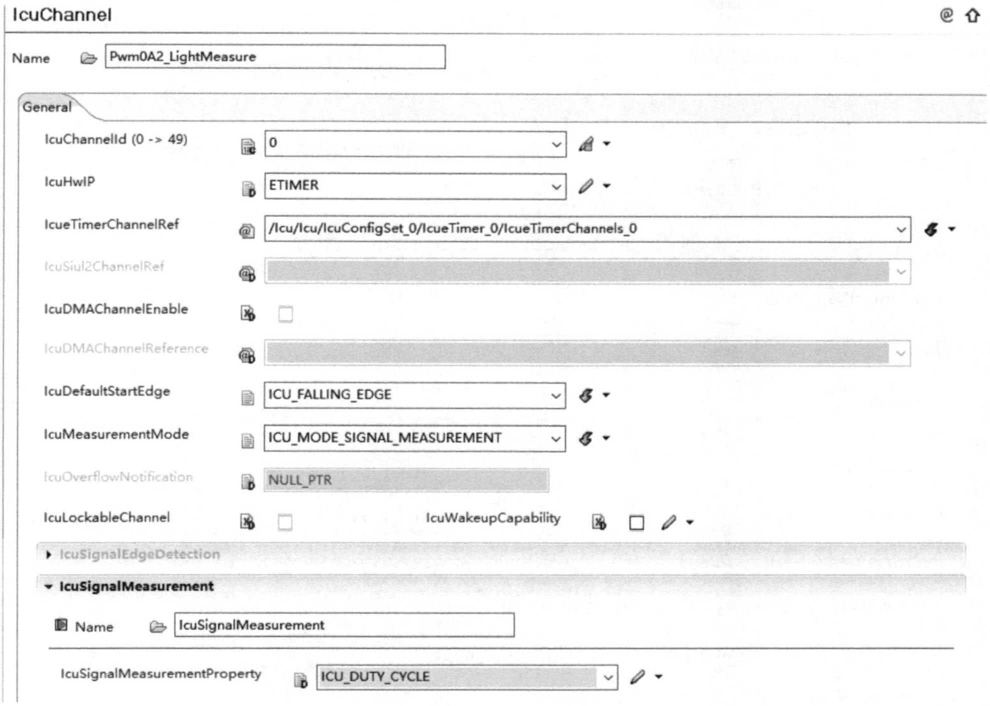

图 7.52　IcuConfigSet→IcuChannel 配置

① IcuHwIP：选择 ICU 硬件通道，ETIMER 或者 SIUL2。
② IcueTimerChannelRef：若 IcuHwIP 选择 ETIMER，需要引用 ETIMER 通道配置。
③ IcuDefaultStartEdge：通道默认激活边沿。
④ IcuMeasurementMode：选择 ICU 工作模式，本书示例使用 SIGNAL_MEASUREMENT 模式。
⑤ IcuSignalMeasurementProperty：若使用 SIGNAL_MEASUREMENT 模式，需要选择测量，本书示例测量 DUTY_CYCLE（占空比）。

由于本书示例 Icu 模块 IcuHwIP 选择了 ETIMER，所以需要配置 eTimer 通道。切换到 IcueTimer 界面，点击"+"可新建一个 IcueTimer 配置，如图 7.53（左）所示。双击其 Index 可进入如图 7.53（右）所示的界面，选择一个 eTimer Hardware Module（eTimer 硬件模块），根据所选的 PortPin，此处选择单片机的 EETIMER_2 模块。

选择了 eTimer 硬件模块后，需要配置它的属性，如图 7.54 所示。

(3) IcuConfigSet 配置

在使用 Icu 模块之前，需要对其进行初始化。
① 函数 Icu_Init：
void Icu_Init（const Icu_ConfigType * ConfigPtr）；
参数：const Icu_ConfigType *。
返回值：void。
② 函数 Icu_GetDutyCycleValues：

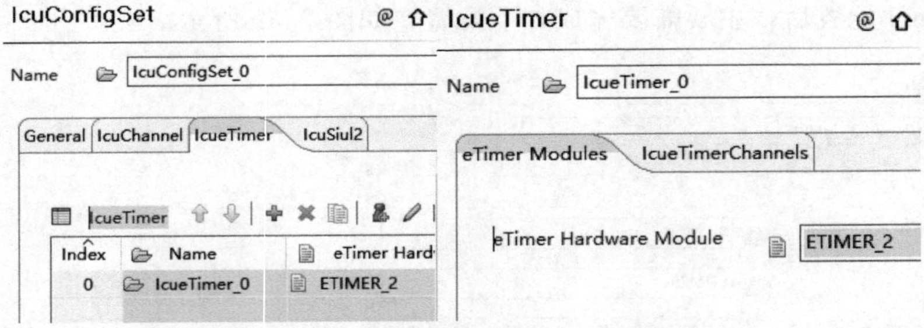

图 7.53 IcuConfigSet→IcueTimer 配置

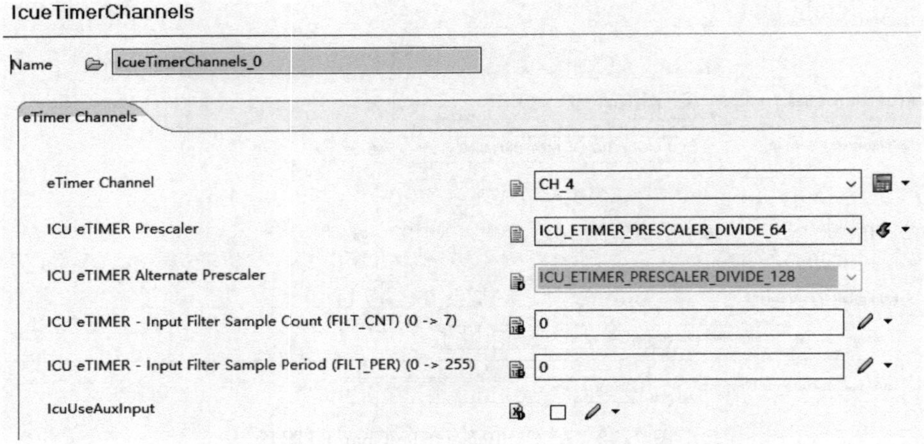

图 7.54 IcuConfigSet→IcueTimer→eTimerChannels 配置

void Icu_GetDutyCycleValues（Icu_ChannelType Channel，Icu_DutyCycleType * DutyCycleValues）;

参数：Icu_ChannelType 和 Icu_DutyCycleType *，前者为 ICU 通道，后者为采样结果缓存结构体，其定义如下。

```
typedef struct
{
    Icu_ValueType ActiveTime;          /*<@brief Low or High time value.*/
    Icu_ValueType PeriodTime;          /*<@brief Period time value.*/
} Icu_DutyCycleType;
```

返回值：void。

本书 B 型车灯示例中与 ICU 相关的代码实现如下。

```
UInt8 FrontLight_DutyCycleGetValue=0;

FUNC(void,IOAbstractionSWC_CODE)RE_GetLightState
(
    CONSTP2VAR(UInt8,AUTOMATIC,RTE_APPL_DATA)DEGetLightState
)
{
```

```
/* Local Data Declaration */
    VAR(Icu_DutyCycleType,AUTOMATIC)luws_DutyCycle;

    /* PROTECTED REGION ID(User Logic:RE_GetLightState) ENABLED START */
    /* Start of user code-Do not remove this comment */

    Icu_GetDutyCycleValues(Pwm0A2_LightMeasure,&luws_DutyCycle);
FrontLight_DutyCycleGetValue=(luws_DutyCycle.ActiveTime*100)/luws_DutyCycle.PeriodTime;
    *DEGetLightState=FrontLight_DutyCycleGetValue;

    /* End of user code-Do not remove this comment */
    /* PROTECTED REGION END */
}
```

7.2.8 Can 模块

CAN 驱动（CAN Driver）属于微控制器抽象层中的通信驱动，它针对的是微控制器内部的 CAN 控制器，可以实现对 CAN 控制器的初始化、发送/接收 CAN 报文、对接收报文的指示与对发送报文的确认、唤醒检测、溢出和错误处理等功能。CAN 驱动可以访问硬件，并向上层提供独立于硬件的 API。

(1) Can General 配置

Can General 配置主要是对 Can 模块整体功能的配置，如图 7.55 所示。其中，主要配置项如下。

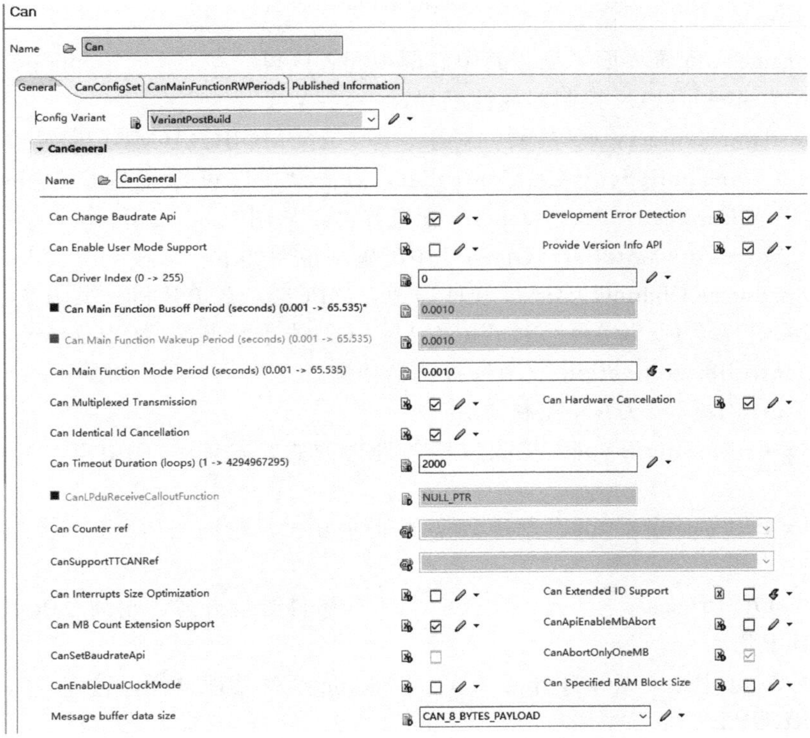

图 7.55 CanGeneral 配置

① Can Change Baudrate Api：改变 CAN 波特率 API 使能。
② Development Error Detection：Can 模块开发错误检测使能。
③ Can Driver Index：CAN 驱动 Id 号。
④ Can Main Function Busoff Period：Can_MainFunction_Bus OFF（）函数调用周期。
⑤ Can MainFunction Wakeup Period：Can_MainFunction_Wakeup（）函数调用周期。
⑥ Can Main Function Mode Period：Can_MainFunction_Mode（）函数调用周期。
⑦ Can Multiplexed Transmission：双路复用功能的传输使能。
⑧ Can Identical Id Cancellation：取消挂起的发送报文使能。
⑨ Can Extended Id Support：支持扩展 Id 使能。
⑩ Message buffer data size：CAN MailBox 装载数据长度等。

（2）CanConfigSet 配置

切换至 CanConfigSet 界面，可以点击"＋"Add new element with default values 添加 Can 配置，如图 7.56（左）所示。双击 CanConfigSet_0 的 Index，可进入如图 7.56（右）所示的 CanConfigSet 配置界面。

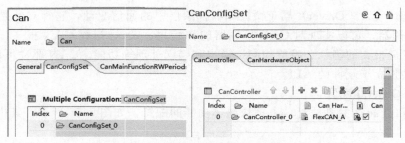

图 7.56　CanConfigSet 配置

从 CanConfigSet 配置界面可见，其中有两项配置内容。
① CanController：CAN 控制器属性配置。
② CanHardwareObject：CAN 硬件对象，即 CAN MailBox（MB）配置。

首先，配置 CanConfigSet→CanController，点击"＋"可以新建 CanController 配置，双击 Index 可进入 CanController→General 配置界面，如图 7.57 所示。
CanConfigSet→CanContoller→General 中配置项说明如下。
① Can Hardware Channel：CAN 硬件通道，MPC5744P 单片机一共有 3 个 CAN 控制器，即 FlexCAN_A、FlexCAN_B、FlexCAN_C，本书示例使用 FlexCAN_A。
② Can Controller Activation：CAN 控制器使能。
③ Can Controller Id：CAN 控制器 Id 号。
④ Can Rx Processing Type：接收数据的处理方式，轮询（POLLING）或中断（INTERRUPT）。
⑤ Can Tx Processing Type：发送数据的处理方式，轮询（POLLING）或中断（INTERRUPT）。
⑥ Can BusOff Processing Type：CAN BusOff 事件处理方式，轮询（POLLING）或中断（INTERRUPT）。
⑦ Can Wakeup Processing Type：CAN Wakeup 事件处理方式，轮询（POLLING）或中断（INTERRUPT）。
⑧ Can Controller Default Baudrate：CAN 控制器默认的波特率配置。

第 7 章 AUTOSAR ECU 级开发之 MCAL 173

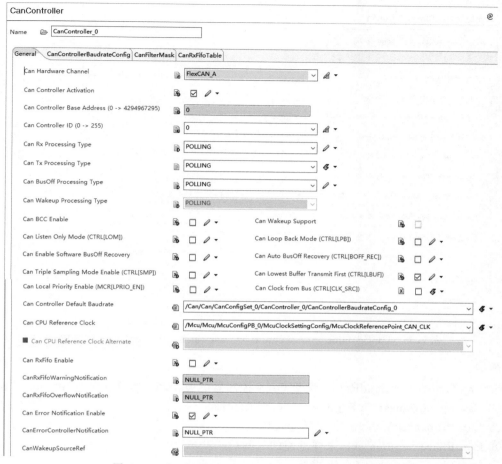

图 7.57 CanConfigSet→CanContoller→General 配置

⑨ Can CPU Reference Clock：CAN 模块引用的时钟，即 Mcu 模块中配置的 McuClockReferencePoint_CAN_CLK。

⑩ CanRxFifoWarningNotification：RxFifo Warning 通知函数。

⑪ CanRxFifoOverflowNotification：RxFifo Overflow 通知函数。

⑫ Can Error Notification Enable：Can Error 通知函数等。

在完成了 CanContoller 的通用配置后，需要配置 CanContoller 的波特率（Baudrate），切换到 CanControllerBaudrateConfig 界面，点击"＋"可以新建 CanControllerBaudrateConfig 配置，双击 Index，可进入 CanControllerBaudrateConfig General 配置界面，如图 7.58 所示。

其中，主要配置项说明如下。

① Can Time Segments Checking：CAN 时间段检测使能。

② Can Automatic Time Segments Calculation：自动时间段计算使能，若使能，则 CanControllerPropSeg、CanControllerSeg1、CanControllerSeg2、CanControllerSyncJumpWidth 将禁用。

③ Can Controller Prescaller：CAN 控制器时钟分频。

④ Can Controller BaudRate Config Id：CAN 控制器波特率配置 Id 号，被 SetBaudrate

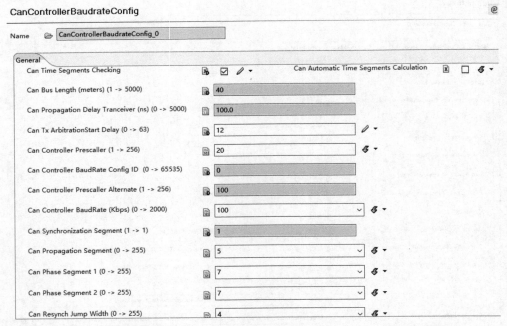

图 7.58 CanConfigSet→CanContoller→CanControllerBaudrateConfig 配置

API 使用。

⑤ Can Controller BaudRate：设置 CAN 控制器的波特率，本文示例使用 100（Kbps）。

⑥ Can Synchronization Segment：同步段的时间。

⑦ Can Propagation Segment：传播段的时间。

⑧ Can Phase Segment 1：采样点前的时间段。

⑨ Can Phase Segment 2：采样点后的时间段。

⑩ Can Resynch Jump Width：同步跳跃宽度（Synchronization Jump Width），用于重同步的时间。

对于 CanContoller，还需要配置 CanFilterMask，即滤波器掩码，如图 7.59 所示。但 Filter 只用于 Rx Basic CAN 类型的 MB 中。

图 7.59 CanConfigSet→CanContoller→CanFilterMask 配置

在完成 CanController 配置后，可进行 CanHardwareObject 的配置。如前所述，CAN 硬件对象 CanHardwareObject 为 CAN MailBox（MB）的抽象。切换到 CanHardwareObject 界面，可以点击"＋"Add new element with default values 添加 CanHardwareObject。本

书示例一共涉及两帧报文，一帧发送、一帧接收。这里需要创建两个 MB 来完成 CAN 报文的收发，如图 7.60 所示。

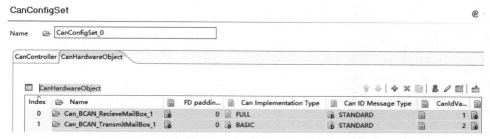

图 7.60　CanConfigSet→CanHardwareObject 配置（一）

如图 7.61 所示是接收类型的 CanHardwareObject 的配置，对于每个 CanHardwareObject，主要需要配置如下内容。

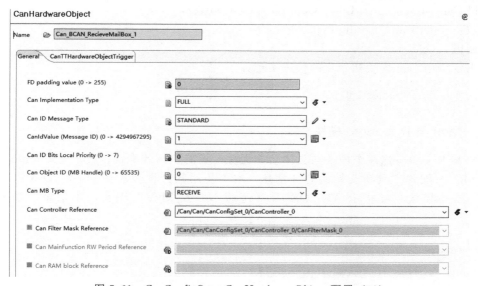

图 7.61　CanConfigSet→CanHardwareObject 配置（二）

① Can Implementation Type：FULL CAN（一个 MB 只能发送或者接收一帧 CAN 报文）；BASIC CAN（一个 MB 可以发送或者接收多帧 CAN 报文）。

② Can Id Message Type：CAN Id 的类型，标准帧（Standard Identifier-11 bits）、扩展帧（Extended Identifier-29 bits）与混合模式（Mixed Mode）。

③ CanIdValue（Message Id）：结合 CanFilterMask，定义 CAN 报文接收 Id 范围。

④ Can Object Id（MB Handle）：MB 的 Id 号。

⑤ Can MB Type：MB 类型，接收（RECEIVE）或者发送（TRANSMIT）。

⑥ Can Controller Reference：CAN 控制器引用，本书示例涉及一个 CAN 控制器。

⑦ Can Filter Mask Reference：引用滤波器掩码。

(3) **CanMainFunctionRWPeriods 配置**

由于本书示例中接收/发送数据等的处理方式采用了轮询模式，即是通过周期性调用 Can_MainFunction_Read（）和 Can_MainFunction_Write（）函数来实现报文收发的，所以，CanMainFunctionRWPeriods 配置就是来设定轮询周期的，此处都配置成 0.001s，如

图 7.62 所示。

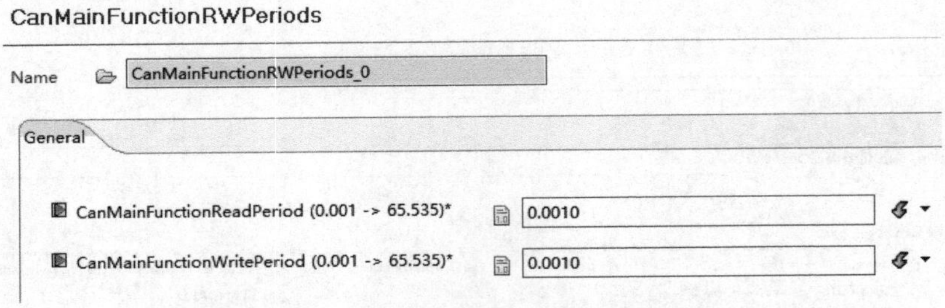

图 7.62 CanMainFunctionRWPeriods 配置

(4) Can 模块初始化函数介绍

和其他模块一样，Can 模块需要初始化，其初始化函数如下。

函数 Can_Init：

void Can_Init（const Can_ConfigType * Config）；

参数：const Can_ConfigType *。

返回值：void。

本书示例中 Can 模块初始化的代码实现如下。

Can_Init(&CanConfigSet_0);

7.2.9 Base 与 Resource 模块

Base 与 Resource 这两个模块与具体功能无关，不需要额外配置。其中，Resoruce 模块主要指示 MCAL 配置工具所支持的芯片信息，本书使用的开发板所用的芯片为 MPC5744P_lqfq144。Base 模块主要指示 AUTOSAR 规范版本以及 MCAL 工具版本信息，如图 7.63 所示。

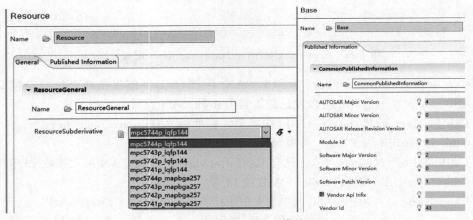

图 7.63 Base 与 Resource 模块配置

7.3 MCAL 配置验证与代码生成

在配置完所需 MCAL 模块之后，就可以进行配置验证与代码生成。MCAL 配置工具的工具栏如图 7.64 所示。其中，右起第二个按钮为"Verify selected project"，点击之后将进行配置验证。右起第一个按钮为"Generate Code for the currently selected project"，点击之后将进行 MCAL 代码生成。

图 7.64 MCAL 配置工具的工具栏

MCAL 工程最终生成的配置代码如图 7.65 所示。

名称	类型
Adc_Cfg.h	C/C++ Header F...
Adc_CfgDefines.h	C/C++ Header F...
Can_Cfg.h	C/C++ Header F...
CDD_Mcl_Cfg.h	C/C++ Header F...
Dio_Cfg.h	C/C++ Header F...
Gpt_Cfg.h	C/C++ Header F...
Icu_Cfg.h	C/C++ Header F...
Mcu_Cfg.h	C/C++ Header F...
modules.h	C/C++ Header F...
Port_Cfg.h	C/C++ Header F...
Pwm_Cfg.h	C/C++ Header F...

名称	类型
Adc_Cfg.c	C Source File
Adc_PBcfg.c	C Source File
Can_Cfg.c	C Source File
Can_PBcfg.c	C Source File
CDD_Mcl_Cfg.c	C Source File
CDD_Mcl_PBcfg.c	C Source File
Dio_Cfg.c	C Source File
Gpt_Cfg.c	C Source File
Gpt_PBcfg.c	C Source File
Icu_Cfg.c	C Source File
Icu_DmaNotification.c	C Source File
Icu_PBcfg.c	C Source File
Mcu_Cfg.c	C Source File
Mcu_PBcfg.c	C Source File
Port_Cfg.c	C Source File
Port_PBcfg.c	C Source File
Pwm_Cfg.c	C Source File
Pwm_PBcfg.c	C Source File

图 7.65 MCAL 工程最终生成的配置代码

7.4 本章小结

本章在介绍 MPC5744P 单片机微控制器抽象层 MCAL 配置工具安装方法及 MCAL 配置工程创建方法的基础上，对微控制器抽象层中各常用模块结合本书示例进行了较为详细的讲解。在各模块的介绍过程中，先介绍了各模块的作用，再进行基本配置方法的介绍，最后介绍了各模块常用的接口函数，并展示了本书示例中 MCAL 模块相关的代码实现。通过本章的学习，可以对 MCAL 各常用模块的作用、配置方法以及接口函数调用方法有一个较为全面的认识。

第8章 AUTOSAR工程代码集成与调试

在完成了 AUTOSAR 系统级、ECU 级以及软件组件级相关开发与代码生成工作后，需要进行代码集成与调试。本章对 AUTOSAR 工程代码架构及其集成、编译链接和调试的方法进行扼要介绍，并展现一下本书示例的调试现象。

8.1 AUTOSAR 工程代码架构与集成方法介绍

一套完整的符合 AUTOSAR 规范的 ECU 代码主要包括：
① 应用层软件组件代码；
② 运行时环境代码；
③ 基础软件代码。

基于本书示例开发所用的 AUTOSAR 系统解决方案，基础软件 BSW 由于开发工具原因，BSW 除 MCAL 以外的代码由 RTA-BSW 和 RTA-OS 工具生成，而 MCAL 代码则由 EB tresos Studio 工具生成。除了 RTA-OS 工具直接调用编译器对 OS 代码进行编译之外，其他 BSW 代码均是源代码，包括源文件（.c）和头文件（.h）。需要注意的是，这些 BSW 代码由动态代码（Dynamic Code）和静态代码（Static Code）两部分组成，前者是由配置工具根据相关配置信息生成的代码，后者则是各 BSW 模块功能的具体实现代码。如图 8.1 所示为 Com 模块最终生成的代码。

除了 AUTOSAR 工具链生成的代码以外，还需要添加一些附加的代码文件，如单片机启动代码等。最终，根据 AUTOSAR 代码架构可以得到一个 AUTOSAR 代码集成基本流程，如图 8.2 所示。

图 8.1 Com 模块最终生成的代码

图 8.2 AUTOSAR 代码集成基本流程

8.2 代码编译链接

目前，针对 PowerPC 系列单片机的编译器主要有 Wind River 和 Green Hills，本书示例采用 Wind River 编译器进行代码编译链接，并将其集成于 Eclipse 平台。A 型车灯示例 Wind River 编译工程架构如图 8.3 所示。

右键点击工程名→Build Project 即可进行工程架构，如图 8.4 所示。

图 8.3　Wind River 编译工程架构　　　　图 8.4　基于 Eclipse 的工程架构

8.3　代码调试

代码编译通过后，需要使用调试器将单片机可执行文件烧写到单片机内进行软件调试。本书示例基于 MPC5744P 开发板，使用 Lauterbach 调试器进行调试，并使用 ETAS BUSMASTER 工具进行 CAN 报文观测，调试设备实物如图 8.5 所示。

图 8.5　调试设备实物

8.3.1　单片机可执行文件下载

打开 Lauterbach TRACE32 工具，点击 File→Run Script 后，选择 mpc5744p.cmm 脚本，如图 8.6 所示。之后将会弹出如图 8.7 所示的界面，点击 Yes 并进行单片机可执行文件选择，如图 8.8 所示。

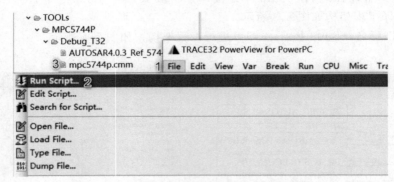

图 8.6 Lauterbach TRACE32 导入脚本

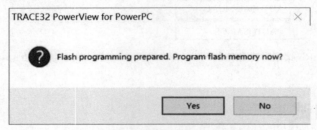

图 8.7 单片机可执行文件下载提示

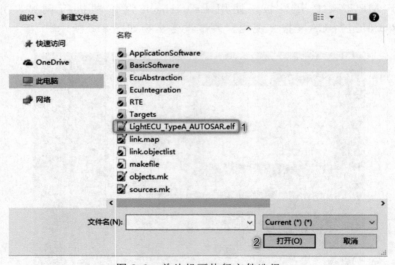

图 8.8 单片机可执行文件选择

单片机可执行文件下载完成后，可进入软件调试界面，点击运行"▲"即可开始在线调试，如图 8.9 所示。

8.3.2 A 型车灯调试现象

对于 A 型车灯而言，打开车灯开关即打开车灯，并需要将车灯型号（LightType）和灯状态（LightState）信息反馈到 CAN 总线上。A 型车灯被关闭时的调试现象如图 8.10 所示。

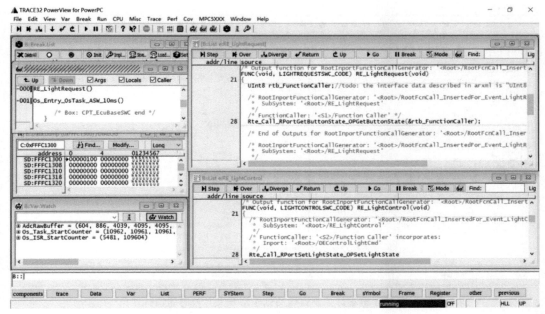

图 8.9　Lauterbach TRACE32 调试界面

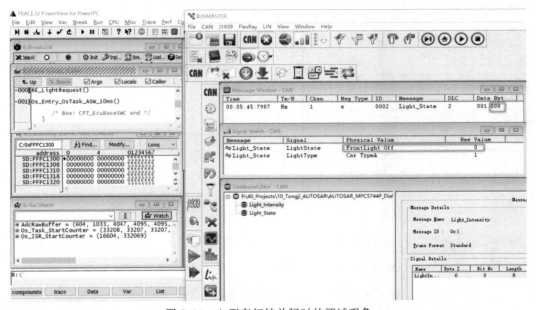

图 8.10　A 型车灯被关闭时的调试现象

当 RE_LightRequest 运行实体的接口函数 Rte_Call_RPortGetButtonState_OPGetButtonState（&rtb_FunctionCaller）的形参 rtb_FunctionCaller 变为 1 时，则表明车灯开关处于开启状态，A 型车灯控制器检测到车灯开关打开时的调试现象如图 8.11 所示。

此时，进入 I/O 抽象层的 RE_SetLightState 运行实体，会发现其形参 DESetLightState 变为 1，通过调用 Dio_WriteChannel（DioConf_DioChannel_Do_FrontLight，DESetLightState）函数可以设定 DO 通道的输出为高电平，即打开车灯，如图 8.12 所示。

最终，A 型车灯打开时向 CAN 总线上发的报文情况如图 8.13 所示。

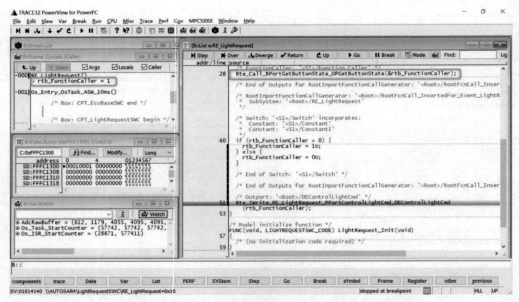

图 8.11　A 型车灯控制器检测到车灯开关打开时的调试现象

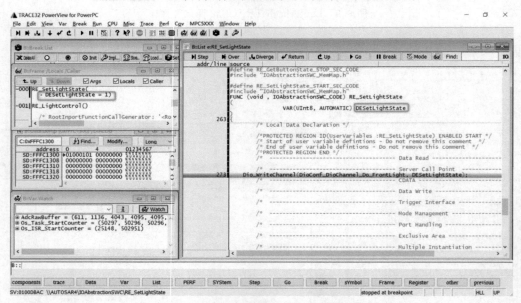

图 8.12　A 型车灯控制器向 DO 通道输出高电平

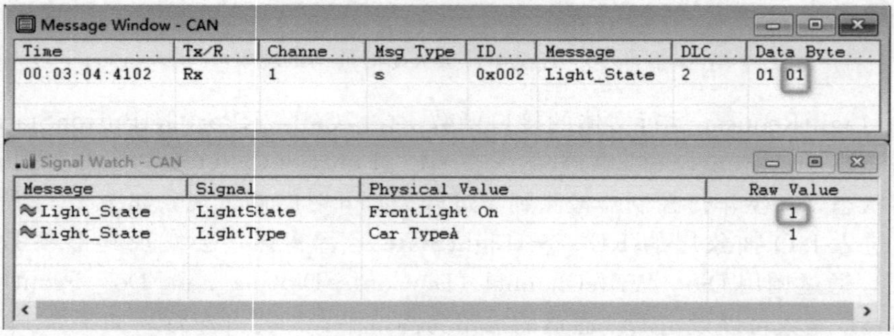

图 8.13　A 型车灯打开时向 CAN 总线上发的报文

8.3.3 B型车灯调试现象

对于 B 型车灯而言，需要结合车灯开关情况和外界环境光强信息来控制车灯的亮度，并需要将车灯型号（LightType）和车灯状态（LightState）信息反馈到 CAN 总线上。

最终，打开 B 型车灯开关，外界环境"光线较弱"时的调试现象如图 8.14 所示；外界环境"光线中等"时的调试现象如图 8.15 所示；外界环境"光线较强"时的调试现象如图 8.16 所示。

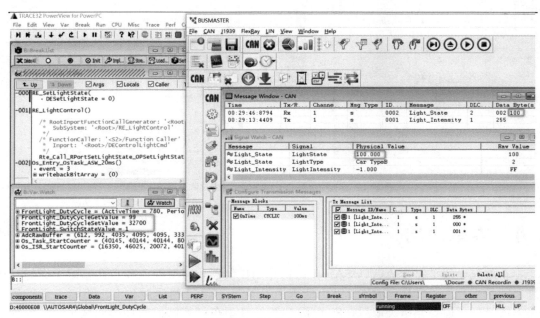

图 8.14　外界环境"光线较弱"时的调试现象

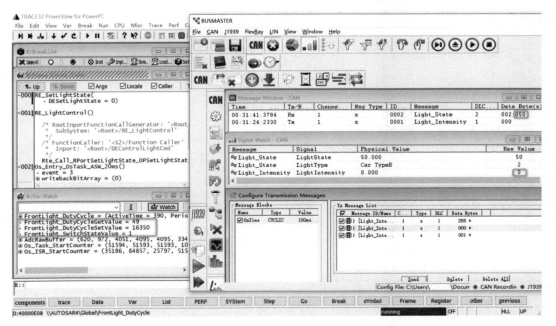

图 8.15　外界环境"光线中等"时的调试现象

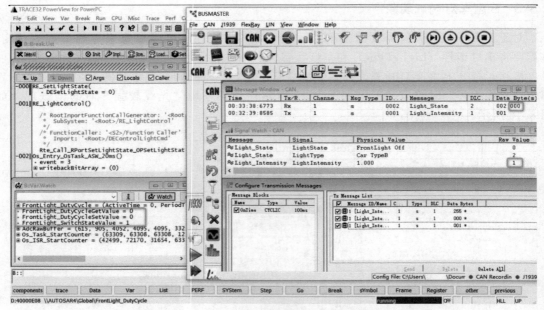

图 8.16　外界环境"光线较强"时的调试现象

8.4　本章小结

本章首先介绍了符合 AUTOSAR 规范的车用控制器代码架构，并在此基础上介绍了代码集成的基本方法。之后，对本书示例所采用的 Wind River 编译器和 Lauterbach 调试器的使用方法进行了简要介绍。最后，展示了 A 型与 B 型车灯控制器软件的调试现象，验证了软件的正确性。通过本章的学习，可以对 AUTOSAR 代码架构有一个较为清晰的认识，并可以掌握基本的代码集成、编译链接与调试方法。

第 9 章 AUTOSAR与功能安全

作为当前汽车领域最流行的话题之一，AUTOSAR 和功能安全（Functional Safety）是国际和国内众多 OEM 及零部件供应商竞相研究的两大热点。这两个新领域引入了众多的新概念，AUTOSAR 以其面面俱到的规范文件给软件工程师们带来了繁杂的工作，而功能安全也以庞杂的体系要求及含混的可操作性给身处其中的工程师们带来了巨大的挑战。清晰地理解两者之一就已经有点力不从心。对于未曾同时接触过 AUTOSAR 或功能安全相关话题的工程师而言，试图弄清楚两者之间的直接关系就更加困难了。

本章试图从宏观上阐述两者之间的关联，给软件工程师一个全局的概念。从而可以更好地理解两者之间的关系，而非关注各自的标准解读或者指导读者如何才能实现或达到各自的要求——因为要达到这个宏大的目标，需要专业的咨询服务，及时间、人力、资金等众多成本的投入。

9.1 AUTOSAR 对 ISO 26262 中支持部分的要求概述

首先，读者需要知道这两个规范 AUTOSAR R4.x 和 ISO 26262《道路车辆功能安全》（其概览如图 9.1 所示）各自的要求，主要内容及意图是什么。概括来说，AUTOSAR 定义了系统尤其是软件架构规范，它注重模块化软件设计、软硬件独立开发（Modularity）、模块的可重用性（Reusability）、标准化接口、模块可替换性（Exchangeability）等，以及定义了软件实现的一些方法。AUTOSAR 试图通过标准统一的接口成本最小化地无缝替换或适配各种硬件环境，并尽量在各个控制器中重用各种已开发的应用算法。而功能安全是一个体系，从文化、流程、系统、软硬件开发等多方面提出了诸多要求，期望让产品的功能更安全。简单来说，AUTOSAR 是一个软件架构，而 ISO 26262 强调的是从产品定义→软硬件开发→测试→生产的一个安全开发流程和生产管理等体系。从这个角度看，功能安全规范定义的范围更"大"一些！事实上，两者之间并不是直接的并列或者包含的关系，而只是有部分关联，且两者有关联的交集部分可类比于需求和实现的关系，即 ISO 26262 在软件方面从流程到开发，从方法到工具提了很多要求，而 AUTOSAR 恰巧在某些方面（尤其是软件架构部分）实现或者满足了部分功能安全的要求。

虽然 AUTOSAR R4.x 对应用层做了部分标准化，但更多的规范是定义了底层软件的通用功能。下面将详细地列出功能安全在软件方面的部分要求，及对应的 AUTOSAR R4.x 规范相关的实现或满足的内容，以帮助读者对两者之间的关联部分有个初步的理解。

功能安全 ISO 26262：2011 按照通常的 V 开发模型顺序逐一阐述，其中对软件部分的要求主要集中在了 Part 6 部分。由于 AUTOSAR 偏重于软件架构，故与功能安全相关的多在于软件架构部分。另外，ISO 26262：2011 硬件部分和系统测试部分多多少少也有一些要

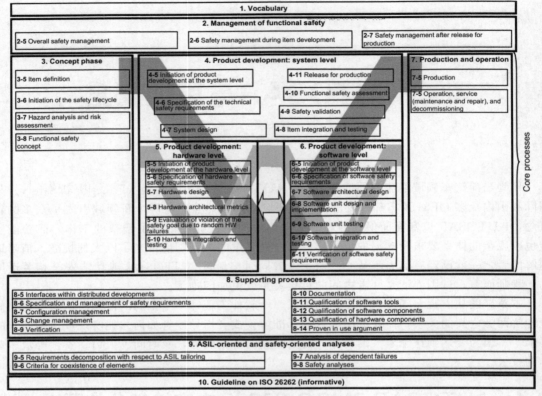

图 9.1 ISO 26262 标准概览

求与 AUTOSAR 的某些机制实现是相对应的,在此也一并阐述。

需要指出的是,尽管 AUTOSAR 提供了一些安全方法或机制来开发安全相关的系统,但并不能保证依据 AUTOSAR 规范开发的软件就一定是满足功能安全目标的。因为要达到这个目标还需要其他方面的配合,只能说符合 AUTOSAR 规范的开发方法有助于最终产品更好地满足功能安全的要求。

以下内容将按照"功能安全要求→AUTOSAR 对应实现"的形式来逐步讲述有关 AUTOSAR R4.x 对 ISO 26262:2011 能够提供支持的部分。

9.1.1 ISO 26262 对架构设计的要求

ISO 26262 中要求在软件架构设计时,软件架构需具备以下特征:

① 可验证性;

② 可追溯性;

③ 可配置性;

④ 灵活性;

⑤ 可测性;

⑥ 可维护性。

另外,为了避免由于较高的复杂度导致的软件失效(Failure),软件架构设计时还需考虑以下因素:

① 模块化;

② 封装化；

③ 简单化。

显然 AUTOSAR 出于其层次分明、模块独立性强以及其静态代码与配置代码相对独立等特点，几乎完全符合上述要求。因为 AUTOSAR "天生"就具备以下几大特点：

① 可重用性（Reusability），规定了模块间的标准接口；

② 可验证性（Verifiability），依托于工具链提供商的检测；

③ 模块化（Modularity），软硬件的独立性及各层级模块间的独立性；

④ 封装性（Encapsulation），基于层级封装的设计。

ISO 26262 对软件架构设计的静态设计部分，如架构框图、数据流、数据的类型及属性、模块接口和整个软件的接口信息等要求在 AUTOSAR 中由 Compositions、SWCs、Interfaces、Ports、Runnables 等要素来实现；对动态架构设计，如状态迁移图、时序流、Schedule 图等要求则由对应的 OS Tasks、RTE Events 或 SchM 等要素来实现。

为了提升软件的鲁棒性，ISO 26262 标准中要求软件架构设计时需要考虑错误检测机制和错误处理机制，如图 9.2 所示。

Table 4 — Mechanisms for error detection at the software architectural level

	Methods	ASIL A	ASIL B	ASIL C	ASIL D
1a	Range checks of input and output data	++	++	++	++
1b	Plausibility check[a]	+	+	+	++
1c	Detection of data errors[b]	+	+	+	+
1d	External monitoring facility[c]	o	+	+	++
1e	Control flow monitoring	o	+	++	++
1f	Diverse software design	o	o	+	++

[a] Plausibility checks can include using a reference model of the desired behaviour, assertion checks, or comparing signals from different sources.

[b] Types of methods that may be used to detect data errors include error detecting codes and multiple data storage.

[c] An external monitoring facility can be, for example, an ASIC or another software element performing a watchdog function.

Table 5 — Mechanisms for error handling at the software architectural level

	Methods	ASIL A	ASIL B	ASIL C	ASIL D
1a	Static recovery mechanism[a]	+	+	+	+
1b	Graceful degradation[b]	+	+	++	++
1c	Independent parallel redundancy[c]	o	o	+	++
1d	Correcting codes for data	+	+	+	+

[a] Static recovery mechanisms can include the use of recovery blocks, backward recovery, forward recovery and recovery through repetition.

[b] Graceful degradation at the software level refers to prioritizing functions to minimize the adverse effects of potential failures on functional safety.

[c] Independent parallel redundancy can be realized as dissimilar software in each parallel path.

图 9.2　ISO 26262 标准中对软件架构级别错误检测机制及错误处理机制的要求

相应地，AUTOSAR 规范中提出了如下概念：

① 存储空间隔离（Memory partitioning）；

② 防御性行为（Defensive behavior）；

③ 端对端保护（End-to-end communication protection）；

④ 程序流监控（Program flow monitoring）；

⑤ 硬件测试和检查（Hardware testing and checking），其中硬件相关的检测在 ISO 26262-5 中有要求。

此外，功能安全中对软件架构设计的要求如图 9.3 所示。

Table 3 — Principles for software architectural design

	Methods	ASIL A	ASIL B	ASIL C	ASIL D
1a	Hierarchical structure of software components	++	++	++	++
1b	Restricted size of software components[a]	++	++	++	++
1c	Restricted size of interfaces[a]	+	+	+	+
1d	High cohesion within each software component[b]	+	++	++	++
1e	Restricted coupling between software components[a, b, c]	+	++	++	++
1f	Appropriate scheduling properties	++	++	++	++
1g	Restricted use of interrupts[a, d]	+	+	+	++

[a] In methods 1b, 1c, 1e and 1g "restricted" means to minimize in balance with other design considerations.

[b] Methods 1d and 1e can, for example, be achieved by separation of concerns which refers to the ability to identify, encapsulate, and manipulate those parts of software that are relevant to a particular concept, goal, task, or purpose.

[c] Method 1e addresses the limitation of the external coupling of software components.

[d] Any interrupts used have to be priority-based.

图 9.3　ISO 26262 中对软件架构设计的要求

　　AUTOSAR 对于软件架构要求的支持是显而易见的。AUTOSAR 基于分层和模块化理念的设计，以及 Interface、SWC 等的灵活使用，使得软件架构满足 1a 层次化结构、1b 限制软件组件数量、1c 限制接口数量。另外，AUTOSAR 出于模块化可剪裁等特点，模块间耦合度已经很低了，基本满足 1e 低耦合等要求。至于其 1d 高内聚，AUTOSAR 引入 Software Components，整个概念本身即建议一个 SWC 包含一个相关的功能块。1f 合适的调度和 1g 限制中断使用是针对 AUTOSAR 的 OS 和 RTE 而言的，强大的 OS 功能和灵活的 Event 使用，可实现最合适的调度机制，以及用轮询的 Event 触发方式取代中断的使用。

　　需要注意的是，1a~1g 部分要求在实际产品开发中牵涉到软件的具体设计和实现，且多为主观评价，在功能安全产品认证时需要结合各自公司和产品的衡量标准具体分析及评价。例如，在具体的项目实施中，应用层的 ASW 是否低耦合、高内聚主要取决于工程师的具体实现，而非一个空泛的软件组件定义。

9.1.2　ISO 26262 对硬件验证的要求

　　ISO 26262 在硬件验证方面也有一些要求，在硬件测试方面主要包括以下三个部分：

① RAM 测试；

② Flash 测试；

③ 内核测试。

在 ISO 26262 Part 5 中，定义了一系列 RAM 错误检测机制，如图 9.4 所示。

这里 RAM 测试是为了测试 RAM 单元的物理健康性，不是为了测试 RAM 的内容。其中 RAM 单元是存储的单元，依赖于处理器。

对应地，AUTOSAR MCAL 中有一个 RamTst 模块，专门实现了这一功能。其原理通

Table D.6 — Volatile memory

Safety mechanism/measure	See overview of techniques	Typical diagnostic coverage considered achievable	Notes
RAM pattern test	D.2.5.1	Medium	High coverage for stuck-at failures. No coverage for linked failures. Can be appropriate to run under interrupt protection
RAM March test	D.2.5.3	High	Depends on the write read order for linked cell coverage. Test generally not appropriate for run time
Parity bit	D.2.5.2	Low	—
Memory monitoring using error-detection-correction codes (EDC)	D.2.4.1	High	The effectiveness depends on the number of redundant bits. Can be used to correct errors
Block replication	D.2.4.4	High	Common failure modes can reduce diagnostic coverage
Running checksum/CRC	D.2.5.4	High	The effectiveness of the signature depends on the polynomial in relation to the block length of the information to be protected. Care needs to be taken so that values used to determine checksum are not changed during checksum calculation. Probability is 1/maximum value of checksum if random pattern is returned

图 9.4 ISO 26262 中提出的 RAM 错误检测机制

常是在被测的 RAM 位置中写入一个已知的序列，然后读取它并测试读取序列是否与所写的序列相同。在执行 RAM 测试算法时，不允许其他软件修改测试的 RAM 区域。

ISO 26262 Part 5：D1 部分提到 Non-Volatile Memory，即 ROM/Flash 失效模式，其部分失效模式如图 9.5 所示。对应的 FlsTst 也是 AUTOSAR 架构中 MCAL 层的一个标准模块。它提供算法来测试非易失性存储区，其测试服务可以在上电初始化后的任一时候执行，并有用户根据不同的安全分析需求选择合适的测试算法及合适的执行点来满足系统的安全需求。

Non-volatile memory	D.5	Stuck-at[a] for data and addresses and control interface, lines and logic	d.c. fault model[b] for data and addresses (includes address lines within same block) and control interface, lines and logic	d.c. fault model[b] for data, addresses (includes address lines within same block) and control interface, lines and logic

图 9.5 ROM/Flash 失效模式（部分）

至于内核检测，ISO 26262 Part 5：D1 部分提到处理器内核的失效模式，其部分失效模式如图 9.6 所示。

显然要求有相应的机制去检测有关失效模式。AUTOSAR 架构中 MCAL 层标准模块 CoreTst 可通过对内核进行测试，从而能够验证 CPU 寄存器、中断控制器、算术逻辑单元、存储接口、缓存控制器、MPU（Memory Protection Unit）单元等的功能是否完整。

总之，AUTOSAR 有专门的功能模块帮助用户实现功能安全对硬件的检测要求。当然，这些功能模块的实现强烈依赖于具体的硬件，且通常由 MCAL 的供应商负责提供。

Processing units	ALU - Data Path	D.4/D.13	Stuck-at[a]	Stuck-at[a] at gate level	d.c. fault model[b] Soft error model[c] (for sequential parts)
	Registers (general purpose registers bank, DMA transfer registers…), internal RAM	D.4	Stuck-at[a]	Stuck-at[a] at gate level Soft error model[c]	d.c. fault model[b] including no, wrong or multiple addressing of registers Soft error model[c]
	Address calculation (Load/Store Unit, DMA addressing logic, memory and bus interfaces)	D.4/D.5/D.6	Stuck-at[a]	Stuck-at[a] at gate level Soft error model[c] (for sequential parts)	d.c. fault model[b] including no, wrong or multiple addressing Soft error model[c] (for sequential parts)
	Interrupt handling	D.4/D.10	Omission of or continuous interrupts	Omission of or continuous interrupts Incorrect interrupt executed	Omission of or continuous interrupts Incorrect interrupt executed Wrong priority Slow or interfered interrupt handling causing missed or delayed interrupts service
	Control logic (Sequencer, coding and execution logic including flag registers and stack control)	D.4/D.10	No code execution Execution too slow Stack overflow/underflow	Wrong coding or no execution Execution too slow Stack overflow/underflow	Wrong coding, wrong or no execution Execution out of order Execution too fast or too slow Stack overflow/underflow
	Configuration Registers	D.4	—	Stuck-at[a] wrong value	Corruption of registers (soft errors) Stuck-at[a] fault model
	Other sub-elements not belonging to previous classes	D.4/D.13	Stuck-at[a]	Stuck-at[a] at gate level	d.c. fault model[b] Soft error model[c] (for sequential part)

图 9.6 处理器内核的失效模式（部分）

9.1.3 ISO 26262 对通信验证的要求

在 ISO 26262 Part 5：D8 中总结了对通信总线的要求（图 9.7），如帧超时检测、节点丢失检测、CRC 校验等，这些在 AUTOSAR 对应的总线模块如 CAN 协议栈、LIN 协议栈

Table D.8 — Communication bus (serial, parallel)

Safety mechanism/measure	See overview of techniques	Typical diagnostic coverage considered achievable	Notes
One-bit hardware redundancy	D.2.7.1	Low	—
Multi-bit hardware redundancy	D.2.7.2	Medium	—
Read back of sent message	D.2.7.9	Medium	—
Complete hardware redundancy	D.2.7.3	High	Common failure modes can reduce diagnostic coverage
Inspection using test patterns	D.2.7.4	High	—
Transmission redundancy	D.2.7.5	Medium	Depends on type of redundancy. Effective only against transient faults
Information redundancy	D.2.7.6	Medium	Depends on type of redundancy
Frame counter	D.2.7.7	Medium	—
Timeout monitoring	D.2.7.8	Medium	—
Combination of information redundancy, frame counter and timeout monitoring	D.2.7.6, D.2.7.7 and D.2.7.8	High	For systems without hardware redundancy or test patterns, high coverage can be claimed for the combination of these safety mechanisms

图 9.7 ISO 26262 中对通信总线的要求

等需求和实现中都有体现。

在对应的 AUTOSAR ComSpec 中，针对 Timeout Monitor、Frame Counter 等都有明确的要求和机制，散落在诸如［SRS_Com_02037］、［SRS_Com_00192］、［SWS_Com_00688］、［SWS_Com_00587］、［SWS_Com_00739］、［SWS_Com_00308］、［SWS_Com_00727］、［SWS_Com_00333］等。

数据序列控制器（Data Sequence Control）：AUTOSAR Com 模块以 I-PDU 计数器的形式提供了数据序列控制机制。一旦侦测到计数器不连续，例如重复或丢失的情况，其 I-PDU 将被直接丢弃掉。

截止时间监视（Deadline Monitoring）：在信号组的截止时间监视范围内，监控是否接收到信号。接收截止时间监视通过 I-PDU 组的控制，可以启用和禁用接收截止时间监视。在接收超时的情况下，Com 模块可决定是否用初始值替换信号/信号组值，或保持最后一个接收值。例如，AUTOSAR 标准中有如下要求。

① SRS_Com_02058：AUTOSAR Com 模块应支持接收端对更新的信号/信号组的截止时间监控。

② SRS_Com_02099：AUTOSAR Com 模块应提供一种检测出接收到的 I-PDU 失序的机制。

③ SRS_Com_00192：AUTOSAR Com 模块应支持启用和禁用 I-PDU 组的接收截止时间监控。

④ SRS_Com_02037：AUTOSAR Com 模块应对所有信号和信号组独立执行传输截止时间监控（如果配置）功能。

⑤ SRS_Com_02030：AUTOSAR Com 模块应支持检测收到的信号或信号组是否由发送方更新。

9.1.4　ISO 26262 对 FFI 的要求

在 ISO 26262 Part 6 附录 D 中，从免于干扰（Freedom From Interference，FFI）出发，要求提供对应的机制来检测执行时间错误和数据交换错误，并在内存空间做到隔离保护等。

（1）D.2.2 时序和执行

关于时间约束，在每个软件分区中执行的软件元素可以考虑以下故障的影响：

① 执行阻塞；

② 死锁（Deadlocks）；

③ 活锁（Livelocks）；

④ 错误的执行时间分配；

⑤ 软件要素之间同步不正确。

（2）D.2.3 存储器（Memory）

对于存储器，在每个软件分区中执行的软件元素需考虑下面列出的错误的影响：

① 内容损坏；

② 对其他软件元素存储空间读写访问权限。

（3）D.2.4 信息交互

关于信息交换，对每个发送方或接收方，需考虑下列故障的原因或错误的影响：

① 重复接收；

② 信息丢失；

③ 信息延迟；

④ 信息插入；
⑤ 信息伪装或信息的不正确寻址；
⑥ 信息序列错误；
⑦ 信息损坏；
⑧ 一个发送端给多个接收端的信息不对称；
⑨ 接收方仅接收到部分子集信息；
⑩ 通信信道访问阻塞。

在 AUTOSAR 架构中有不同的安全机制来检测和防范不同的错误，例如：

a. 对存储器（Memory）的要求主要由存储器分区（Memory Partition）和存储器保护（Memory Protection）两种机制来实现；

b. 对信息交互的保护主要由 E2E（End-to-End Communication Protection）机制来实现；

c. 对执行时间的保护要求一般是由 WdgM（Watchdog Manager）的时间监控和操作系统 OS 的时间保护来满足的。

下文将会分小节来详细描述 AUTOSAR 中实现 FFI 的安全机制。

9.1.5 ISO 26262 对编码风格的要求

ISO 26262 中对编码风格的要求如图 9.8 所示。其中，主要包括：

① 1a 低复杂度的实施（Enforcement of low complexity）；
② 1b 语言子集（Use of language subsets）；
③ 1c 强类型的实施（Enforcement of strong typing）；
④ 1d 防御性实现技术的使用（Use of defensive implementation techniques）；
⑤ 1e 已建立的设计原理的使用（Use of established design principles）；
⑥ 1f 无歧义图示法的使用（Use of unambiguous graphical representation）；
⑦ 1g 设计规范的使用（Use of style guides）；
⑧ 1h 命名惯例（Use of naming conventions）等。

	Topics	ASIL			
		A	B	C	D
1a	Enforcement of low complexity[a]	++	++	++	++
1b	Use of language subsets[b]	++	++	++	++
1c	Enforcement of strong typing[c]	++	++	++	++
1d	Use of defensive implementation techniques	o	+	++	++
1e	Use of established design principles	+	+	+	++
1f	Use of unambiguous graphical representation	+	++	++	++
1g	Use of style guides	+	++	++	++
1h	Use of naming conventions	++	++	++	++

[a] An appropriate compromise of this topic with other methods in this part of ISO 26262 may be required.

[b] The objectives of method 1b are
— Exclusion of ambiguously defined language constructs which may be interpreted differently by different modellers, programmers, code generators or compilers.
— Exclusion of language constructs which from experience easily lead to mistakes, for example assignments in conditions or identical naming of local and global variables.
— Exclusion of language constructs which could result in unhandled run-time errors.

[c] The objective of method 1c is to impose principles of strong typing where these are not inherent in the language.

图 9.8 ISO 26262 中对编码风格的要求

而上述许多编码风格的要求在 AUTOSAR 规范里几乎随处可见，如图 9.9 所示。

The following table provides a list of examples of ISO26262 Requirements mapped to the definition of AUTOSAR Basic Software.

ID	Functional Safety Measures	ISO Reference	AUTOSAR Requirement/Feature
001	Enforcement of strong typing	ISO26262-6 Table 1, 1c	AUTOSAR Meta-Model
002	Use of established design principles	ISO26262-6 Table 1, 1e	AUTOSAR Layered Architecture
003	Use of unambiguous graphical representation	ISO26262-6 Table 1, 1f	Standard representation of the AUTOSAR Meta-Model
004	Use of naming conventions	ISO26262-6 Table 1,1h	AUTOSAR Application Interfaces definition: AUTOSAR_MOD_AITable.xls AUTOSAR_EXP_AIUserGuide.pdf
005	Semi-formal Notation	ISO26262-6 Table 2, 1b	AUTOSAR Meta-Model
006	Restricted size of interfaces	ISO26262-6 Table 3, 1c	Per domain, application interfaces were proposed: AUTOSAR_EXP_AIBodyAndComfort.pdf AUTOSAR_EXP_AIChassis.pdf AUTOSAR_EXP_AIOccupantAndPedestrianSafety.pdf AUTOSAR_EXP_AIHMIMultimediaAndTelematics.pdf AUTOSAR_EXP_AIPowertrain.pdf
007	Restricted coupling between software components	ISO26262-6 Table 3, 1e	AUTOSAR_EXP_LayeredSoftwareArchitecture.pdf Please see: Interfaces: General Rules Layer Interaction Matrix.
008	Restricted use of interrupts	ISO26262-6 Table 3, 1g	AUTOSAR_EXP_InterruptHandlingExplanation.pdf
009	Detection of data errors	ISO26262-6 Table 4, 1c	AUTOSAR_SWS_E2ELibrary.pdf AUTOSAR_SWS_CRCLibrary.pdf
010	Control flow monitoring	ISO26262-6 Table 4, 1e	AUTOSAR_SWS_WatchdogManager.pdf

图 9.9　AUTOSAR 规范中对编码风格的要求

下面以 1d（防御性实现技术的使用）为例进行介绍，在 AUTOSAR 规范中就有多处提及，如图 9.10 所示。

BSW modules shall tolerate concurrent access to HW registers using defensive behavior and the techniques like:
- Protecting the read-modify-write access from interruption
- Using atomic (non-interruptible) instructions for read-modify-write access
- Protecting the access to set of registers, which have to be modified together, from interruption](*SRS_BSW_00451*)

4.2.35 [SRS_Diag_04107] Defensive behavior of the DEM module

Type:	Valid
Description:	For safety-related applications, the Diagnostics Event Manager shall ensure data integrity of errors information stored in non-volatile memory.
Rationale:	Protection of error events memory is needed for safety-related
Use Case:	Error events memory could have been corrupted
Dependencies:	--
Supporting Material:	Use the optional CRC and redundancy capabilities provided by the NVRAM Manager for Diagnostics Event Manager NVRAM Blocks. Only blocks assigned to error events of high severity can be protected. These blocks can be stored in non-volatile memory when the error event is confirmed (before shutdown of the ECU), refer to RS_BRF_00129

[SWS_WdgM_00377][

Error Name:	WDGM_E_IMPROPER_CALLER	
Short Description:	Defensive behavior checks have detected an improper caller.	
Long Description:	This extended production error indicates that the mode switch request has been invoked with a wrong caller id.	
Detection Criteria:	Fail	Improper caller
	Pass	No improper caller
Secondary Parameters:	-	
Time Required:	detected immediately when mode request is invoked with a wrong caller id	
Monitor Frequency:	Aperiodic - the detection (supervision) occurs only if the mode switch is triggered.	

图 9.10　AUTOSAR 规范中对防御性的设计方法的应用案例

除此之外，为了确保按照 AUTOSAR 规范编写的代码安全，AUTOSAR 组织还邀请 PRQA 公司成为合作伙伴，一起研究"安全系统中 C++14 语言的使用指南"，并作为 Adaptive AUTOSAR 产品标准的准则一起发布。

9.2 AUTOSAR 中实现 FFI 的安全机制

9.2.1 AUTOSAR 安全机制的存储空间分区

ISO 26262 Part 6 中对存储空间分区（Memory Partition）的要求为如果软件分区是用于实现软件组件间的 FFI，则应确保以下内容。

(1) 共享资源使用时需利用软件分区来确保 FFI

共享资源使用时需利用软件分区来确保 FFI，这意味着：

① 在软件分区内的任务不会彼此之间相互干扰；

② 一个软件分区不能更改其他软件分区的代码或数据，也不能控制其他分区上的非共享资源；

③ 来自于一个分区的共享资源服务不能受另一个软件分区的影响，这包括在访问资源时对性能和调度延时等方面造成的负面影响。

(2) 软件分区由专用硬件特性或等效手段予以支持（适用于 ASIL D）

(3) 实现软件分区的软件应遵循相同或高于最高 ASIL 等级要求

为实现上述功能安全对分区隔离的要求，AUTOSAR 提供了存储空间分区（Memory Partition）机制。存储空间分区可将两个软件组件映射到不同的存储空间上，从而避免它们之间的相互干扰，即在一个 SWC 上存储空间的失效，不会引起另一个 SWC 的崩溃。

因为有了不同的 ASIL 等级，所以就有了不同 ASIL 等级之间需要隔离这个概念，需要避免低等级的任务修改高等级任务的数据，造成高等级任务使用了不可信的数据，从而影响安全功能。在软件架构设计（Software Architectural Design）阶段，完成静态架构和动态架构设计之后，需要做软件独立性分析，这里重点就是分析这部分内容，分析结果有可能会影响不同模块 ASIL 等级的调整。

软件存储分区是 OS 及 RTE 功能的扩展，是通过 OS 中的 OS-Application 来实现的。OS-Application 可用作一个独立的错误控制区域，将 SWC 和相关资源可映射到 OS-Application 上。将几个 SWC 组成一个分组并将这些分组运行于不同的存储区间上，从而避免它们之间的相互影响。通过这种方式能够确保某一个 SWC 相关的存储空间错误不会影响到其他的 SWC，一旦检测到 OS-Application 错误，应用程序可以在运行时终止或重新启动，同时也可为每一个 OS-Application 单独设定恢复（Recovery）策略。

图 9.11 展现了一个分区的示例。假设在 Partition 1 中发生了某个错误/冲突，那么 Partition 1 会被 OS 的服务函数终止，同时 Partition 1 上的通信也被停止，然后 Partition 1 重新启动。

9.2.2 AUTOSAR 安全机制的存储空间保护

在 AUTOSAR OS SC3/SC4 中提供了存储空间保护（Memory Protection）特性。存储空间保护主要是避免一个软件组件在未经许可的前提下篡改另一块存储空间的软件组件的数据内容。为此，在 AUTOSAR 中定义了 OS-Application 的可信度，分为可信（Trusted）的和不可信（Non-Trusted）的两类，在同一个 OS-Application 内的 OS 对象之间可以相互访

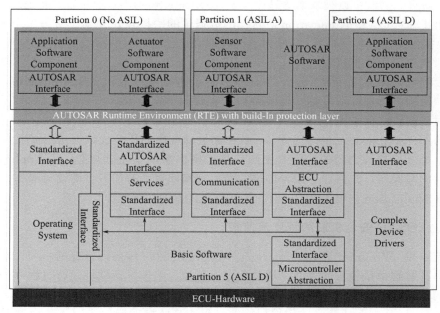

图 9.11　软件存储分区示例

问而不受限制，而不同 OS-Application 之间的 OS 对象之间的访问是需要授权的。在 AUTOSAR OS 中每个 Application 只允许可信（Trusted）的应用访问，它们在运行时，对存储及 OS API 的访问不受限制，不需要运行时的时间保护。而对于非可信（Non-Trusted）的 OS-Application，如果监控或保护没有开启的时候不允许运行，它们受限访问存储、OS API 等。这样就可以防止非可信的另一个软件组件对应用的破坏。

存储空间的访问控制依赖于 OS 的存储保护模块，需要提醒的是这一功能需要硬件拥有存储保护单元（Memory Protection Unit，MPU）特性的支持，即硬件和软件的结合才能起到存储空间访问的保护控制。这种机制确保 ECU 上安全相关的应用对存储保护的需求，防止一个非授权的软件组件对数据的破坏。存储保护针对不同的数据段，代码段和任务栈有不同的实现机理，如图 9.12 所示。

（1）对数据段的保护机制

OS-Application 支持私有数据段，任务或中断处理程序也可以有私有数据段，OS-Ap-

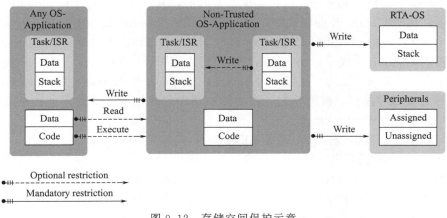

图 9.12　存储空间保护示意

plication 的私有数据段可以被从属于这个 OS-Application 的所有任务和中断处理程序共享。操作系统禁止非可信 OS-Application 对自己的数据段的写操作，并禁止对另一个 OS-Application 的数据段的读（可选的）/写操作，但允许对自己的私有数据段的读/写操作。

（2）对代码段的保护机制

代码段既可以被某个 OS-Application 私有，也可以被所有的 OS-Application 共享。操作系统保护代码段可选的不可被非可信的 OS-Application 执行。

（3）对任务栈的保护机制

不同的 OS-Application 内的任务和 OS 中断处理程序的任务栈数据是不需要共享的，因此不同 OS-Application 之间的栈需要受到保护。操作系统禁止非可信 OS-Application 对自己的任务栈的写操作，允许任务或者二类中断处理程序对私有任务栈的读写操作，但是禁止非可信 OS-Application 内的其他任务/中断对私有任务栈的写操作。

9.2.3 AUTOSAR 安全机制的程序流监控

程序流监控（Program Flow Monitor）作为 ISO 26262 中强烈推荐的一项，对于电控软件的安全提升有着举足轻重的意义。通过程序流监控，能够发现软件运行过程中的一些违反设计意图的错误，从而能够进行相应的应对措施，确保行车安全。

在 AUTOSAR 规范所定义的软件架构中，程序流监控功能的实现主要由"看门狗"栈（Watchdog Stack）来实现，自上而下包括 WdgM 模块（Watchdog Manager）、WdgIf 模块（Watchdog Interface）和 Wdg 驱动模块（Watchdog Driver）。对应用层来说，这三个模块通过 RTE 向应用层提供接口服务，由此实现底层监控应用层策略运行的功能。

下面先分别介绍一下这三个模块，引入一些基本概念，方便后续针对程序监控这一安全机制的介绍。

（1）WdgM 模块

WdgM 模块位于 AUTOSAR 架构基础软件层中的服务层，如图 9.13 所示。WdgM 主要负责监控程序执行的准确性，并触发相应的硬件"看门狗"，即所谓的"喂狗"，扮演了整个监控的核心角色。WdgM 监控的对象为监控实体（Supervised Entity，SE），每一个监控实体均会映射至对应的 OS Application。由于 OS Application 无法涵盖跨核的 Task，因此一个监控实体无法实现跨核任务的监控，需多个监控实体配合实现。

Supervised Entity 中重要的一些位置被定义为检查点（Checkpoint，CP），也是 WdgM 模块获取 Supervised Entity 实际运行状态最为核心的元素。根据设计者的设计意图，一个 Supervised Entity 的执行是有相应执行顺序的。因此，其内部的若干 Checkpoints 也有相应的转移顺序，在 AUTOSAR 的定义中，这一转移称为 Transition。根据 Checkpoint 是否存在于同一个 Supervision Entity 可分为 Internal Transition 以及 External Transition。Checkpoints 及其 Transition 形成了监控实体运行的逻辑顺序图，称为 Graph。同样，根据是否包含 External Transition，Graph 也可分为 Internal graph 以及 External Graph。Graph 作为 WdgM 实际监控程序执行逻辑的依据，在实际应用中，其设定需要确保准确无误。上述提及的相关概念示意如图 9.14 所示。

WdgM 提供了三种监控方式，包括 Alive Supervision、Deadline Supervision 以及 Logical Supervision。三种监控方式针对不同的监控应用场景。Alive Supervision 用于监控周期性任务是否被执行到，即该任务是否还"活着"；Deadline Supervision 用于监控任务是否在指定的时间内按时完成；Logical Supervision 用于监控任务是否按照设计的顺序得到正确的执行，是监控嵌入式系统软件是否正确执行的基本技术。

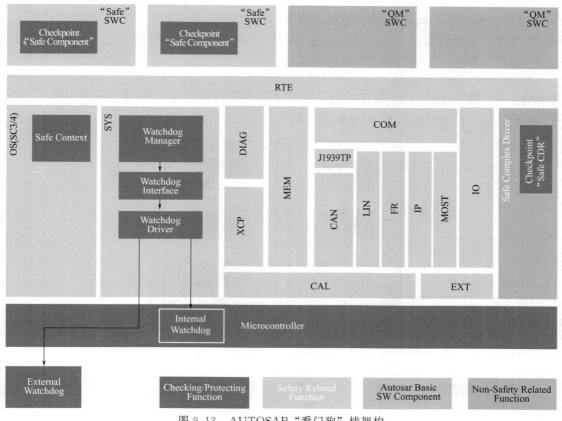

图 9.13 AUTOSAR "看门狗"栈架构

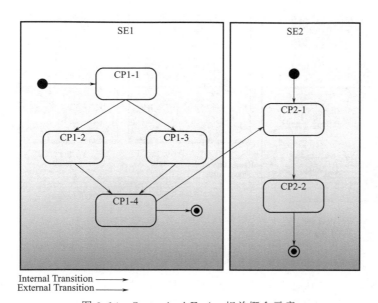

图 9.14 Supervised Entity 相关概念示意

(2) WdgIf 模块

WdgIf 模块作为整个 Watchdog Stack 的一部分,其主要功能是连接上层 WdgM 模块与底层 Watchdog 驱动模块。所连接的底层 Watchdog 驱动模块可以是一个,如外部"看门狗";也可以是多个,如 CPU 每个核的内部看门狗。

针对多核系统的监控设计,可以通过 WdgIf 模块实现连接各个核上的 WdgM Instance 及"看门狗"驱动。目前包含两种实现途径。

一种是每个核的 WdgM Instance 都被 WdgIf 连接至其对应核上的 CPU Watchdog,不同的核互不干扰,如图 9.15 所示。当一个核上出现了故障,经 WdgM 监测确认后,通过 WdgIf 对该核上的 Internal Watchdog 进行相关操作,如取消"喂狗"。

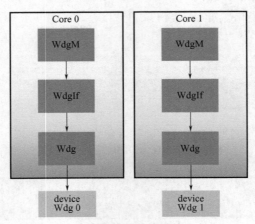

图 9.15 多核系统的监控设计(方法 1)

另一种是通过带有 State Combiner 特性的 WdgIf 功能来实现,不同核上的 WdgM Instance 共享一个"看门狗"(外部"看门狗"),如图 9.16 所示。

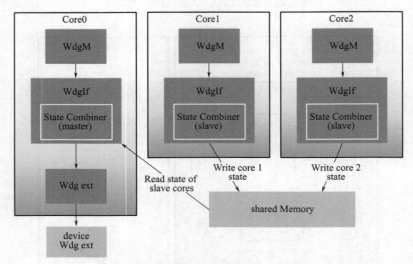

图 9.16 多核系统的监控设计(方法 2)

State Combiner 有主从之分,主 State Combiner 对应的 WdgIf 连接外部"看门狗"驱动。其余的从 State Combiner 接收到各自核上 WdgM Instance 监控结果后,将相关信息更新至一块共享的内存区间。从 State Combiner 对该段内存进行写操作,主 State Combiner 则进行读操作,由此将不同核上 WdgM 监控的结果统一汇总至主 State Combiner 对应的 WdgIf,从而决定是否正常"喂狗"。

（3）Wdg 模块

Wdg 模块，即 Watchdog 驱动模块，提供了三类服务。

① 初始化"看门狗"的服务。

② 改变"看门狗"运行模式，包括 Fast、Slow、Off 三种。需要注意的是，根据 AUTOSAR 规范，Slow 模式只被建议用于系统启动初始化过程中，并且对于安全系统，OFF 模式不建议使用。

③ 触发"看门狗"，即"喂狗"操作。

如上所述，Checkpoints 标志了程序执行过程中的重要阶段。当程序运行到 Checkpoint 处，监控实体 Supervised Entity 会直接调用函数 WdgM_CheckpointReached()，或经 RTE 封装的对应函数。设计者在配置 WdgM 模块的时候，通过 Checkpoint 以及 Transition 生成期望的程序运行逻辑，因此 WdgM 能够实时监控程序执行是否符合预期。需要注意的一点，Checkpoints 设置得越多，越能准确地反映程序代码执行的潜在可能。自然地，这会额外消耗部分芯片资源（Memory、CPU Load 等），弱化控制器的性能。

AUTOSAR 规范中定义的 WdgM 模块程序监控机制运作流程示意如图 9.17 所示。WdgM_CheckpointReached() 函数执行是在监控实体上下文内实现的，而 WdgM_Main-

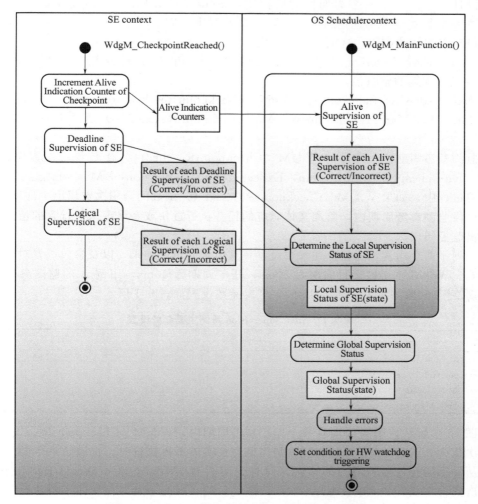

图 9.17　WdgM 模块程序监控机制运作流程示意

Function()主函数是在 OS Scheduler 上下文内执行的。

三类监控功能会对每个监控实体生成一个监控正确与否的状态,每个监控实体有三个维度的状态,包括 Alive Supervision、Deadline Supervision 以及 Logical Supervision。基于这些在 WdgM 初始化的过程中,所有的状态都会被赋为 Correct。实际监控过程中,一旦发现错误,就会将对应状态置为 Incorrect。由此每个监控实体都有一个监控正确与否的状态,AUTOSAR 规范中定义为 Local Status。其中对于 Deadline Supervision 以及 Logical Supervision,其监控实体的 Local Status 是在 WdgM_CheckpointReached()函数执行过程中被确认的,而对于 Alive Supervision,其监控实体的 Local Status 是在 WdgM_MainFunction()主函数内被确认的。所有监控实体的 Local Status 汇总成 WdgM Global Status。最终,WdgM_MainFunction()函数就是依据 Global Status 来决定后续是否正常触发"看门狗"。

下面对 Alive Supervision、Deadline Supervision 以及 Logical Supervision 三种检测方式进行具体分析。

(1) Alive Supervision

Alive Supervision 主要用于检测 WdgM_CheckpointReached()函数被调用的频率是否符合设计需求。对于一个周期性的监控实体 Supervision Entity,需要设定一个 Checkpoint,在该监控实体周期性运行的时候,正常情况下,WdgM_CheckpointReached()函数也能得到周期性的调用。这里引入几个概念。

① Supervision Reference Cycle:定义的 Alive Supervision 监控参考周期,一般是 WdgM 主函数周期的整数倍。

② Expected Alive Indications:WdgM_CheckpointReached()函数期望的调用次数。

③ Min/Max Margin:期望的 WdgM_CheckpointReached()函数调用次数的上下偏差。

在监测参考周期内,许可的 WdgM_CheckpointReached()函数调用次数应在[Expected Alive Indications-Min Margin,Expected Alive Indications+Max Margin]范围内。实际监控过程中,如果 WdgM_CheckpointReached()函数的调用次数超出了许可的范围,则说明该段监测参考周期内,监测实体对应的任务执行过快或者出现未执行到的情况,相应地会报出监控错误。

下面列举两个用例,分析上述参数设置及其监测的可能结果,以及参数设置对于监控效果的影响。WdgM 主函数运行周期为 20ms,任务周期为 30ms,用例 A 的监测参考周期为 20ms,用例 B 的监测参考周期为 40ms,主要参数设置如表 9.1 所示。

表 9.1 Alive Supervision 用例主要参数设置

参数	用例 A	用例 B
Expected Alive Indications	1	2
Supervision Reference Cycle	1	2
Min Margin	1	1
Max Margin	0	0

如图 9.18 所示,用例 A 时在每个监控参考周期内,WdgM_CheckpointReached()函数调用次数为 0 或者 1。若以此配置,则当该监控实体不再执行时,仍满足许可的调用次数范围,从而不能有效监控潜在的错误。而对于用例 B,WdgM_CheckpointReached()函数调用次数为 1 或者 2,许可的调用次数范围[1,2],因此一旦监控实体不再执行,则超出许可范围,能够检测出错误,但是仍有可能出现监控实体偶发性未被执行却无法监测出来的

情况。因此在实际配置过程中，需要谨慎选择 WdgM 主函数周期、监控实体任务周期以及监控参考周期，确保不会出现上述两种情况发生。

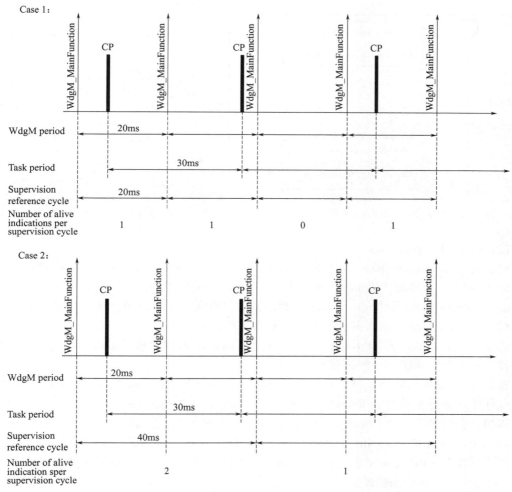

图 9.18 Alive Supervision 用例示意

一般设计者可以选取 WdgM 主函数周期及监控实体任务周期两者的最小公倍数来设置监控参考周期，确保每个监控参考周期内的 WdgM_CheckpointReached（）函数调用次数都是固定值，此时，上下偏差 Min/Max Margin 均设为 0。

（2）Deadline Supervision

Deadline Supervision 对 Transition 执行时间进行监控，也就是对监控实体执行的动态行为进行监控。涉及的主要参数为 Deadline 时间上下限，若该 Transition 无法在 Deadline 时间上下限内完成，则监测出错误。对于应用层来说，主要是监控相邻的两个 WdgM_CheckpointReached（）函数之间的代码执行时间。由于预测一段代码的执行时间比较困难，一般情况下很难给出比较精确、有意义的 Deadline 时间上下限，因此相比于另外两类监控，Deadline Supervision 的应用场景较少。

如图 9.19 所示，当代码执行至 Checkpoint 处时，执行 WdgM_CheckpointReached（）函数，在该函数内，会计算当前 OS-tick 计数值。同时，与上一个 WdgM_Checkpoint-Reached（）计算的 OS-tick 值相减，由此得到两个 Checkpoint 之间 Transition 所经历的

OS-tick 时间，并与配置得到的时间上下限进行比较，若超限，则报出该监控实体 Deadline Supervision 状态错误。

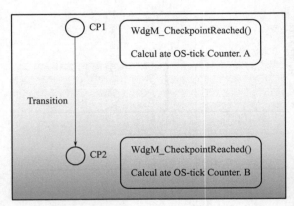

图 9.19 Deadline Supervision 机制示意

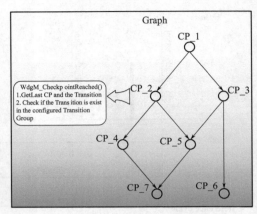

图 9.20 Logical Supervision 机制示意

(3) Logical Supervision

对于 Logical Supervision，即程序流监控（Program Flow Supervision），是功能安全标准 ISO 26262 中极力推荐的，用于检测程序代码的执行逻辑是否正确。这里先引入两个概念。

① Program Flow Reference Cycle：程序流监控参考循环，也是对应监控实体的实际运行周期，一般以 WdgM 监测主函数周期的整数倍来定义。

② Failed Program Flow Reference Cycle Tolerance：程序流监控基准循环内可接收的错误数量，对于安全系统，一般该参数设为 0。

在进行 WdgM 配置的过程中，形成了逻辑流图 Graph。如图 9.20 所示，一旦程序实际执行过程中，运行至某 Checkpoint 处，则调用 WdgM_CheckpointReached () 函数。在该函数体内，会记录上一个 Checkpoint Id 以及两个 Checkpoint 之间的 Transition Id（Transition Id 根据相邻两 Checkpoint 计算得到），若该 Transition 不属于配置的 Transition Group，也就是说该相邻 Checkpoint 之间的 Transition 不属于预期 Transition，则报出该监控实体 Logical Supervision 状态错误。

9.2.4 AUTOSAR 安全机制的 E2E 保护

在 ISO 26262：Part 6 附录 D 中描述了信息在交换过程中面临的风险，如：
① 重复接收；
② 信息丢失；
③ 信息延迟；
④ 非预期插入信息；
⑤ 信息伪装或信息的不正确寻址；
⑥ 信息序列错误；
⑦ 信息损坏；
⑧ 一个发送端给多个接收端的信息不对称；
⑨ 接收方仅接收到部分子集信息；
⑩ 通信信道访问阻塞。

在信息的传输链中，任何一个节点发生问题，都可能导致最终的信息不正确（图 9.21

中各箭头所示），如下所示。

① 硬件问题：如 CAN 收发器的寄存器损坏。
② 外部干扰：如电磁干扰。
③ 软件本身错误：如 RTE、Com、IOC 或 OS。

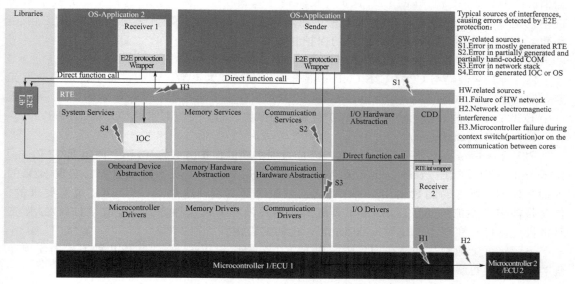

图 9.21　AUTOSAR E2E 保护机制

因此，功能安全要求在与安全相关的汽车系统中软件有一定的机制来检测类似的问题，使用安全数据传输来保护组件之间的通信，以确保交换数据的正确性。这意味着：

① 应防止通信错误（如通过适当的软件架构和核查手段来确保）；
② 如果仅有差错预防还不够（如对于 ECU 之间的通信），应在 ECU 实时运行时能够检测到足够多的错误，而未发现的危险错误率应该低于某些允许的限值。

AUTOSAR 中的 E2E 通信保护机制通过在信息中增加额外的 Counter 和 CRC 机制能够监测出的通信问题如下。

① 重复接收：同一帧被多次重复接收。
② 信息丢失：帧或帧中的部分信息丢失。
③ 信息延迟：违反帧的时序要求。
④ 非预期插入信息：传输非预期帧或帧中添加了非预期内容。
⑤ 地址错误：帧发送给了错误的目标地址。
⑥ 信息序列错误：帧未按正确序列接收。
⑦ 信息损坏：帧或帧的部分内容被篡改。
⑧ 一个发送端给多个接收端的信息不对称。
⑨ 信息伪装：接收非授权的信息，该未授权的信息被伪装成了是正确节点发出的信息。

根据不同的 E2E 库（E2E Lib）使用方式，可大致分为以下几类。

(1) E2E 保护包装器

E2E 保护包装器（E2E Protection Wrapper）是一种在 ASW 层实现的数据保护机制。用户在 RTE 之上进行一次封装，E2E Protection Wrapper 调用 E2E Lib 提供的函数库，实现 E2E 的保护和校验，最终调用 RTE 的 API 进行发送和接收。这种实现方式适用于不同层次软件组件之间的通信，小到同一个核上的 SWC 之间的通信，大到跨 ECU SWC 之间的通信都是适用的。

(2) COM E2E Callout

COM E2E Callout 是一种非标准的保护 I-PDU 信号的集成代码，是针对跨 ECU 之间的通信。COM E2E Callout 的 E2E 保护和校验是在基础软件层做的，在这种实现方式下检验的单元是以 PDU 的形式存在的，某一个 PDU 发送或者接收时，会触发该 PDU 的 Callout 函数，在 Callout 函数内部实现 E2E 的保护和校验。

(3) E2E 保护包装器与 COM E2E Callout 混合使用

E2E 保护包装器与 COM E2E Callout 混合使用方式较为灵活。例如：对于特定的数据元素，发送方使用 COM E2E Callouts，而接收方采用 E2E 保护包装器；或在给定的 ECU 网络或一个 ECU 中，一些数据元素受 E2E 保护包装器的保护，而另一些则使用 COM E2E Callouts。

(4) E2E Transformer

E2E Transformer 是一种新的，在 RTE 级别实现的保护方式。RTE 会调用 E2E Transformer 的 API，E2E Transformer 的 API 进一步调用 E2E Lib 提供的函数库，实现 E2E 的保护和校验。所有的函数调用全部封装在 RTE 内部实现，这是 AUTOSAR 规范要求的，但是目前多数主流的 AUTOSAR 工具链供应商并没有实现这种方式，也有 AUTOSAR 工具链供应商已经实现了 E2E Transformer，比如 ETAS。

下面将详细地阐述如何在项目中实现 E2E Protection Wrapper，其他几种方式的实现原理类似于此，可参考 AUTOSAR 技术规范有关章节。

在这种方法中，每个与安全相关的 SWC 都有自己的附加子层，称为 E2E 保护包装器，负责将复杂数据元素编组到与相应的 I-PDU 相同的布局中（用于 ECU 之间的通信），以便为正确地调用 E2E 库和 RTE 做好准备。

E2E 保护包装器的使用使得无须采取更多措施，即可确保 SWC 之间的 VFB 通信的完整性。既可以是同一 ECU 内的 SWC 间通信（意味在同一或不同的核或在一个微控制器的同一个或不同的 Memory 分区），也可以是跨 ECU 间的 SWC 通信（SWC 连接由 VFB 实现）。

E2E 保护包装器是 SWC 间通信的系统解决方案，其不太关心使用何种资源（如 COM 和网络、OS/IOC 或 RTE 内部通信）。对传统的应用代码或模型（SWC），基本上无须更改原先的程序代码，只需在接口中增加少许保护参数即可。

需要提请读者注意的是，E2E 保护包装器不支持 SWC 的多个实例化。这意味着，如果一个 SWC 应该使用 E2E 保护包装器，那么这个 SWC 必须是单实例化的。

所谓包装器，实际是封装了 SWC 的接口函数，如 Rte_Write 和 Rte_Read 函数，使用 E2E 库对 Rte_Read/Write 进行调用，同时进行数据交换保护。对于要传输的数据元素，有一组为发送方和接收方生成的包装函数（读/写/初始化）功能，如 E2EPW_Write_$<p>$_$<o>$() 和 E2EPW_Read_$<p>$_$<o>$()，其返回值为表示状态的 32 位整数。

下面给出一个简单的例子。在没有 E2E 保护的时候，从发送方到接收方主要过程如下：两个 SWC 之间通过 Sender-Receiver 接口传递一个 DataElement DE1，里面有两个安全信号，即 s1 和 s2，其数据结构假设如下：

```
DE1_Type
{
  U2 s1;
  U8 s2;
}appdata;
```

在发送时，直接调用 RTE 的接口函数 Rte_Write_XXX 即可。

若采用 Profile 2 的 E2E 保护（详细的 Profile 2 结构请参见有关规范），如图 9.22 展示了 E2E 库和 E2E 保护包装器从发送到接收的总体使用流程（标签上的第一个数字定义了执行顺序）。

此时，原先的数据结构会进行一定修改，变成一个新的数据结构，如下所示。

```
E2E_DE1_Type
{
    U8 crc;                /* 新增的 CRC 值 */
    U8 counter;            /* 新增的计数器 */
    U16 s1;
    U8 s2;
} e2e_appdata;
```

对于发送方而言，首先，应用层会调用一个 E2EPW_Write_<p>_<o>（图 9.22 中步骤 S1，下同），在这个函数里初步处理后先调用 E2E_P02_Protect（S4）函数。需要注意的是，这里要先完成从普通结构体类型，如 E2E_DE1_Type，到一个规则 u8 数组类型的形式转换（S0）。譬如：针对上述 E2E_DE1_Type 数据结构，将定义一个 u8 E2E_DE1_Array[5] 的数组，并将原数据结构中的元素进行相应转换，如下所示。

```
Array[0] = crc;
Array[1] = counter;
Array[2] = s1≫0x08;
Array[3] = s1&0xff;
Array[4] = s2;
```

这是很好理解的。因为所谓 Protect，就是计算 CRC 值后调用 E2E Lib，而 CRC 的计算需要的对象是 u8 类型的数组（如这里的 E2E_DE1_Array），而不可能是任一类型的数据

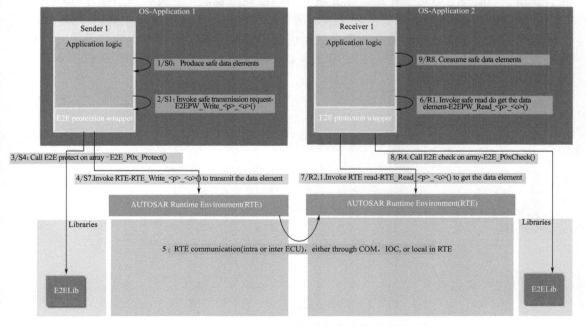

图 9.22　基于 Profile 2 E2E 保护的数据传输过程示意

(如这里的 E2E_DE1_Type)。

然后，再调用 Rte_Write_<p>_<o>_(Instance,E2E_DE1_Array)(S7)，即完成了数组的发送。

对接收方而言，整个过程是完全相反的。接收方会先调用一个 E2EPW_Read_<p>_<o>的函数（R1）。在这里面，先把数据以数组形式接收过来，即调用 Rte_Read_<p>_<o>_(Instance,E2E_DE1_Array)(R2)；然后再检查数据是否有问题，即调用 E2E_P02_Check(R4)；如果没有任何问题，再从数组中还原原始数据（R8）。

在实际项目开发过程中，通常需要 E2E 保护的信号散落在各个 SWC 中，为方便统一管理，通常建议使用以下设计模式（图 9.23），即把安全信号集中后统一经 Conversion 做转换，再经 Manager 模块后统一管理发送和接收的信号。

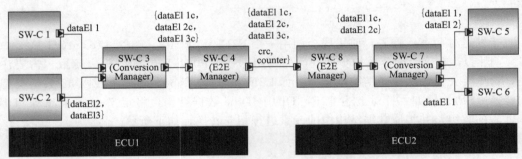

图 9.23　安全信号集中管理的软件架构示意

9.3　本章小结

本章主要介绍了 AUTOSAR 对功能安全的相关支持情况。首先，从 ISO 26262 标准着手，介绍了功能安全中对软硬件设计方面的诸多指导性建议，并关联到 AUTOSAR 规范，介绍了 AUTOSAR 中对这些安全相关需求的支持情况。之后，着重对 AUTOSAR 规范中为实现功能安全 FFI 目标所提出的安全机制进行了详细讲解。通过本章的学习，可以从宏观上理清 AUTOSAR 与 ISO 26262 之间的关联，给读者一个全局的概念性认识，从而可以更好地理解两者之间的联系。

第10章　AUTOSAR技术展望

经过 10 多年的发展，AUTOSAR 已广泛应用于众多领域控制器中，其在汽车电子领域与其他领域技术发生了许多交叉。同时，随着越来越多的应用领域扩展，新技术的应用也推动了 AUTOSAR 向新的方向去发展。本章介绍 AUTOSAR 对信息安全方面的支持，以及新一代 Adaptive AUTOSAR 平台的情况。

10.1　AUTOSAR 与信息安全

首先，在此稍微澄清一下功能安全和信息安全两者之间的关系。功能安全（Functional Safety）指的是该系统不会对人身安全、财产以及环境造成伤害。而信息安全（Cyber Security）则是指安全系统难以被其他人恶意利用车辆漏洞导致经济损失、驾驶操控失误、隐私盗取及功能安全的损坏，如车速不受到远程控制等。因此，任何功能安全的系统本身都是信息安全系统，反之则不然。例如，对一个扭矩控制系统而言，假如该系统软件存在安全漏洞，且被攻击者利用，那么在驾驶过程中就有可能会因被破解实现远程控制后而导致出现人身安全风险，即该功能安全系统必然属于信息安全系统。而如存在信息安全漏洞的车载娱乐信息系统，即使直接对其进行安全攻击，也并非一定会引起直接的驾驶功能破坏及人身安全损失，或许只是会引起部分私人信息的泄漏等，并不会导致功能安全风险。

汽车单纯地作为通勤工具，能够听听广播、放放 CD 就以为是多么了不起的"多媒体"时代一去不复返了。现如今，汽车可谓是内外连通：不仅能与车内设备连接，同时还可以方便快捷地接入互联服务。而目前人们最担心的，正是这些以直接或者间接方式连接了互联网的汽车很可能暴露于恶意软件的代码和数据攻击之下，会导致类似 SRS 等重要安全系统的失灵，造成巨大的危害。

但毋庸置疑，长期以来汽车一直注重系统功能安全的可靠性，并在不断增强车辆主被动安全能力。在功能性安全问题上一般只需考虑开发人员可能发生的疏漏，即功能性安全隐患一般源于系统故障、软件或硬件失效。但在信息安全领域，还必须同时考虑恶意或意外行为可能造成的影响，包括黑客乃至车主的行为。比如有些车主出于好奇，也有可能对车辆进行一些不当操作，从而影响车辆的网络安全。

对工程师而言，过去需要关注的仅仅是车辆硬件和软件之间的配合，而如今他们还要考虑更多的问题，比如外来入侵者是否有可能通过某些方法影响车辆的关键功能，如车速控制等。因此汽车生产商必须采取系统工程的方法保护系统安全，必须及时拿出预防措施，在车辆的整个生命周期中为其提供有效保护。必须开发出全面的安全保障策略，有效应对常规问题，并对各种恶意攻击做出敏捷的反应，以确保车辆不会成为黑客攻击的受害者。

当前常规的网络安全系统一般采用纵深防御（Defense in Depth）技术，这样一来即使某层防御被突破，其他程序也能补上缺口。此外，分层防御还能保证问题发生时可以得到有效控制，不会迅速蔓延至车辆的其他系统。本章节讨论的车辆端的网络安全，更多从车辆的角度看，主要包括：车联安全和车内安全。

（1）车联安全

车联安全包括：

① 安卓应用下载；

② 远程 ECU 固件更新 OTA（Over-the-Air Technology）；

③ 政府部门和保险部门用的"黑盒子"；

④ 车间通信 CAR-TO-CAR 等。

（2）车内安全

车内安全包括：

① 防盗/零部件保护；

② 里程保护；

③ 发动机特性；

④ 乘客数据；

⑤ 安全启动和信任链；

⑥ 安全通信等。

图 10.1 展示了 NXP 公司所提出的多层汽车安全等级概念。这个四层安全等级架构展示了一个汽车系统通信、硬件和软件组件的通用概念。

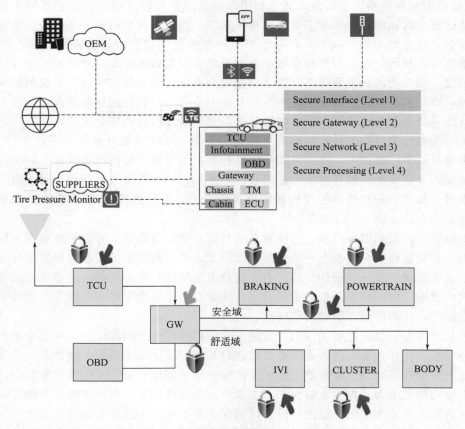

图 10.1　NXP 提出的多层汽车安全等级概念

（1）Secure Interface（Level 1）

Level 1 定义了汽车与外部接口的安全方案。主控制器集成了众多硬件和软件方面的安全技术，如安全验证、安全密匙存储等。

（2）Secure Gateway（Level 2）

Level 2 定义了外部环境和车内网络系统间接口的网络安全隔离方案。初始化安全网关后激活域隔离、防火墙、滤波器和中央入侵探测 IDS 等功能。防火墙提供了对车内网络的安全保护功能，防止外部恶意攻击。

（3）Secure Network（Level 3）

Level 3 提供了车内通信间的通信保护，如 CAN/CANFD/Ethernet 等。其技术有 CAN Id Killer、消息验证、分散入侵探测 IDS 等。

（4）Secure Processing（Level 4）

Level 4 则需要集成硬件支持保护每个 ECU 的执行环境。这些硬件所支持的安全执行元素主要有硬件安全模块（Hardware Security Module，HSM）或称为可信执行模块（Trusted Platform Module，TPMs）。Level 4 提供了安全启动、ECU 上运行软件完整性保证、OTA 等特性。

如前一章对功能安全的介绍，本章不会详细描述信息安全相关的开发流程、组织体系、信息安全概念以及要达到某个信息安全等级所要采取的各种安全方案，如安全启动策略、安全刷写、安全分区等，而只就当前 AUTOSAR R4.x 中 BSW 直接支持信息安全有关的协议栈模块作一个简单的介绍。

在当前的 AUTOSAR R4.x 规范中，与信息安全相关的主要有密码抽象库（Crypto Abstraction Library，包括 CAL 和 CPL 两个模块）、密码协议栈（Crypto Stack，包括 CSM、CryIf 和 Cry 三个模块）以及安全车载通信（Secure Onboard Communication，SecOC）三部分，支持对应四层防御体系中不同的 Level。上述各模块在 AUTOSAR 分层架构中所处的位置如图 10.2 所示。

图 10.2 中两路不同的密码服务路径可以简单地用 CAL 和 CSM 来代表。两者功能非常类似，都提供了密码算法（Cryptographic Primitives，密码原语或者称为加密基元）。从架构上说，两者其实都由封装接口层和密码实现层构成。加密算法库 CPL（Cryptographic Primitive Library）和加密库模块 CRY（Cryptographic Library Module）即是具体的实现层。

由于密码抽象库和密码协议栈是两条并行的加密路线，两者可选其一，故后续小节主要选密码协议栈和安全车载通信作进一步的介绍。

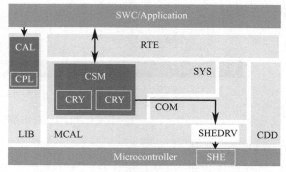

图 10.2 信息安全相关模块在 AUTOSAR 分层架构中的位置

10.1.1 密码协议栈

AUTOSAR 密码协议栈功能主要包括哈希值计算、非对称签名验证和对称数据加密等，其架构如图 10.3 所示。在 AUTOSAR BSW 中从上到下它主要包括以下三个模块：

① 密码驱动模块（Crypto Driver，Cry）；

② 密码接口模块（Crypto Interface，CryIf）；
③ 密码服务管理模块（Crypto Service Manager，Csm）。

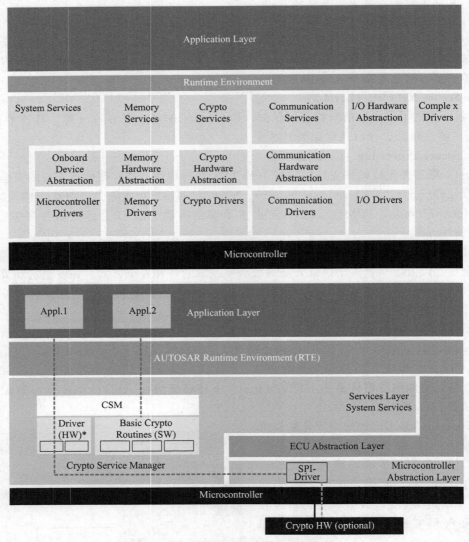

图 10.3　AUTOSAR 密码协议栈架构

(1) Cry 模块

Cry 模块位于 MCAL 层，它实现了具体的硬件（如 SHE）或者软件驱动，即可以使用软件或硬件密码算法，管理来自于不同应用的加密服务请求。这两种算法各自的劣势在于：硬件密码算法严重依赖于目标硬件的支持，而软件密码算法则无安全密钥存储（软件密码算法采用 NvM 管理密钥存储）。

Cry 模块中支持的密码算法按大类可分为对称的和非对称的两类。非对称的有 RSA2048、RSA4096、ECC256、ECC512 等，对称的则有 AES 等。具体支持的算法标准需参见供应商的用户手册。需要提醒的是，不管是硬件算法还是软件算法，两者的具体实现都没有在 AUTOSAR 规范中定义。

（2）CryIf 模块

Cry 模块之上的 CryIf 模块则抽象了硬件算法与软件算法等差异，提供了通用接口给 CSM。这样一来，对应用层而言就完全不需要关心密码算法是硬件实现还是软件实现的，以及具体采用哪个加密算法等特性。

（3）Csm 模块

对应用层而言，Csm 模块经 RTE 提供标准的密码服务接口，而对 BSW 或复杂驱动而言，直接调用相关 API 即可。Csm 模块可支持不同的应用使用同一个密码服务，而其密码算法可以完全不同，例如：一个应用需要 SHA-2，而另一个则需 ECC512。它同时支持异步调用，即加密/解密完成后经 Callback 函数告知应用层。

Csm 模块按优先级排队控制着一个或多个客户端对称或非对称密码服务的并行访问，提供的服务主要包括：

① 哈希值计算；
② 信息真实值（Message Authentication Code，MAC）的产生和验证；
③ 数字签名的产生和验证；
④ 对称和非对称加密/解密；
⑤ 随机数的产生；
⑥ 安全计数器；
⑦ 密钥管理，如密钥的产生和设置等。

Csm 模块中众多服务可采用顺序流服务（Streaming Services）或者单个函数调用（Single Call）的方法。所谓顺序流服务就是可以把一个具体的任务（如随机数的产生）拆分为三个进程：Start、Update 和 Finish，如图 10.4 所示。

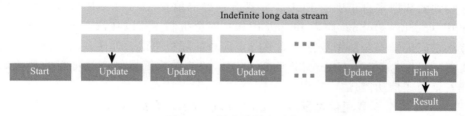

图 10.4　顺序流服务示意

顺序流服务具体过程如下：

① 首先，调用 Csm_SymEncryptStart 通知开始一个新的特殊任务或初始化某个密码计算；
② 其次，将输入数据提供给 Update 更新函数，如 Csm_SymEncryptUpdate，计算出一个中间结果；
③ 最后，调用 Finish 结束函数，如 Csm_SymEncryptFinish，指示密码计算已完成。

为提高密码服务的性能，可以把几个操作合并成一个函数调用，如这个例子中直接调用一个函数 Csm_GenerateRandom 即可直接生成随机数。

上面提到的硬件加密算法依赖于硬件安全模块——安全硬件扩展（Secure Hardware Extention，SHE），如图 10.5 所示。它主要有以下特点：

① 独立的存储空间，可存储关键安全数据；
② AES 加密/解密引擎；
③ 哈希算法；

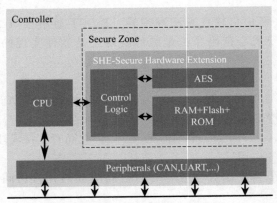

图 10.5 安全硬件扩展结构示意

④ 伪随机数产生器；
⑤ 密钥管理；
⑥ MAC 产生和验证；
⑦ 安全启动；
⑧ 安全时钟等。

由上述特点可见，SHE 支持安全地生成、存储和处理安全性关键材料，屏蔽任何潜在的恶意软件，运用有效的篡改保护措施限制硬件篡改攻击的可能性，通过应用专门的加密硬件保护软件的安全性。另外，相比于软件加密服务，硬件速度性能大概快几十倍，能更快地响应服务请求者的服务。这些种种优异特性使得 SHE 在高等级的信息安全需求中作为值得信赖的安全锚显得必不可少。

这里，SHE 是一个通用的名字，不同的供应商可能有不同的命名，如 NXP 称其为密码服务引擎（Cryptographics Service Engine，CSE）。有些芯片上还有功能更灵活的硬件加密模块，如英飞凌 Aurix 系列里有硬件安全模块（Hardware Security Module，HSM）。区别在于 HSM 支持用户自己写加密算法，有防火墙功能等，显得更强大。

10.1.2 安全车载通信

对敏感数据的身份验证和完整性保护是保护车辆系统的正确和安全功能所必需的，这可以确保接收到的数据来自正确的 ECU，并具有正确的值。AUTOSAR 规范中引入安全车载通信 SecOC（Secure Onboard Communication）安全机制，可以在汽车嵌入式网络的两个甚至多个节点之间传输安全加密数据，能够防止信号的随机错误、非法注入、故意更改、复制回放等攻击，旨在为 PDU（Protocol Data Unit）的关键数据提供有效可行的授权和认证机制，实现安全的通信功能。

AUTOSAR 安全车载通信过程示意如图 10.6 所示。在此示意图中，PduR 模块负责将传入和传出的与安全相关的 I-PDU 路由到 SecOC 模块。然后，SecOC 模块会添加或处理安

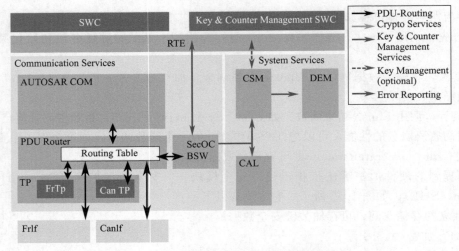

图 10.6 AUTOSAR 安全车载通信过程示意

全相关信息,并将结果以 I-PDU 的形式传播回 PduR 模块。PduR 模块负责进一步路由新的 I-PDU。SecOC 模块及 PduR 模块所支持的各种通信范式和原则,特别是多播通信、传输协议和 PduR 网关。但是,由于 SecOC 模块仅限于向上层的 API,因此当前不支持从/到 DCM 与 J1939DCM 对 PDU 进行身份验证。

在 AUTOSAR 的分层架构中,SecOC 模块被设计在 PduR 模块旁边,它和 PduR 模块交互过程示意如图 10.7 所示。

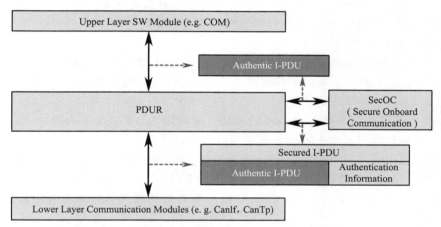

图 10.7 SecOC 模块与 PduR 模块交互过程示意

图 10.7 中同时展现了两个方向的数据流。

(1) 从上至下——信息"授权"

从上至下的原始"真实 I-PDU"(Authentic I-PDU)到带有安全信息的"安全 I-PDU"(Secured I-PDU)的过程,可称为信息"授权"(Authentication,可类比于"加密")。即对发送方来说,PduR 模块从 Com 模块接收到需要 SecOC 保护的原始信息,在发送给底层之前,增加合适的授权信息后成为受保护的"安全 I-PDU"。

(2) 从下至上——信息"验证"

从下至上的带有授权信息的"安全 I-PDU"还原为原始"真实 I-PDU"的过程,可称为信息"验证"(Verification,可类比于"解密")。即对接收方来说,接收到底层传上来的 I-PDU 后,PduR 模块调用 SecOC 验证来自底层的信息,将原先含授权信息的 I-PDU 信息验证后再送给 Com 模块处理。

在进一步解释如何进行信息授权和信息验证前,先解释一下"真实 I-PDU"及"安全 I-PDU"等相关概念。所谓"真实 I-PDU"是指原始的 AUTOSAR I-PDU,对其需要进行保护,以防止未经授权的操作和重播攻击。而所谓"安全 I-PDU"则是由在"真实 I-PDU"中添加额外的授权信息(Authentication Information,如消息验授权码 MAC 等)构成,如图 10.8 所示。

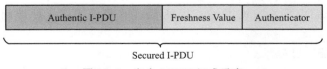

图 10.8 安全 I-PDU 组成示意

图 10.8 中授权码 Authenticator(所谓 MAC)是指使用密钥 Key、"安全 I-PDU"的数

据标识符 DataId、"真实 I-PDU"和新鲜度值（Freshness Value）等经过某个生成器生成的唯一身份验证数据字符串。MAC 提供了一个很高的可信度，即"真实 I-PDU"中的数据是由合法源生成的，并在其预期的时间提供给接收 ECU。这里，新鲜度值是指用于确保"安全 I-PDU"的新鲜性的单调计数器。这种单调计数器可以通过单个的消息计数器（称为"新鲜计数器"）来实现，或者用一个称为"新鲜时间戳"的时间戳值。需要注意的是，这里 DataId 是表征原始 PDU 的代号，发送和接收方需相同。最终，在"安全 PDU"中，MAC 和 Freshness 的值可以只截取其中一部分，并不一定是全部的原值。

下面将对信息"授权"以及信息"验证"过程进行详细介绍。

（1）信息"授权"过程

通常，SecOC 模块与 PduR 模块交互授权"真实 I-PDU"的主要步骤如下。

① 对于"真实 I-PDU"的每个传输请求，上层 COM 模块应通过 PduR 模块传输来调用 PduR_Transmit。

② PduR 模块将此请求路由到 SecOC 模块，并调用 SecOC_Transmit。

③ SecOC 模块将"真实 I-PDU"复制到自己的内存并返回。

④ 在其 MainFunction 的下一次预定调用期间，SecOC 模块通过计算身份验证信息并通过 PduR 模块通知相应的较低层模块来创建"安全 I-PDU"。详细步骤如下。

　　a. 准备缓冲区。在准备过程中，SecOC 应分配必要的缓冲区以保存身份验证过程的中间和最终结果。

　　b. 准备给验证器的数据。SecOC 模块应构造 DataToAuthenticator，即用于计算验证器的数据。DataToAuthenticator 是通过将 DataId、完整的"真实 I-PDU"和完整的新鲜度值 Freashness 串联起来形成的。即：

DataToAuthenticator＝数据标识符 DataId | 真实 I-PDU | 完整的新鲜度值 Freashness

　　c. 生成验证码。SecOC 模块应通过传递 DataToAuthenticator 及 DataToAuthenticator 的长度等信息，经专门的算法计算后生成授权码 MAC。

　　d. 构造安全的 I-PDU。SecOC 模块应通过将新鲜度值和 MAC 添加到"真实 I-PDU"来构造"安全 I-PDU"。

　　e. 增加新鲜度计数器。将新鲜计数器增加 1。当然如果在发送前取消传输，则不应增加新鲜度计数器。

　　f. 发送出"安全 I-PDU"。

⑤ 此后，SecOC 模块担当上层通信模块的角色，从而为所有较低层请求提供有关"安全 I-PDU"数据信息。

⑥ 最后，将确认信息（是否传输"安全 I-PDU"）通知到上层通信模块，以确认是否需要传输"真实 I-PDU"。

SecOC 模块解耦了上层模块和下层模块之间的交互作用。它能获得所有需要传输的信息，因而能管理与底层模块的相互作用并且不影响上层数模块。

要启动"真实 I-PDU"的传输，上层模块应调用 PduR_Transmit 之类接口。然后，PduR 模块将此请求路由到 SecOC 模块，以便 SecOC 模块可以立即访问上层通信模块缓冲区中的"真实 I-PDU"。

（2）信息"验证"过程

信息"验证"指将"安全 I-PDU"中包含的身份验证信息与根据本地数据标识符 DataId、本地刷新值 Freshness 和"真实 I-PDU"计算的身份验证信息进行比较的过程。

下面以总线接收来的"安全 I-PDU"为例，描述与 PduR 模块的总体交互及验证"安全

I-PDU"的主要步骤。

① 对于从较低层总线接口模块传入的"安全 I-PDU"的每个请求，SecOC 模块都担当上层通信模块的角色，从而服务所有需要的底层请求，以接收完整的"安全 I-PDU"。

② SecOC 模块将"安全 I-PDU"复制到自己的内存中。

③ 此后，若"安全 I-PUD"可用，并在下一次预定调用 MainFunction 期间，SecOC 模块根据要求验证"安全 I-PDU"的内容。其详细步骤如下。

a. 解析"真实 I-PDU"、新鲜度值和授权码 MAC。当接收到一个"安全 I-PDU"时，SecOC 将解析"真实 I-PDU"、新鲜度值和它的授权码 MAC。

b. 构造新鲜度值。SecOC 模块应构造新鲜度验证值 Freshness Verify Value（即用于验证的新鲜值）。如果在"安全 I-PDU"中传输了完整的新鲜度值，则需要验证构造的 Freshness Verify Value 是否大于最后存储的新鲜度值。如果它不大于最后一个存储的新鲜度值，SecOC 模块应停止验证并丢弃"安全 I-PDU"。

c. 准备授权码数据。SecOC 模块应构造用于计算接收端的授权码数据（DataToAuthenticator）。

DataToAuthenticator＝数据标识符 DataId｜真实 I-PDU｜完整的新鲜度值

d. 验证身份验证信息。SecOC 模块应通过 DataToAuthenticator、其长度、密钥来验证从"安全 I-PDU"中解析出来的验证值。SecOC 模块应根据其当前的调用函数 SecOC_VerificationStatusCallout 和 SecOC_VerificationStatus 接口，报告每个验证状态（最终状态及各中间状态）。

e. 设置新鲜度值。如果对"安全 I-PDU"验证成功，则 SecOC 模块应设置与成功使用的新鲜度值相对应的新的新鲜度值。

f. 将"真实 I-PDU"传递到上层。只有在验证了"安全 I-PDU"成功后，SecOC 模块才能使用 PduR 的下层接口将"真实 I-PDU"传递到上层通信模块。如果验证最终失败，则 SecOC 模块不能将"真实 I-PDU"传递给 PduR 模块。

④ 如果验证失败，SecOC 模块将删除"安全 I-PDU"。

⑤ 如果验证成功，SecOC 模块将承担较低层通信模块的作用，并调用 PduR_SecOCRxIndication 来实现真正的 I-PDU。

⑥ SecOC 模块报告核查结果。

同样，这样做可以分离上层模块和下层模块之间的交互作用。SecOC 模块管理与下层模块的交互，直到将完整的"安全 I-PDU"复制到自己的缓冲区中。此后，它验证"安全 I-PDU"的内容，并依赖于验证结果，决定是否启动"真实 I-PDU"到上层通信模块的传输。

SecOC 模块使用了以消息身份验证代码（MAC）为主的对称身份验证方法。它们实现的安全级别与不对称方法的密钥相比要小得多，并且可以在软件和硬件上紧凑、高效地实现。图 10.9 简单地描述了两个控制器之间 SecOC 模块的应用示例，以验证基于 PDU 的 ECU 在车辆体系内通信的真实性和新鲜性。

发送方和接收方都各自集成了 SecOC 模块，SecOC 模块通常与 PduR 模块交互。为了提供消息的新鲜度值，发送和接收端的 SecOC 模块为每个唯一可识别的"安全 I-PDU"（即每个安全通信链路）维护新鲜度值（如新鲜度计数器、时间戳等）。

在发送方，SecOC 模块通过向传出的"真实 I-PDU"添加身份验证信息来创建一个"安全 I-PDU"。身份验证信息包括一个身份验证器（如消息身份授权代码）和可选的新鲜度值。无论新鲜度值是否包含在"安全 I-PDU"有效负载中，都将在验证器生成期间考虑新鲜度值。当使用新鲜度计数器而不是时间戳时，在向接收方提供身份验证信息之前，新鲜度计

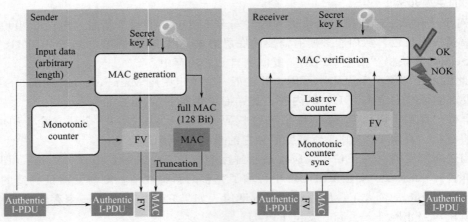

图 10.9　两个控制器间 SecOC 模块的应用示例

数器将递增。

在接收方，SecOC 模块通过验证发送方 SecOC 模块追加的身份验证信息来检查"真实 I-PDU"的新鲜度和真实性。为了验证"真实 I-PDU"的真实性和新鲜性，接收方的"安全 I-PDU"应与发送方的"安全 I-PDU"完全相同，且接收方 SecOC 应知道发送方给出的新鲜度值。

10.2　Adaptive AUTOSAR 平台

10.2.1　Adaptive AUTOSAR 缘起

如前所述，传统的 AUTOSAR 主要从 OSEK 演变而来，最开始应用的领域以动力系统方面居多，其操作系统多强调实时性和可靠性，功能相对简单。目前，汽车的架构几乎没什么变化，制动和转向模块必须向节点发送大量消息，这些节点还必须"了解"各个单元及其所处位置。

因此传统 AUTOSAR 在当前分布式电子电气架构下，第一次基本实现了子系统域内部，尤其是动力子系统内部的功能分布式开发以及集成。

而未来的汽车电子电气架构会更加自由也更具多样性，节点无须了解正在进行通信的计算机处于什么位置，或是将传递什么信息。信息娱乐系统和高级驾驶辅助系统（Advanced Driver Assistant System，ADAS）等电子电气架构势必会对车辆的通信功能提出更高要求，这样才能保证不同模块之间的快速交互。电子控制和通信系统的快速发展，提高了汽车行业对 AUTOSAR 的接受程度。互联功能、高级安全功能和自动驾驶功能都将改变未来汽车的电子架构，这是因为这些功能采用的控制器之间的通信更加随机，并不像当今绝大多数模块那么固定。

随着汽车电子化程度的逐步深入，整个车辆中还应用了众多其他的操作系统，如 QNX、Linux、Android 等；另外，像 ADAS、机器学习之类的应用对计算量、数据存储等要求特别高，新引入的 ARM 类芯片，其以太网（Ethernet）通信速度达到惊人的 1000M……这些已经不似传统的嵌入式开发，更酷似 BAT 的开发模式了，由低处理量向高处理量转变，由低通信速率向高通信速率转变，由面向信号流的通信转向面向服务（Service-Oriented）的通信，这些变化都迫切要求传统的 AUTOSAR 能够适应兼容这些新的需求。

基于上述技术发展趋势，汽车电子电气架构在将来可能呈现出以下发展趋势，如图 10.10 所示。

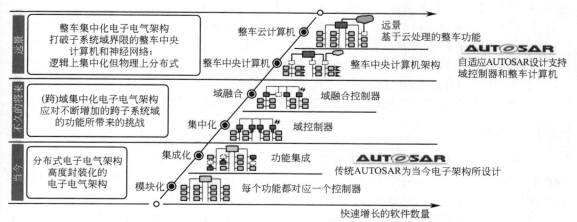

图 10.10　汽车电子电气架构发展趋势

正因如此，汽车开放系统架构（AUTOSAR）联盟正推出一套新的标准，以适应更加多变的通信模式。新标准名为自适应 AUTOSAR 平台（AUTOSAR Adaptive Platform，AP）。该平台经过专门研发，可以为工程师的架构设计提供更大的灵活性。自适应 AUTOSAR 平台将为复杂性更高的系统提供一个软件框架，帮助工程师利用以太网增加带宽。通过新的自适应平台，AUTOSAR 旨在为新的应用提供一个最优的标准化软件框架，特别是对于汽车互联、高度自动化和自动驾驶领域的应用。

AUTOSAR 组织在开发自适应 AUTOSAR 平台时，遵循了以下几个原则：

① 能巩固满足现有的需求，如诊断、实时、多核、功能安全、信息安全等；

② 能满足新的需求，如新的开发编程模式、文件处理、高性能计算库、在线软件升级等；

③ 能适应未来变化的需求，如兼容适用当前不同的操作系统、面向服务的通信架构、不同的通信架构等。

基于上述原则，自适应 AUTOSAR 平台所具备的特色功能如图 10.11 所示。

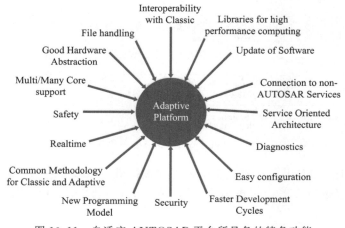

图 10.11　自适应 AUTOSAR 平台所具备的特色功能

对于自适应 AUTOSAR 平台，其所谓的"自适应"（Adaptive）主要表现为原先在经典 AUTOSAR 平台中设计阶段需静态固化的对象在自适应 AUTOSAR 上可以动态指定，原先适应性比较小的范围扩展为较大的范围等，例如：

① 扩展支持多种不同的操作系统，如 Android、Linux 等；
② 应用程序不但支持静态加载，也支持动态加载；
③ 通信时信息的提供方不但支持静态指定，还支持实时动态寻找；
④ 支持类似 Linux 的开发集成方式；
⑤ 所有的内存空间对应用程序而言都是虚拟的，可在程序加载时动态分配等。

10.2.2　AP 和 CP

自适应 AUTOSAR 平台（AP）并不是传统经典 AUTOSAR 平台（CP）的替代品，不同的版本可同时存在于同一个车辆中，两个 ECU 间可通过一些途径，例如以太网，将经典应用和自适应性应用进行无缝衔接。

简单而言，两者的应用场景不太一样：经典 AUTOSAR 平台多应用于注重硬实时和安全的嵌入式系统中；而自适应 AUTOSAR 平台则侧重于高性能计算等应用场合，诸如 ADAS、互联功能 V2X、图像处理、信息娱乐系统等的开发。为此，AP 相比于 CP 做了众多改进，增添了许多新特性，如：

① 支持 MMU；
② 支持 OTA"空中"升级功能；
③ 支持高速数据处理；
④ 支持类 POSIX 接口操作系统；
⑤ 支持渐进部署，即允许动态初始化应用及服务；
⑥ 支持面向服务的通信架构 SOA（Service-Oriented Architecture）；
⑦ 支持应用程序在 RAM 中执行；
⑧ 支持面向对象的 C++14 开发（复杂算法用 C++，安全相关用 C）。

按照 AUTOSAR 组织的发布计划（图 10.12），由于自适应 AUTOSAR 平台还在开发过程中，其最终的规范 1.0 预计在 2018 年 10 月之后发布，所以最终的发布版本中的特性可能还有增加。按照正常的开发周期，后续各供应商如 ETAS、Mentor、Vector 大概在 AP 规范正式发布 2 年后有对应的产品可用。

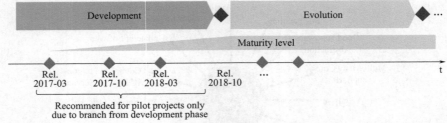

图 10.12　自适应 AUTOSAR 平台开发计划

与 CP 平台相比，AP 平台在规范上引入了如虚拟机（Machine）（类似准虚拟 ECU，一个真实的 ECU 可以运行在若干个虚拟机上）、清单文件（Manifest）、功能集群（Clusters）等诸多新概念。

从方法论上讲，AP 平台牵涉的开发元素和集成步骤与 CP 平台有很多的不同。例如：应用软件组件配置信息使用清单文件（Manifest）；集成过程也不是所有的代码经编译后生成.obj 后全部链接在一起而不再改变等。可以想象，将来面世的配置工具、静态代码、文件夹结构、编译集成方法等都会与当前的 CP 大相径庭。已发布的 AP 方法论规范中定义的自适应 AUTOSAR 平台相关新元素如图 10.13 所示。

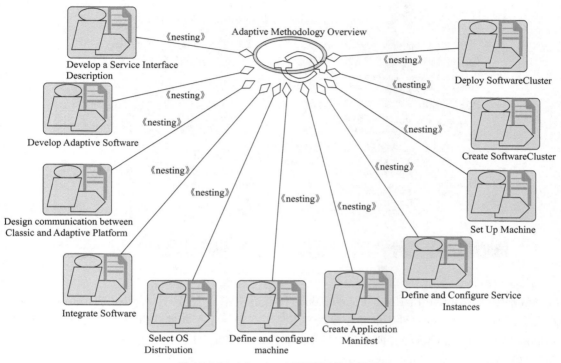

图 10.13　Adaptive AUTOSAR 方法论

图 10.14 中简单地展示了自适应 AUTOSAR 平台的软件集成流程，给读者一个感性的认识。

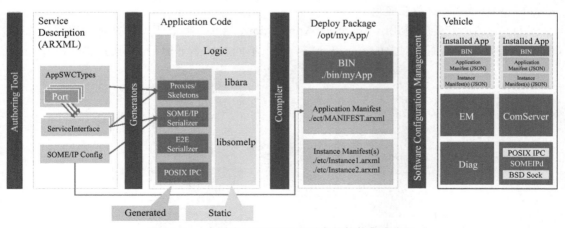

图 10.14　自适应 AUTOSAR 平台的软件集成流程

据目前已开发完毕的规范文档来看，Adaptive AUTOSAR 软件架构大致如图 10.15 所示。

直观地看，CP 平台中的 ASW/RTE/BSW 三层架构已不见踪影。整个 BSW 被划分为自适

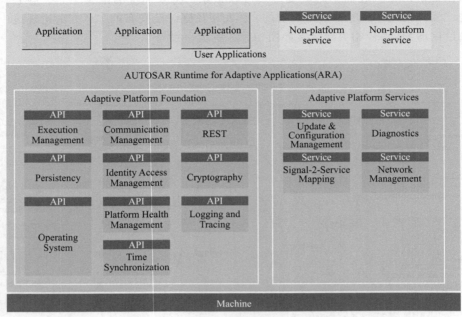

图 10.15　Adaptive AUTOSAR 软件架构

应平台基础（Adaptive Platform Foundation）和自适应平台服务（Adaptive Platform Services）两大块；另外，原基础软件中的各小模块都不见了，被一个个功能集群（如运行管理集群 Execution Management Cluster）所取代；而 CP 中重要的 RTE（Runtime Environment）也被 ARA（AUTOSAR Runtime Environment for Adaptive Applications）所代替。

10.2.3　Adaptive AUTOSAR 平台新概念介绍

下面就目前 Adaptive AUTOSAR 平台所提出的几个新概念和新特性进行简要介绍。

(1) AUTOSAR 自适应应用

AUTOSAR 自适应应用（Adaptive Application，AA）类似于 CP 中的软件组件 SWC（图 10.16），其采用面向对象的 C++开发，可在不同的状态下运行不同的线程（Thread）。

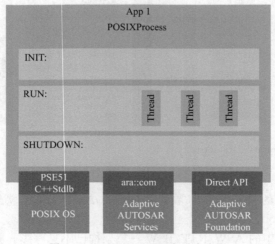

图 10.16　AUTOSAR 自适应应用

其接口主要有以下三类：
① 与 POSIX OS 之间的 PSE51 接口；
② 与 Services 之间的 ara::com 接口；
③ 与 Foundation 之间的 API。

（2）AUTOSAR 自适应平台基础

简单地理解，自适应平台基础（Adaptive Platform Foundation，FO）就是把 CP 和 AP 两平台中通用的需求和技术规范抽取出来组成了 Foundation，其目的是强化两平台协同工作的能力，如图 10.17 所示。

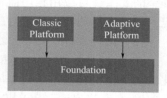

图 10.17　AUTOSAR 自适应平台基础

自适应平台基础和自适应平台服务两大块中都包含众多的功能集群（Functional Cluster），如通信集群、诊断集群等，当前发布的版本中的功能集群如表 10.1 所示。

表 10.1　功能集群

功能集群 Functional Cluster	简称 Short Name	主要功能 Main Functions
通信管理（Communication Management）	com	AA 间的通信、服务发现 SD、中间件通信
运行管理（Execution Management）	exec	虚拟机的启停、虚拟机的状态管理、AA 的启停、权限管理和控制
操作系统（Operating System）	os	
诊断（Diagnostics）	diag	
固存管理（Persistency）	per	非易失性数据读写、安全存储
记录和追踪（Log and Trace）	log	信息登记和跟踪等
平台健康管理（Platform Health Management）	phm	程序流监控、程序存活监控等
表述性状态转移服务（REST）	rest	
时间同步（Time Synchronization）	time	提供各种全局或本地时基
Id 访问管理（Identity Access Management）	iam	身份认证、服务授权
加密管理（Cryptography）	crypto	加密/解密
信号转服务（Signal to Service）	s2s	把诸如 CAN 信号转为各种服务接口
更新和配置管理（Update & Configuration Management）	ucm	安装、更新、卸载软件、签名验证、软件回滚

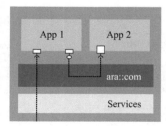

图 10.18　AUTOSAR 自适应应用运行接口

（3）AUTOSAR 自适应应用运行接口

AUTOSAR 自适应应用运行接口（AUTOSAR Runtime Environment for Adaptive Applications，ARA）类似于 RTE。它又可分为两类形式：一种是与 FO 之间的直接接口，表示为各种 API；另一种是各种 Services 之间的通信接口，表示为 ara::com（图 10.18）。和 CP 的 RTE 做个类比的话，可以把 ara::com 看作 Rte_Write、Rte_Read、Rte_Send、Rte_Receive、Rte_Call、Rte_Result 等 RTE APIs。

自适应应用可以经过 ara::com 接口实时建立连接后通信，该过程需要通过服务发现模块（Service Discovers，SD）。

（4）虚拟地址空间

经典 AUTOSAR 平台的程序代码通常运行在 ROM 中，可视不同的 ASIL 等级把 ROM 空间进行隔离（Memory Partition），但无论如何都是在设计阶段事先静态分配的，即无论是 ROM 还是 RAM 对程序而言在运行之前存储空间都是确定的，且所有的 Applications 都共享一个地址空间。而 Adaptive AUTOSAR 则支持直接虚拟化地址空间（Address Space Virtualization），给每个应用进程分配独立的地址空间。地址空间可以经内存管理单元（Memory Management Unit，MMU）保护，以防非授权的恶意访问，以求更好地满足功能安全的要求。对应用程序而言实际的地址空间可能是不固定的，只有在程序加载时才最终确定，另外实际的物理地址对应用程序而言也是不可见的。

（5）固存集群

在 Adaptive AUTOSAR 中，固存集群（Persistence Cluster）给自适应应用和其他平台化的功能集群提供基于数据库访问的数据服务，其包括：

① 在程序启动（BOOT）和上下电循环过程中保存数据；
② 使用唯一的 Id 访问数据；
③ 类文件系统的数据读/写；
④ 固存数据的加密；
⑤ 保存数据的错误检测和校正。

固存集群在 AP 平台中起到类似于 CP 平台中存储协议栈（Memory Stack）的功能。但差别在于其存储主要是以键-值对（Key-Value）和文件流（Stream）的形式，如图 10.19 所示。

（6）POSIX 操作系统

POSIX（Portable Operating System Interface，可移植操作系统接口）是一个应用和操作系统间的标准编程接口，虽然其并非发源于汽车工业，但 POSIX 操作系统让汽车电子软件开发变得更加便捷和灵活。POSIX 有众多不同的子集，Adaptive AUTOSAR Platform OS 部分向其他部分提供了最小的接口规范子集 PSE51，以便更

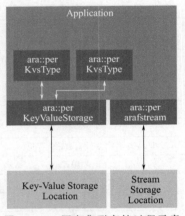

图 10.19　固存集群存储过程示意

好地在不同的操作系统和应用间做移植（图 10.20）。POSIX 接口让用户可以集中精力于应用开发，且可任意使用于不同的控制器。

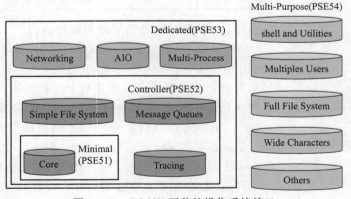

图 10.20　POSIX 可移植操作系统接口

（7）面向服务的通信

传统的 CP 平台多采用面向信号的通信（Signal-Oriented Communication）方式。面向信号的通信，顾名思义，这种通信主要以信号为中心，关注信号流的走向，将信号从一个点

发送至另一个点。假设两个独立的 ECU，比如变速箱控制器（Transmission Control Unit，TCU）需要混合动力控制单元（Hybrid Control Unit，HCU）的某一个信息（如期望的扭矩输出），HCU 就直接把这个信号同其他信号一起，打包成报文发到总线上，典型的如CAN 总线。TCU 收到之后解包就能够获得该信号。在这种传输情况下最核心的就是通信矩阵，如 DBC 文件中所定义的：信号本身的属性，如信号名、信号位宽、帧 Id、发送周期等，以及发送/接收的节点等。

在介绍面向服务的通信（Service-Oriented Communication，SOC）概念之前，先介绍一下面向服务的体系结构（Service-Oriented Architecture，SOA）。SOA 是一种基于请求/应答设计范式的分布式计算的进化，用于同步和异步应用程序。应用程序的业务逻辑或单个函数模块化，并作为消费者/客户端（Consumer/Client）应用程序的服务呈现。这些服务的关键是它们松散耦合的性质；也就是说，服务接口独立于实现。应用程序开发人员或系统集成商可以通过撰写一个或多个服务而不知道服务的底层实现来构建应用程序。

面向服务的通信架构 SOA 中的服务注册中心是一个服务和数据描述的存储库。服务提供者通过注册中心发布它们的服务，而服务使用者可以向注册中心发现和查找可用的服务，因为服务（Service）部署在服务器端（Server），在具体实现（实例化）时会有些参数，例如网络地址，可能会发生变化。为了能够让客户端随时找到服务器上的服务，因此需要使用服务发现（Service Discovery，SD）机制。上述过程的示意如图 10.21 所示。

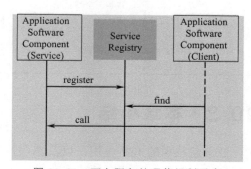

图 10.21　面向服务的通信机制示意

在 SOME/IP（Scalable service-Oriented MiddlewarE over IP）SD 中包含了发现服务、提供服务、停止提供服务、订阅事件组、停止订阅事件组等 7 种类型的服务发现相关报文，SD 模块实现了服务发现的内容、管理服务的地址信息、状态信息等内容；而 SOME/IP 模块实现了数据的传输控制，用于服务接口数据的上下传递。

服务提供者和服务使用者直接的沟通路径通常可在设计阶段建立，也可以在实时运行时动态建立。如图 10.22 所示，系统中有三个服务实例（Application 2、Application 3 和 Application n），这些都被 Application 1 中的 ServiceFind（）找到了，然后会被代理标记为P1、P2 和 P3。Application 1 可以任选一个作为服务的提供者完成后续的服务。当然 Proxy

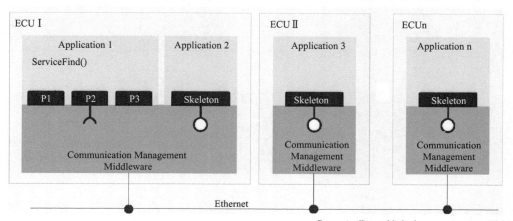

图 10.22　面向服务的通信实例

与 Skeleton 之间是通过中间件（Middleware）完成最终通信的。

遵循 AP 规范开发的应用程序拥有一个独特的优势：它们可以在运行时安装进系统中，犹如智能手机中的各种 APP。这意味着面向服务的通信可让 APP 单独地开发、测试、更新或发布，并在任意时刻集成进整个系统中。所有 AP 中的软件组件都会使用面向服务的通信（SOC），这些通信的建立可以在设计阶段确定好，也可在实时运行时动态建立，这点与 CP 相比是一个巨大的不同。

总结一下，AP 和 CP 两个平台主要的差异如表 10.2 所示。

表 10.2　AUTOSAR 经典平台与自适应平台对比

AUTOSAR 经典平台(CP)	AUTOSAR 自适应平台(AP)
C 语言开发	C++语言开发
基于 OSEK	基于 POSIX(PSE51)
从 ROM 中执行	应用程序可载于 RAM 中运行
所有 Applications 共享一个地址空间	每个 Applications 都有一个独立的地址空间
关注于面向信号的通信（CAN、FlexRay 等）	关注于面向服务的通信(SOME/IP)
任务静态配置	支持动态调度策略
文档详细描述各模块	规范轻模块，重模块描述
各协议栈一起编译和集成	软件组件为可加载的 POSIX 进程,可分开编译加载

10.3　本章小结

随着新技术的不断应用，以及车联网领域内对车辆信息安全的持续关注，AUTOSAR 规范标准也相应对这两个领域进行了拓展。本章添加了 AUTOSAR 与信息安全以及自适应 AUTOSAR 平台相关的普及性知识。从而引导读者对 AUTOSAR 规范未来发展趋势有一定的了解。

AUTOSAR CP 和 AP 将在汽车电子行业内逐步取代旧式的 ECU 软件架构，与其规范化的方法论一起被越来越多的厂家所学习、讨论和接受。

参考文献

[1] 李建秋，赵六奇，韩晓东等. 汽车电子学教程 [M]. 第2版. 北京：清华大学出版社，2011.
[2] AUTOSAR GbR. Layered Software Architecture [EB/OL]. (2017-12-08). https：//www.AUTOSAR.org/fileadmin/user_upload/standards/classic/4-3/AUTOSAR_EXP_LayeredSoftwareArchitecture.pdf.
[3] AUTOSAR GbR. Methodology [EB/OL]. (2017-12-08). https：//www.AUTOSAR.org/fileadmin/user_upload/standards/classic/4-3/AUTOSAR_TR_Methodology.pdf.
[4] 单忠伟. 符合AUTOSAR规范的燃料电池汽车动力系统能量管理控制模块开发 [D]. 上海：同济大学，2017.
[5] Franco F R, Neme J H, Santos M M, et al. Workflow and toolchain for developing the automotive software according AUTOSAR standard at a Virtual-ECU [C]. IEEE International Symposium on Industrial Electronics, 2016：869-875.
[6] AUTOSAR GbR. Specification of Communication [EB/OL]. (2011-11-16). https：//www.AUTOSAR.org/fileadmin/user_upload/standards/classic/4-0/AUTOSAR_SWS_COM.pdf.
[7] AUTOSAR GbR. Specification of PDU Router [EB/OL]. (2010-10-26). https：//www.AUTOSAR.org/fileadmin/user_upload/standards/classic/4-0/AUTOSAR_SWS_PDURouter.pdf.
[8] AUTOSAR GbR. Specification of CAN Interface [EB/OL]. (2011-12-01). https：//www.AUTOSAR.org/fileadmin/user_upload/standards/classic/4-0/AUTOSAR_SWS_CANInterface.pdf.
[9] AUTOSAR GbR. Specification of Communication Manager [EB/OL]. (2011-12-05). https：//www.AUTOSAR.org/fileadmin/user_upload/standards/classic/4-0/AUTOSAR_SWS_COMManager.pdf.
[10] AUTOSAR GbR. Specification of CAN State Manager [EB/OL]. (2011-11-24). https：//www.AUTOSAR.org/fileadmin/user_upload/standards/classic/4-0/AUTOSAR_SWS_CANStateManager.pdf.
[11] AUTOSAR GbR. Specification of ECU State Manager [EB/OL]. (2011-11-24). https：//www.AUTOSAR.org/fileadmin/user_upload/standards/classic/4-0/AUTOSAR_SWS_ECUStateManager.pdf.
[12] AUTOSAR GbR. Specification of Basic Software Mode Manager [EB/OL]. (2011-12-09). https：//www.AUTOSAR.org/fileadmin/user_upload/standards/classic/4-0/AUTOSAR_SWS_BSWModeManager.pdf.
[13] ETAS. RTA-RTE V6.0.0 Reference Manual. 2016.
[14] AUTOSAR GbR. Specification of RTE [EB/OL]. (2011-10-26). https：//www.AUTOSAR.org/fileadmin/user_upload/standards/classic/4-0/AUTOSAR_SWS_RTE.pdf.
[15] ETAS. RTA-OS Reference Guide. 2016.
[16] AUTOSAR GbR. Specification of Operating System [EB/OL]. (2011-11-23). https：//www.AUTOSAR.org/fileadmin/user_upload/standards/classic/4-0/AUTOSAR_SWS_OS.pdf.
[17] 陈海兰，罗晓敏，涂时亮等. 基于AUTOSAR的实时操作系统设计与实现 [J]. 计算机工程，2012，38（20）：9-12.
[18] NXP Semiconductors. MPC5744P Reference Manual. 2015.
[19] AUTOSAR GbR. Specification of MCU Driver [EB/OL]. (2012-12-09). https：//www.AUTOSAR.org/fileadmin/user_upload/standards/classic/4-0/AUTOSAR_SWS_MCUDriver.pdf.
[20] AUTOSAR GbR. Specification of GPT Driver [EB/OL]. (2011-10-13). https：//www.AUTOSAR.org/fileadmin/user_upload/standards/classic/4-0/AUTOSAR_SWS_GPTDriver.pdf.
[21] AUTOSAR GbR. Specification of PORT Driver [EB/OL]. (2010-11-03). https：//www.AUTOSAR.org/fileadmin/user_upload/standards/classic/4-0/AUTOSAR_SWS_PortDriver.pdf.

[22] AUTOSAR GbR. Specification of DIO Driver [EB/OL]. (2011-09-30). https://www.AUTOSAR.org/fileadmin/user_upload/standards/classic/4-0/AUTOSAR_SWS_DIODriver.pdf.
[23] AUTOSAR GbR. Specification of ADC Driver [EB/OL]. (2011-11-24). https://www.AUTOSAR.org/fileadmin/user_upload/standards/classic/4-0/AUTOSAR_SWS_ADCDriver.pdf.
[24] AUTOSAR GbR. Specification of PWM Driver [EB/OL]. (2011-10-04). https://www.AUTOSAR.org/fileadmin/user_upload/standards/classic/4-0/AUTOSAR_SWS_PWMDriver.pdf.
[25] AUTOSAR GbR. Specification of ICU Driver [EB/OL]. (2011-11-02). https://www.AUTOSAR.org/fileadmin/user_upload/standards/classic/4-0/AUTOSAR_SWS_ICUDriver.pdf.
[26] AUTOSAR GbR. Specification of CAN Driver [EB/OL]. (2011-11-02). https://www.AUTOSAR.org/fileadmin/user_upload/standards/classic/4-0/AUTOSAR_SWS_CANdriver.pdf.
[27] ISO26262-4. Road vehicles-Functional safety-Part 4: Product development at the system level. ISO, 2011.06.27.
[28] ISO26262-5. Road vehicles-Functional safety-Part 5: Product development at the hardware level. ISO, 2011.06.27.
[29] ISO26262-6. Road vehicles-Functional safety-Part 6: Product development at the software level. ISO, 2011.06.27.
[30] AUTOSAR GbR. Specification of Secure Onboard Communication [EB/OL]. (2017-12-08). https://www.autosar.org/fileadmin/user_upload/standards/classic/4-3/AUTOSAR_SWS_SecureOnboardCommunication.pdf.
[31] AUTOSAR GbR. Specification of Crypto Service Manager [EB/OL]. (2017-12-08). https://www.autosar.org/fileadmin/user_upload/standards/classic/4-3/AUTOSAR_SWS_CryptoServiceManager.pdf.
[32] AUTOSAR GbR. Specification of SW-C End-to-End Communication Protection Library [EB/OL]. (2017-12-08). https://www.autosar.org/fileadmin/user_upload/standards/classic/4-3/AUTOSAR_SWS_E2ELibrary.pdf.
[33] AUTOSAR GbR. Explanation of Adaptive Platform Design [EB/OL]. (2017-10-27). https://www.autosar.org/fileadmin/user_upload/standards/adaptive/17-10/AUTOSAR_EXP_PlatformDesign.pdf.